國語國文學叢書 085

朴通事新釋諺解

학자원

국어국문학총서 85

朴通事新釋諺解

2018년 9월 15일 초판 1쇄 발행

저　자 : 金昌祚
펴낸이 : 김병환
펴낸곳 : 학자원
주　소 : 134-814 서울시 강동구 천호대로 1121
전　화 : 02) 6403-1000
팩　스 : 02) 6338-1001
E-mail : hakjaone@daum.net
등　록 : 2011년 3월 24일 제324-2011-14호

HAKJAONE Publishing Co.
1121 Cheonho-Daero Kangdong-Gu Seoul

ISBN : 979-11-6247-054-1 93810

값 40,000원

朴通事新釋諺解 解題

洪 允 杓

朴通事新釋諺解는 金昌祚 등이 본래의 朴通事를 대폭 修正하여 朴通事新釋을 만들고 이를 諺解하여 1765年(英祖 41年)에 3卷 3册의 木版本으로 平壤에서 刊行하여 낸 책이다. 이 책에는 序文이나 跋文 그리고 刊記가 보이지 않는다. 그러나 通文館志 卷八「什物」續條(8a)에 「朴通事新釋諺解」와 同一한 것으로 보이는 「新釋朴通事諺解」에 대하여 다음과 같은 記錄이 보임으로 해서 이 책의 著者와 刊年을 알 수 있다.

新釋朴通事板諺解板
訓長金昌祚等修整 乾隆乙酉箕營刊板

즉, 金昌祚 等이 修整하여 1765年에 「新釋朴通事」곧 「朴通事新釋」과 「新釋朴通事諺解」곧 「朴通事新釋諺解」를 箕營(平壤)에서 刊行하였다는 것이다. 「新釋朴通事」, 「新釋朴通事諺解」는 각각 「朴通事新釋」과 「朴通事新釋諺解」인 것이다. 이것은 通文館志에 「老乞大新釋」을 「新釋老乞大」라 한 것과 同軌의 일이다. 즉 通文館志 卷八의 「什物」續條에

新釋老乞大板諺解板
乾隆癸未 訓長邊憲修整芸閣刊板

이라 되어 있는데 이때의 「新釋老乞大」나 「新釋老乞大諺解」는 「老乞大新釋」과 「老乞大新釋諺解」를 말하는 것이다. (그러나 「老乞大新釋諺解」는 現在 傳하지 않고 있다)

또한 「朴通事新釋諺解」의 低本인 「朴通事新釋」에 대해서 「老乞大新釋」의 序에

既又以朴通事新釋分屬金昌祚之意 從裏嵌允 自此諸書並有新釋 可以無礙於通語也

라 하고 있어, 「朴通事新釋」과 「朴通事新釋諺解」가 金昌祚 등에 의하여 이루어졌을 것으로 보아 「新釋朴通事諺解」가 곧 「朴通事新釋諺解」임을 알 수 있는 것이다.

이 朴通事新釋諺解는 서울大 一簑文庫, 藏書閣(現在 韓國精神文化研究院) 등에 所藏되어 있다. 本影印의 底本은 서울大 一簑文庫本인데, 同一한 版이 몇 개 있어 그 중에서 冊의 상태가 좋은 善本을 택하였다. 다른 것들은 朱點이 심하여 影印하기에 어려웠다.

이 책은 그 크기가 세로 31.2㎝, 가로 20.7㎝이고 半葉匡郭이 세로, 가로 각각 22.1㎝, 15.7㎝이다. 四周雙邊에 有界로 10行인데 每行 20字이다. 版心魚尾는 內向二葉花紋魚尾이고 版心題는 「朴通事新釋諺解」인데 이 중 「諺解」란 두 글자는 版心의 中央에서 약간 오른쪽으로 치우쳐 쓰이어 있다. 卷一이 59張, 卷二가 60張, 卷三이 59張으로 모두 178張이다. 卷三의 마지막張에 「乙卯仲秋 本院重刊」이란 墨書가 있는데 이것이 무엇에 근거하여 쓰인 것인지는 알 수 없다. 곳곳에 刻木한 부분이 떨어져 나간 듯한 곳이 보여 이 책은 後刷本일 가능성이 많다. 그러나 重刊本일 가능성은 희박하다. 版匡이나 字體의 차이들이 보이지 않기 때문이다. 版이 약간 조잡해 보이는 것은 아마도 地方版에 기인한 것으로 보인다.

前述한 바와 같이 이 「朴通事新釋諺解」는 원래의 「朴通事」를 기초로 하여 그 내용에 많은 수정을 거쳐 「朴通事新釋」을 만들고 이를 諺解한 것이다. 그리하여 「飜譯朴通事」와 「朴通事諺解」는 그 原文인 漢語가 同一하지만 이 「朴通事新釋諺解」는 위의 2가지와는 그 漢語가 다르다. 그 一例를 보이면 다음과 같다.

當今聖主洪福齊天 風調雨順 國泰民安 又逢着這春二三月 又正是好時節 休蹉過了好時光(飜譯朴通事, 朴通事諺解)
當今皇上洪福齊天 風調雨順 國泰民安 眞是好年景 這春二三月 又正是好時節 咱們不可虛度過了(朴通事新釋諺解)

그런데 朴通事新釋諺解의 漢語는 朴通事에 보이는 漢語를 줄인 것이 아니라 더 補充하여 修正한 것이다. 그러나 줄거리의 차이는 없다. 모두 106개의 이야기가 실려 있는데 이 影印의 底本들은 各 이야기가 시작되는 곳의 上段 天頭에 一, 二……… 등으로 墨書를 하여 놓았다.

朴通事新釋諺解에 보이는 諺解文은 飜譯朴通事나 朴通事諺解에 비해 비교적 直譯體이다. 그래서 諺解文에 쓰인 漢字가 많이 보인다. 이러한 현상은 飜譯朴通事보다 朴通事諺解가 더 심하고 이보다 朴通事新釋諺解가 더 심하다. 이 朴通事新釋의 諺解는 朴通事諺解를 參照한 것으로 보인다. 이제 原本이 同一한 것을 이 세 가지 本에서 어떻게 飜譯하고 있는가를 보도록 하자.

人生一世 草生一秋

(飜朴) 사ᄅᆞ믄 일셰만 사라 잇고 프른 ᄒᆞᆫ ᄀᆞᅀᆞᆯ 사라 잇ᄂᆞ니

(朴解) 人生一世ㅣ오 草生一秋ㅣ라

(朴新) 人生一世ㅣ오 草生一秋ㅣ라

그러나 內容의 줄거리는 풀어서 더 자세히 쓰고 있다. 그리고 本文과 諺解文 사이에는 ○표를, 다음 句와의 사이에는 ㄴ표를 하여 各句를 區別하고 있다.

이 朴通事新釋諺解의 著者인 金昌祚는 漢語譯官이다. 譯科榜目 康熙 辛卯 式年條에 보면

金昌祚 字永甫 甲戌生 本慶州 漢學敎誨崇祿知樞 是瑜子

라 되어 있고 「老乞大新釋」의 卷末에 檢察官으로서 「資憲大夫前知中樞部事 金昌祚」라 되어 있다. 즉 金昌祚는 1694年에 태어난 譯官인데 「老乞大新釋」의 著述에도 참여하고 있다.

이제 朴通事新釋諺解의 諺解文에 보이는 表記法上의 특징을 살펴 보도록 한다.

(1) 語頭의 된소리 表記는 ㅅ系와 ㅂ系의 合用並書를 사용하고 있다. 그래서 ㅺ、ㅼ、ㅽ、ㅾ、ㅳ、ㅄ、ㅶ、ㅆ 등이 보인다.

ㅺ……ᄭᅩᆺ츨(三 17a) ᄭᅳ면(二 27a)

ㅼ……ᄯᅢ로(一 20a) ᄯᅩ(一 2a)

ㅽ……ᄲᅡᆷ(一 15a) ᄲᅢ히라(一 42a)

ㅼ…… 엿는(三 10a)　쇠면(三 12b)
ㅲ…… 뼉(一 5b)　뽀좃는(三 35a)
ㅄ…… 빠흔(一 4b)　뽄(書, 一 2b)
ㅶ…… 흔뽁(一 2a)　뽕권(一 39a)
ㅆ…… 담쏠 제(一 10b)　쓰는(一 10b)

그래서 ㅅ系와 ㅂ系가 混亂을 일으키고 있다.

쏘(又, 一 2a) ~ 뽀(又, 一 1b)
밧미(一 12a) ~ 쓰는(一 10b)

(2) 語末子音 中 ㅅ과 ㄷ은 ㅅ으로 統一되어 表記하고 있다.

믿으리니(信, 一 9a), 엇게(得)(一 3a), 지처홀 곳이 업서(一 36a)

(3) 重綴表記가 흔히 보이는데, 특히 語末子音이 ㅅ인 경우에 많이 나타난다. 이것은 分綴을 하면서 ㅅ과 ㄷ을 ㅅ으로 統一시켜 表記함으로써 생긴 결과다.

것스로(一 17a), 웃시오(一 30b), 여소세(一 32a), 옷슬(二 24b), 앗시오(一 4b), 벋톨(一 14b), 넙그미(三 14b)

(4) ℓ－ℓ은 ㄹ－ㄹ로 表記하였다.

절로(一 16a), 놀리는(一 6b), 블러(一 6b), 절러엿느이라.(一 9b)

(5) 有氣音은 重綴表記와 같은 表記를 하여 語幹도 表示하여 주고 그 語幹末音도 表示하여 주는 方式을 주로 택하였다.

홋터지믈(一 7a), ᄀᆞᆺ치(一 22a), ᄭᅩᆺ츨(一 7b), 빗치(二 1b), 금픠(三 14a)

그러나 「ᄆᆞᄐᆞᆫ, ᄀᆞᆺᄒᆞᆫ」식의 表記도 보인다.

비치(一 17a), 겨틔셔(一 35b), 이러트시(一 28b), 개ᄀᆞ튼(二 13b)
ᄀᆞᆺᄒᆞᆫ(一 30b), 갑흐리오(一 35a), 밧헤(二 2a), 놉흔(一 27a)

(6) 語中에서 된소리가 일어나는 것은 ㅅ을 붙여 그 된소리를 表記하였다. 이 ㅅ은 後行音節의 앞에 붙였다.

이실ᄯᅩᆼ니(一 1b), 출홀께시니(一 4a), 므슴ᄯᅩᆯ싸(一 12a), 결ᄯᅡᆫ코(一 18b)~cf. 결단코(三 12a), 밧씌셔(一 13a), 져ᄭᅴ(一 13a)

(7) t 口蓋音化現象이 두드러진다. 그러나 k 口蓋音化와 h 口蓋音化는 보이지 않는다.

엇지(一 9a), 지내지(一 1a), 부치디(一 15b), 두렵지(一 15a)

非語頭音節에서나 語頭音節에서 다 같이 일어나나 非語頭音節에서 더욱 많이 보인다. 이러한 현상은 이 文獻이 平壤에서 刊行되었다 하더라도 그곳 方言을 반영하지 않았음을 말해 준다. 심지어 逆表記現象까지도 나타나 이 時期에는 이미 t 口蓋音化가 完成되었음을 말해준다.

딥뒤히(一 40a)

(8) 處格助詞로는 주로 「에」를 사용하고 가끔 「의」가 나타난다. 특히 「ㅣ」母音으로 끝난 語幹에도 「에」가 쓰일 뿐 「예」가 사용되지 않고 있다. 이것은 「에」가 單母音化되었을 可能性을 암시한다.

거리에(一 16b), 섀에(一 7b), 져제에(一 2a), 마리에(一 29a), 다리에(一 38a)

(9) 「에」와 「애」가 單母音化되어 中和된 것과 같은 현상이 보인다.

네 이지 쇽졀업시(一 36a)、이지 내 또 이긔여다(一 27a)、네 이지 명이 다 됴핫는가(一 37b)、어지 午門
밧긔셔(一 29a)

「이지」는 「今」을 「어지」는 「昨日」을 意味한다. 원래 「이지」는 「이제」、「어지」는 「어제」였다.

내 이제 몬져(二 24b)、네 이제 먹는 것과(二 39a)

이러한 현상으로 보아서 「e」와 「ε」의 中和現象은 非語頭音節에서부터 일어나고 그것도 특히 ㅅ、ㅈ、ㅊ、ㅉ 등의 齒擦音이 口蓋音化된 이후에 일어났을 可能性이 있음을 알 수 있다. 그리고 이 「e」와 「ε」의 中和시기는 18세기 중엽으로 앞당길 수 있을 것으로 보인다.

(10) 漢語의 諺解에서만 보이는 「-을다가」가 나타나며 동시에 「-으로다가」「-에다가」도 나타난다.

내 이제 튼 물을다가 곳 이 雜貨鋪에 부려 두고(一 12b)
뎌 太醫 뽁으로다가 엇디 뜨더뇨(一 37b)
져근 빈 우희다가 훈번 針 주고(一 37b)

(11) △이 ㅈ으로 變한 例가 보인다. 그러나 大部分이 △은 φ로 되었다.

손조(一 32b)、cf、가이(鋏)(一 39a)

(12) 「에」와 「애」의 單母音化와 연관시켜 생각할 수 있는、二重母音의 單母音化現象이 보인다. 즉 「의」가 「이」로 나타나는 것이다.

박핑이(一 20a)~cf、박핑이(鞦朴、上 13a)

註

(1) 傍點을 친 漢字는 붓으로 改書된 부분이다. 改書되기 이전은 「以副本編入於秘笈○○之序」이다. 2字는 不明이다.

(2) 安田章(1978)에 의하면 標題語가 5006개이고 李鎭煥(1984)에 의하면 5191개이다. 그러나 後者가 正確하다.

(3) 이 사실은 宋基中 敎授가 알려준 것이다. 여기에 감사를 드린다.

朴通事新釋諺解

朴解單

朴팍팍通퉁퉁事쓰스新신신釋싱시諺연연解개계卷권권一이

當당당今긴긴皇황황上쌍상洪훙훙福부부齊치치天텬텬 ○ 當今皇上이

洪福이 齊天ᄒᆞ여 風붕붕調댶댶雨유위順쓘슌 ○ 風調雨順ᄒᆞ고 國궈궈泰태태

民민민安헌안 ○ 國泰民安ᄒᆞ니 眞진진是씌시好핟핟年년년景깅깅 ○ 진짓

됴흔 年景이오 這저져春츈츈二싈을三삼산月웨워 ○ 이 봄 二三月이 又일우

正징징是씌시好핟핟時씌스節졍져 ○ 또 正히 時節이 됴흐니 咱장자們문믄

不부부可커커虛휘휘度뚜두過궈고了랼랴 ○ 可히 虛度티 못ᄒᆞ리로다

人신인生싱승一이世씌시草창찬生싱승一이秋칭치 ○ 世人ㅣ 生이 一世오

草ㅣ 生ᄒᆞᄂᆞᆫ 一秋ㅣ라 咱장자想샹샹 ○ 우리 각ᄒᆞ니 不부부如슈슈約요요幾지계箇

거거好핟핟弟디뎨兄흉흥們믄믄 ○ 여러 됴흔 弟兄들을 언약ᄒᆞ여 到닾다那나나

有읍우名밍밍的딍디花화화園원원裏례리去큐취○花녀園有에名가ᄒᆞᆫ辦

빤반幾계지桌잘조賞상샹花화화筵연연席씽시○筵여席러을상ᄎᆞ賞려花大

때다家가자且쳐쳐消셩샤愁쭈추解개계悶문믄如유유何허허○ᄇᆞ대消되

못愁ᄒᆞ解니悶엇ᄒᆞᆯ더만ᄒᆞᄀᆞᆺ뇨지算쉰솬來래레咱장자好항한弟떼디兄훵흉們

문믄○됴혜흔아弟리兄나들우인리約햘요有임우三삼산十씽시多더도箇거거

○이절실흔ᄯᅳᆺ나ᄒᆞ은너이海뮈믜人신인出츄츄錢쩐쳔一힝이吊뎡댜五우우

百븽버文문운○오每五人百이을돈내ᄒᆞ면다共궁궁湊츄추錢쪈쳔四슥스十

씽시五후우六륭릭吊텽댜○오대를되모돈들四새十시五니六ᄂᆞᆫ다儘진진勾긍구

使씽시用융융了럎랸○이잇ᄡᅳᄀᆞᆺ리넉라넉ᄂᆞᆫ可커커教걒쟌張장장三삼산去

큐취○ᄒᆞ張여三가으ᄂᆞᆫ로買매매一힝이隻징지羊양양要얖약肥빙븨的딍디

○ 슬ᄒᆞᆫ 진빡 거手 슬을 ᄒᆞ사 라되 若 샵쇼 買 매미 瘦 승수 的 듸디 ○ 거만 슬일 사여 면된

便 뼌변 有 잉우 擅 션션 氣 켸치 難 난난 吃 킹치 ○ 기곳 어노 려린 오내 니이 라셔 버

再 재재 買 매매 一 힝이 隻 징지 牛 잉누 猪 쥬쥬 肉 ᅀᅮᇰ류 五 우우 十 씽시 斤 긴긴

○ 五ᄉᆞ도 十ᄒᆞᆫ 斤빡 을쇼 사와 면猪 肉 都 두두 勾 긍구 了 럏랴 ○ ᄒᆞ다 리녁 라녁 都 캎거

教 강쟈 李 례리 四 ᅀᅳᆼ스 去 큐취 ○ ᄒᆞ도 여李 가四 로 買 매매 些 셔셔 乾 건간 果

궈고 水 쉬쉬 果 궈고 ○ 水져 果기 를乾 사果 와 做 주주 酒 짛쥐 楪 뎡뎌 子 ᅀᅳ즈 ○

를酒 삼楪 잔子 京 깅징 城 찡칭 街 개개 市 씽시 上 썅샹 槽 짱찬 房 빵빙 鋪 쉬쉬 多

뎌도 ○ 이京 비城 록져 만제 ᄒᆞ에 나술 집 打 다다 來 래레 的 듸디 酒 징쥐 總 중중 平

삥핑 常 짱챵 ○ 다가 平져 常온 ᄒᆞ술 넌이 不 붕부 如 슈슈 問 운운 那 너나 光 관광 祿

릉루 寺 ᅀᅳ스 ○ 에뎌 무光 러祿 寺 討 탕토 幾 계지 瓶 삥핑 蜜 밍미 林 림힌 檎 낌킨

甕 웅웅 頭 뜰투 春 츈츈 木 무무 瓜 과과 露 루루 苦 쿠쿠 蒙 룽루 豆 뜰두 酒 짇즤

○ 여와 러쁜 甁菉 蜜豆 林酒 檎를 과어 甕들 頭반 春ᄀᆞᆺ 과지 木못 瓜ᄒᆞ 露니 這 져뎌 幾 계지 様

양양 都 두두 是 씨시 南 난난 方 방방 來 래레 的 디디 有 우우 名 밍밍 的 디디 好 쿠구

황항 酒 지주 ○ 이여 온여 有 려가 名 지 ᄒᆞᆫ 는 됴 흔다 술이 이南 라方 倘 탕탕 不 부부 勾

吃 치칭 ○ 지만 못일 ᄒᆞ녁 량닉 이이 면먹 再 재재 向 향향 內 뉘늬 府 부부 管 권권 酒

짐주 的 디디 官 관권 負 원원 們 므믄 說 쉬셔 ○ 官도 負內 府들 의술 마게 믈날 이려 래 ᄂᆞᆫ

遠 잔짠 的 디디 本 븐본 京 징깅 好 항황 酒 지짐 討 톼탕 幾 계지 甁 핑뼝 來

○ 여비 려존 甁本 어京 뎌됴 흔다 술가 을 添 뎐덤 着 져짭 吃 치칭 如 슈유 何 허헤 ○

이보 엇다 여뎌 먹ᄒᆞ 음됴 唯 자장 們 므믄 商 상샹 量 량량 定 딍뗑 了 랴령 ○ 우혜 아리

여려 ᄃᆞ 家 ᄒᆞ 如 유유 今 긴깁 先 션션 着 잔짭 誰 쉬쒸 去 취큐 討 톼탕 酒 짐주 去

벼니 ○ 가이 술지 을몬 엇저 게훌 ᄒᆞ로 료ᄒᆞ ᄒᆞ여 光 광광 祿 롱루 寺 ᄉᆞ스 裏 례리 呢 녜니

○ 에光 ᄂᆞᆫ祿 寺 可 커커 着 쨥쟌 姓 싱싱 李 례리 的 딩디 館 권권 夫 부부 討 탕토

去 큐취 ○ 드李 라가 가館 게夫 ᄒᆞ로 고여 內 뉘늬 府 부부 裏 례리 呢 녜니 ○ 에內 ᄂᆞᆫ府

就 찍직 着 쨥쟌 姓 싱싱 崔 취취 的 딩디 外 왜왜 郎 랑랑 去 큐취 討 탕토 ○ 崔外

가가 엇外 게郎 ᄒᆞ으 라로 徐 녜니 們 문믄 討 탕토 酒 징직 的 딩디 都 두두 迴 휘휘 來

래례 了 럄랴 麽 뭐미 ○ 이너 다희 도술 라어 왓드 ᄂᆞ라 나갓 든 小 샾샤 人 싄인 們 문믄

到 닿닿 那 너나 衙 야야 門 문믄 裏 례리 ○ 衙小 門ㅅ 에들 가이 져 回 훠휘 過 궈고

堂 땅탕 上 쌍샹 官 권관 員 원원 ○ ᄭᅴ堂 알上 외官 ᄂᆞᆫ員 便 뼌변 咱 쯩잔 當 당당 直

찡지 的 딩디 外 왜왜 郎 랑랑 ○ 郎즉 을시 불當 러直 ᄒᆞ外 寫 셔셔 了 럄랴 牌 빼패 票

병반 用 융융 了 럄랴 印 힌인 信 신신 ○ 고牌 印票 쳐를 쓰 吩 분븐 咐 부부 我 어오

帶대대 迴휘휘 來래레 給긔지 老랄랖 爺여여 們믄믄 看칸칸 驗연염 過궈고

了럏랖 ○ 우리 老爺ᄭᅴ게 맛뵈야 驗過ᄒᆞ여 가져와 ᄒᆞ고 就찧주 去큐취 取츄츄 酒

짐주 ○ 즉시 가 술을 가져다가 ᄒᆞ더이라 你니니 取츄츄 票뱦뱦 來래레 着오여 着

권간 ○ 네 票를 가져오라 내 보자 這져져 牌빼패 票뱦뱦 上썅샹 寫셔셔 得더더 明

밍밍 白뻥배 ○ 이 牌에 明白히 뵈뇨 ㄴ 可커커 拿나나 去큐취 吩분분 付부부

管권권 酒짐주 的디디 人신인 ○ 가져가 술 ᄆᆞᆯ의게 吩咐ᄒᆞ여 這져져 票

범밧 上썅샹 開캐캐 載재재 的디디 各거거 樣양양 好한한 酒짐주 ○ 이에 쓴 票

흔인 술을 各様으로 照잔잔 數수수 取츄츄 來래레 ○ 數대로 가져오라 這

져쥐 酒짐주 怎즘즘 麽뭐마 少샤샤 了럏랖 ○ 이 술이 엇지 져그뇨 想샹샹 是

씽시 管권권 酒짐주 的디디 人신인 們믄믄 剋쿼커 減젼견 了럏랖 ○ 심각 ᄃᆡ건

마술이 즐거움 내야 엿는 도사람들 旣 지게 少 샤봉 不 부붕 多 도더 也 여여 罷 빠삐

了 랴렬 ○ 임의 너희 신거스 도 무시 하치 아니 훈다 嗖 훤훤 廚 츄쮸 子 즈즈 来 레래 我

與 위유 他 다더 商 상샹 量 랑랑 ○ 내 廚子를 블러오라 저희와 놀의 훈야 一 이힝 共

只 즈짐 要 약엳 辦 반빤 八 바방 桌 조좡 席 시씽 面 면면 ○ 대되 八桌 그저 面

을 홀 출시니 每 믜뮈 桌 조좡 辦 반빤 乾 간건 鮮 션션 果 고궈 品 핀핀 十 시씽 六

퇴 롱 楪 디뎡 ○ 每桌에 乾鮮 果品 열 시를 출호 되 乾 간건 果 고궈 子 즈즈 呢 니텨

○ 모 료실 은 과 榛 즌즌 子 즈즈 ○ 개 암 松 숭숭 子 즈즈 ○ 잣 瓜 과과 子 즈즈

○ 박 슈삐 乾 간건 葡 푸뿌 萄 닫땀 ○ 모 른 葡萄 栗 리링 子 즈즈 ○ 밤 龍 룽룽

眼 안한 ○ 龍眼 桃 닫땀 仁 신신 ○ 복 화 셩 삐 荔 리례 子 즈즈 ○ 티 요 鮮 션션

果 고궈 子 즈즈 呢 니텨 ○ 징 실 과 은 柑 간감 子 즈즈 ○ 柑 子 橘 규궁 子 즈즈 ○

큰石씩시榴릭루○榴石香향향水쉬쉬梨례리○비믈한櫻잉잉桃담토

○櫻桃杏힝힝子즈즈○고솔蘋삔핀果궈고○님금은玉용위黃횡황李리리

례리子즈즈○맛유시황오외每믜믜卓좌조飯뻔번菜채채呢니니○에빈海棠

은찬只칭즈用윤융十씽시二싱을樣양양勾긍구了럎랖○가그지저를열베두

후야리딕란딕四슷스大때다九길구寸촌춘盤뻔판○寸네盤큰에九用윤융燒샾샾

봉샨劉평너的딩디○거구슬어쓰빠된흔燒셤샨鵝어어○거구유은燒봉샨鴨

향야○올구힌은燒셤샨牛읻부肉숭릭○고구기은쇠燒셤샨羊양양肉승뉴

○모구기은너부의這져져四슷스樣양양先션션上썅샹○를이몬녀져가올지

고리然연얀後흫후再재재上썅샹四슷스大때다碗원완四슷스中즁중碗

완권○과그네린中후碗에을또올네리大되碗都두두要열얀學햏효那너나

方방방 做주주 法방방 纔채쩨 好화함 吃치킹 哩리레 ○ 다되 먼도 는 법 디

碗 로ᄒᆞ여 아맛치 먹기 됴흐리라 四스ᄉᆞ 大다때 碗완뭔 肉뉘눠 呢니네 ○ 큰 네 는

是시씽 海해해 參슨슴 頓둔둔 鴨야향 子즈즈 ○ 海參 는 허너 올 외 히 魚유위

翅츠츠 炒찬참 肉류숭 ○ 물고 허 기진 고 기에 너 와 鰒박빽 魚유위 頓둔둔 肉

류숭 ○ 전복 너허 고기 외 솔 火호훠 腿퉤퉤 炸찬참 魚유위 ○ 져 에 린물 고고 기기

석근 시오 거 四스ᄉᆞ 中중 碗완뭔 肉뉘눠 呢니네 ○ 네에 中 는 碗 頓둔둔 爛

란란 肘쥐 子즈즈 ○ 무르 녹 게 녑 팔 지 와 솔 栗리링 子즈즈 炒찬참 鷄계지 ○

밤 녀 허 ᄒᆞᆫ 둙 리 파 炂 螃팡빵 蟹해해 羹긩긩 ○ 게 과 탕 膾귀귀 三산삼 鮮션션 ○

세 가 지 회 니 共궁궁 十시씽 二을싱 盤판뻔 碗완뭔 ○ 盤대 碗되 이 열 두 란 還환환

要약엳 上샹썅 三산삼 道단땅 粉븐분 湯탕탕 ○ 湯 당 을 시 롱 올 세 가 지 粉 요

饅만뭔頭투뜽 ○ 饅頭와 ㄴ 蒸징징食시씽 ○ 蒸食과 ㄴ 小샾셯餑보뽕餑보뽕
○ 죤벽이니 ㄴ 這져져也여여就주쯯勾구긓了랴럏 ○ 이도이믜녁녁ᄒᆞ다 ㄴ 再
재재問운문教쟌걓坊방방司스ᄾ ○ 또教坊司에무러 ㄴ 叫쟌걓他타터着쟌쨯
幾기계箇거거樂요얗工궁궁来레래伺츠ᄾ候후흫 ○ 뎌로ᄒᆞ여여러樂工을시
겨와伺候ᄒᆞ고 ㄴ 弄빙뼝着쟌쨯他타터叫쟌걓些셔셔歌거거唱챵챵的디듸諸
쥬쥬樣양양雜자쨔耍쇠솨的디듸来레래 ○ 이오로뎌로ᄒᆞ여노래부르고여러가지
잡노롯ᄒᆞᄂᆞᆫ이룰불러와 ㄴ 咱자쟝們믄문大다때家자갸消샾셯遣견견何허혀如
슈슈 ○ 우리대되消遣홈이엇더ᄒᆞ뇨 ㄴ 這져져些셔셔酒주짇席시씽都두두已이이
辦반빤停팅띵妥토텨完완훤備비삐了랴럏 ○ 이酒席을다이믜쟝만ᄒᆞ여停妥完
備ᄒᆞ다 ㄴ 小샾셯廝스ᄾ們믄문 ○ 아희들아 ㄴ 你니녜們믄문到닾닿大다때廳

딩딩上샹샹去큐취㊁너희大간先션션把바바椅키이桌좋조分븐븐開

개개擺배배定띵딩了럏랴㊁몬져을화교의와버티고상待때대各갸거位위우

老랖랴爺여여們믄믄來래리即징지난ᄃᆞ망망通통통報봘봐◯各爺位미老곰

시을통기ᄒᆞ도라려 즉各갸거位위위老랖랖爺여여都두두到닿도齊쪠치了

렿랴◯各다位왓老ᄂᆞ爺이단ᄂᆞ列렿려位위위弟뗴디兄휭흉旣계지都두두齊

쪠지集찡지了렿랴◯믜저位다弟모兄다시이난이咱잠자們믄믄今긴긴日싀이

俱귀귀要햫야開개개懷홰홰暢챵챵飮힘인㊁懷우暢리飮오ᄒᆞ늘여다開不

봉부可커커辜구구負뿌부了렿랴好핳하風봉봉光광광◯을됴뎍흔風ᄇᆞ光리

쟈지ᄆᆞ마뎌자경쟌小셯샨廝스스們믄믄先션션擺배배上썅샹果궈고碟뎌뎌

子즈즈◯아희들을불러과실뎝시ᄆᆞ뎌버리고每미위人신인先션션痛퉁퉁飮

幾 지계 盃 빅븨 如 슈슈 何 허혀 ○ 每人이 몬져 痛飲ᄒᆞ여 여러 잔 ᄒᆞ려니 你 니녜

這 저져 樂 요양 工 궁궁 們 믄믄 ○ 너희 樂工들이 彈 탄딴 的 디딩 只 즈징 管 권권

彈 탄딴 ○ ᄐᆞ고 吹 취취 的 디딩 只 즈징 管 권권 吹 취취 ○ 부리ᄂᆞᆫ 이ᄂᆞᆫ 그저 불고

唱 챵챵 的 디딩 只 즈징 管 권권 唱 챵챵 ○ 노래 브르리ᄂᆞᆫ 그저 브르고 助 주쭈 助

老 랄랄 爺 여여 們 믄믄 酒 직징 興 힝힝 ○ 老爺들의 酒興을 도아 好 호함 ○

飲 인힘 幾 지긔 盃 븨븨 ○ 마자 여러 잔 먹고 然 얀연 後 후흫 再 재재 上 샹썅

飯 반빤 菜 채채 ○ 그리ᄒᆞᆫ 후에 밥과 반찬 올리고 咱 잔좌 雜 자짜 耍 솨솨 的 디딩 來 래래

○ 우리 잡롯ᄒᆞᄂᆞᆫ 이를 블러와 看 간칸 他 타터 耍 솨솨 些 서서 技 기끼 藝 이이 罷 바빠

○ 뎌 지조 놀리ᄂᆞᆫ 쟈 보쟈 兄 휭휭 弟 디뎨 們 믄믄 今 긴김 日 시싱 都 두두 要 약얗

乞 치깅 得 더등 酩 밍밍 酊 딩딩 大 다때 醉 쥐쮜 纔 채째 妙 먀먕 哩 리례 ○ 兄[illegible]

돌이 오ᄂᆞᆯ 다 먹어 酩酊醉ᄒᆞ미 맛치 妙ᄒᆞ리리 ᅳ大 弟 뗴디 兄 흉훙 們 문믄 酒 잳주 旣 계지

勾 긍구 了 럏랴 用 융융 飯 빤반 罷 빠바 ○ 弟兄들아 술이 이믜 넉닉ᄒᆞ니 밥을 먹음이 무

던ᄒᆞ다 ᅳ 飯 빤반 後 흫후 每 뮈믜 人 ᅀᅵᆫ인 須 슈슈 要 햫야 再 재재 吃 킹치 三 산산

盞 진잔 上 쌍상 馬 마마 盃 뷔븨 ○ 밥 후에 每人이 다시 三盞 上馬盃롤 먹고 方 방방 許

휴쉬 散 산신 哩 례리 ○ 보야흐로 흣터지믈 許ᄒᆞ쟈 ᅳ 你 네니 們 뮨믄 這 져져 些 셔서

伺 ᄉᆞ츠 候 흫후 的 딍디 人 ᅀᅵᆫ인 ○ 너희 伺候ᄒᆞᄂᆞᆫ 사ᄅᆞᆷ들이 ᅳ 都 두두 到 닿닾 外 왜왜

廂 샹샹 吃 킹치 飯 빤반 去 큐취 ○ 다 밧체셰 밥 먹으라 가고 老 랗랖 爺 예여 們 뮨믄

要 햫야 散 산산 了 럏랴 ○ 老爺들이 흣터지려 ᄒᆞᆫ단 ᅳ 衆 즁중 弟 뗴디 兄 흉훙 們 뮨믄

○ 모ᄃᆞᆫ 弟兄들이 ᅳ 如 슈유 今 김긴 酒 잳주 也 여여 醉 쥐쥐 了 럏랴 飯 빤반 也 여여

飽 봥봐 了 럏랴 ○ 이제 술도 醉ᄒᆞ고 밥도 비브ᄅᆞ다 ᅳ 古 규구 人 ᅀᅵᆫ인 道 닿닾 ○ 古

ᄅᆞ이 되니 有 읍우 酒 징주 有 읍우 花 화화 以 이이 爲 위위 眼 안안 前 젼젼 之 징즈

樂 랍러 ○ 에술 즐을 기두 믈고 삼꼿 ᄂᆞᆫ츌 다두 ᄒᆞ어 고眼 ᄂᆞ前 又 읍우 道 땋닾 人 신인 生

싱승 行 ᅘᆡᆼ힝 樂 랍러 耳 싱을 ○ 이쏘 行니 樂ᄅᆞ 홀되 지ᄉᆞ 라ᄉᆞ 須 슈슈 富 부부 貴 귀귀

何 ᅘᅥ허 時 씽스 ○ 기富 ᄃᆞ貴 리롤 리어 오니 ᄒᆞ새 ᄂᆞᆫ에 我 어오 等 등등 今 김긴 日 싱이

之 징즈 會 ᅘᅬ회 ○ 모우 드리 미오 ᄂᆞ놀 可 커거 謂 위위 及 끵기 時 씽스 行 ᅘᆡᆼ힝 樂

랍러 ○ 行可 樂謂 이及 ᄂᆞᆫ時 暢 챵챵 快 괘괘 之 징즈 極 끵기 矣 이이 ○ 極暢 ᄒᆞᆫ快 이의

단로 又 읍우 道 땋닾 天 텬텬 下 ᅘᅡ하 無 무우 不 붓부 散 산산 之 징즈 筵 연연 席

씽시 ○ 지또 아니 놀ᄅᆞ 잔되 치天 업下 다에 ᄒᆞ홋 이니 ᄂᆞᆫ지 看 컨칸 天 텬텬 氣 계키 已 이이

晩 뭔완 了 령랴 ○ 미보 ᄂᆞᆫ매 저하 시놀 니이 ᄂᆞᆫ이 大 때다 家 가쟈 別 뼝벼 了 령랴 罷

빠바 ○ 별대 ᄒᆞ되 쟈니 ᄌᆞᆫ 各 각거 位 위위 請 칭칭 了 령랴 ○ 請各 ᄒᆞ位 노ㅣ 라야

二

院원원判판판哥거거 ○ 院判 형아 你니니到닾도那나나裏리리去큐취 ○ 네 어듸 가ᄂᆞᆫ다

小샿샤舍뎌디到닿닾禮례리部뿌부去큐취 ○ 小舍ㅣ 禮部에 가노라

你니니去큐취有잉우甚씸셔麽뭐마勾궁구當딩당 ○ 네 가 므슴 일이 잇ᄂᆞ뇨

小샿샤舍뎌디近낀긴來래래奉봉봉上썅상司ᄉᆞ스鈞균균令링링 ○ 小舍ㅣ 요ᄉᆞ이 上司 鈞令을 밧드니 有잉우件껸견差채채使싱시着쨯쟈我어오去큐취辦빤반 ○ ᄒᆞᆫ 差使ㅣ 이셔 날로 ᄒᆞ여 가 ᄒᆞ라 ᄒᆞ매 所수소以이이到닿닾部뿌부裏례리去큐취打다다聽텅텅消셜샾息싱시 ○ 이러모로 部에 가 消息을 듣보려 ᄒᆞ노라

甚씸셔麽뭐마差채채使싱시呢니니 ○ 므슴 差使ㅣᄂᆞᆫ 為위위頒반반詔졍잔去큐취 ○ 頒詔ᄒᆞ라 가ᄂᆞ니라

甚씸셔麽뭐마詔졍잔派패패往왕왕那너나一힝이路루루頒반반去큐취呢니니 ○ 므슴 詔書ㅣ 어ᄃᆡ로 ᄀᆞ저 반포ᄒᆞ라 가ᄂᆞ뇨

派패패小샾셩帝디뗴是시씨往왕왕於유위平핑뼝大다때寧닝녕遼랴럏
陽양양開캐개元원원瀋신침陽잉양等등등處츄츄○小帝롤그은거슨이求平
大寧遼陽開元瀋陽等處에가ᄂ니라 起키캉還환훤有우잉甚셔씸麽마뭐地디뎨
方방방○또당시롱므슴地方이잇ᄂ뇨 朝챠쟣鮮션션國귀궈也여여該개개有
우잉詔쟢쨯可커커曾층쯩派패패你니녜去취큐麽마뭐○朝鮮國에도詔書ㅣ
이셤즉ᄒ니또일즉너롤시겨가게ᄒ엿ᄂ냐 我오어如슈슈今긴김也여어派패패往
왕왕金긴김剛강강山산산松숭숭廣광광等등등處츄츄去취큐降강강香
향향○내이졔또金剛山松廣等處에브리여가降香ᄒ리라 老랖랖哥거거你니녜幾
지기時스씌起치키身신신○노형이네언지떠날다 大다때約요얄這져져月
위웨二을싀十시씹邊변볜領링링了랴렿詔쟢쨯書슈슈箚자잡付부부就

직쯩要얖약起치켸身신션○대개이돌付를토면주스시므더날나긔고諂뎌ᄒᆞ와고쳠

라ᄂᆞᆫ我오어是시씨愚위유蠢츈츈之즈짓人인신○ᄒᆞ나ᄒᆞᆫ사ᄅᆞᆷ이愚蠢으로又

우읭從충쭝不부붕曾층쯩到도닿過고궈外왜외邦방방○본ᄃᆡ일즉외국에

돈ᄒᆞᆫ니여디시못넌焉연연能능능曉햪혛得더듷他타타那나너裏리레的디듸

規귀귀矩규큐○規矩지엇지能히알리오거긔相샹샹懇큰큰你니녜揀견간定

당띵了랖렬起치켸程칭찡日시싀子즈즈○네게날을쳥ᄒᆞ여길ᄒᆞᆯ날ᄒᆞ여뎡ᄒᆞ라

면我오어竟깅깅與유유你니녜同퉁뚱去취큐○내가지도로ᄒᆞᆫ가지로네와ᄒᆞᆫ가지로갈거시

시넌到도닿那나너朝챺쨭鮮션션地디뗴方방방○뎌朝鮮ᄯᅡᄒᆡ니르러諸쥬쥬事

스짓好화활仰양양仗장쨩你니녜○ᄆᆞ롤ᄉᆞ뭃으로ᄆᆞ리니장너敎쟌갸쟝導도뚱

我오어照쟌쨩看칸켠我오어○나ᄅᆞᆯ보ᄉᆞᆯ피고면便변뼌感간감激

三

不붇부盡찐진了럎랼 ○ 다 곳 못 感激ᄒᆞ리로다

今긴긴年년년雨위위水쉬쉬狠흔흔大때다 ○ 올ᄒᆡ 장마 雨水ㅣ 만ᄒᆞ여 直찍지

渰염연過궈고蘆루루溝구구橋챵찰上샹샹獅싀스子즈즈頭뜩투了랼럎 ○ 城門

바로 蘆溝橋 우희 獅子 머리에 다히 넘어 城門

墹탄탄了랼럎 ○ 뎌 城門을 텨디니 ○ 一 帶 地

方방방的디디田뗜뎐禾훠호都두두渰염연沒무무了랼럎 ○ 뎌 一帶 地

方에 田禾ㅣ 다 츰엿고 村 庄 人 家 的 房 屋

墻챵챵壁비비太태태半반반都두두被비비水쉬쉬衝충충了랼럎 ○ 村

人家에 房屋 墻壁이 太半이나 다 믈에 니여 뎐ᄒᆞ고 徐家 的 墻 垣 원원

如何 ○ 네 집 墻垣은 엇디 ᄒᆞ며 我 家 的 墻 창창 也

—9b

여여倒닿단了랻랴幾계지堵두두 ○ 우리 이리 집브 다허 도저 여시 러니 돌只즈즈

好향한等등든到닿도秋칙치来래레再재재修식수理레리罷빠바 ○ 을ㄱ

理을 흘기 이드 무려 던다 흥시 修단 眼얀얀前쪈션就찍작收식식拾싱시拍파파甚

씸서麽뭐마呢녀니 ○ 무시 서방 시즉 저시 프救 리拾 오흐 면土투투王왕왕用융윤

事씃ᄉᆞ之징즈日싱이不봉부可커커動뚱둥工궁궁 ○ 에土動王工用치事못日

시홀 너깨把바바憲현현書슈슈看컨칸一잉이看컨칸 ○ 보칙 아력 을揀간년

箇거기黃황환道닿도吉깅기日싱이 ○ 을黃道吉日 힐 여就찍직好항한興

항힝工궁궁了랼랴 ○ 홈곳 이여 됴수 타시 작這저져般번반說숴쉬 ○ 나이 르리

면待때대箴희오擇쩌저定띵딩了랼랴日싱이期끼키 ○ 혀내 뎡날 홈글 흘희

러기 느드呼흥잔幾계지箇거거打다다土투투墻쨩창的딩디匠쨩장工궁궁

來래레 ○ 여러 토담 ᄊᆞᄂᆞᆫ 쟝인을 블러 와 與유위 他타타 商샹샹 量량량 ○ 뎌와 商量

ᄒᆞ쟈 匠쟝쟝 作조졉 師스싱 傅부부 ○ 匠作ㅣ 안편 你니니 向향향 來래래 ᄀᆞᆨ丁

다다 土투투 墻짱챵 是씨시 多도더 少샹샤 一이이 板반반 ○ 내 토담 ᄡᅡ 제

언머 ᄒᆞ뇨 ᄒᆞᆫ 틀 說숴쉬 定띵딩 了랴료 工궁궁 價가가 然연안 後후후 好

ᄒᆞ와 煩빤반 你니니 做주주 活훵호 ○ 공젼을 뎡ᄒᆞ옴 이후에 널로 다 俗

쉬숨 語유위 說숴쉬 ○ 俗語에 니ᄅᆞ되 前쳔젼 不부부 斷된된 後후후 要얀 ᄒᆞ여 亂

된련 ○ 몬져 뎌리 긋게 ᄒᆞ면 다시 어즈러이 니ᄅᆞ디 아니ᄒᆞ면 你니니 只즈즈 說숴쉬 老랖로 實씨시

價가가 錢쳔쳔 ○ 네 그 갑슬 ᄌᆞᆯ히 날려니 我오어 好호홍 還환환 價가가 ○

유리 공젼을 ᄒᆞ리라 這저쳐 般번번 說숴쉬 ○ 이리 니ᄅᆞ면 我오어 們믄문 自

스쯔 吃치칭 飯반뻔 呢니녀 二을싱 錢쳔쳔 半반뻔 一이이 板반반 ○ 우리

밥먹으면두돈반에흔들이오 若샹요吃츠치徐녀니家갸쟈的디디飯빤반吃

二ᅀᅳᆯ錢쪈쳔一이ᄒᆞᆼ板반반 ○ 두돈만일에네집흔들밥을을먹ᄒᆞ으리리라면 揀

徐녀니要햐야的디디價갸가錢쪈쳔却캬커也여여不부부甚씸신多더도

○ 네도달마라장만는치갑아대니로커ᄒᆞ니여와도但단단了료료今긴긴柴채채

門이 菜채채件갼견件갼견俱규귀貴귀귀 ○ 다와만쌀이파는제나끌모이

다가귀지ᄒᆞᆫ가년지 若샹요吃츠치 我이오的디디飯빤반食씨시 ○ 만리밥일을우

덕먹ᄃᆞᆫ은 給긔ᄀᆡ 徐녀니 一이ᄒᆞᆼ 錢쪈쳔 五우우 分븐분 一이ᄒᆞᆼ 板반반 罷바바

○ 너틀게를주호미돈무오튼푼ᄒᆞ을단호 徐녀니 太태태 爺여여 想샹샹 ○ 너爺太

ᄒᆞᆼ싱연각 不부부 要햐야 單단단 愛애애 惜싀시 徐녀니 家갸쟈 這져져 幾계지

頭눈눈 茶짜차 飯빤반 ○ 飯맛만치앗네기집지여말러라시 茶 若샹요 是씨시 吃

칭치 徐 네니 家 갸쟈 的 듸디 飯 빤반 ○ 만일 네 집 밥을 먹을양이면 我 어오 對 뒤뒤

衆 즁중 火 훠호 計 계지 說 숴쉬 ○ 내 여러 동모ᄃᆞ려 닐러 齊 쩨치 心 심신 用 융융

力 릐리 多 더도 使 싀시 些 셔셔 工 궁궁 夫 부부 ○ 齊心用力ᄒᆞ여 만히 工夫드려 把

바바 大 때다 夯 향향 多 더도 舂 숑숑 幾 게지 十 씨시 下 햐햐 ○ 큰 달고로 만히 여러

번 다으면 自 쯔즈 然 션얀 堅 견견 固 구구 的 듸디 ○ 自然 堅固ᄒᆞ리니 徐 네니 着

쟣쇼 依 히이 了 럎랴 我 어오 的 듸디 價 갸갸 錢 쪈쳔 ○ 네 만일 내 갑대로 ᄒᆞ면 保

밮봐 管 권권 徐 네니 站 잠잔 十 씨시 年 년년 不 부부 倒 닿단 ○ 네게 十年을 셔셔도

믄허지디 아니 믈 맛들거지넌 假 갸가 如 슈슈 三 삼산 兩 량량 年 년년 內 뉘닉 倒 닿단

了 럎랴 ○ 만일 두세 ᄒᆡ 안히 믄허지거든 我 어오 們 믄믄 就 찍주 不 부부 要 얗얖 工

궁궁 錢 쪈쳔 ○ 우리 工錢을 밧지 아니코 替 톄티 徐 네니 白 뻐배 效 햪햪 勞 랖랖 [illegible]

新신신打다다箏즁주何허허如슈슈 ○ 디고롤드마려ᄅᆞ다사시공밧히미슈엇
더ᄒᆞ뇨丨徐녜니既지비要약료立리립箇거거保보밧管권관不부블到도당
的디딍字즈쯔兒을싀 ○ 네맛이들의문은셔히로지세디올이성니어블면我오어便
변뼌依이이着져쟣徐니녜的디딍價가갸錢쳔젼做주주罷비바 ○ 내네곳갑
대로 홈ᄒᆞ이다

○

那나너拖타퉁脚교갸的디딍漢한헌子즈쯧 ○ 너ᄃᆞ삭놉짐이지乚今긴김日
ᄉᆞ이可커커開개캐倉창창麽마뭐 ○ 오ᄒᆞ놀ᄂᆞ開나倉乚徐니녜開문ᄅᆞ他타터
怎즘즘麽마뭐 ○ 네므러ᄒᆞᄅᆞᆯ무ᄉᆞ러乚今긴김日ᄉᆞ이ᄉᆞ却커캭是시씌開개캐
倉창창關관관米미메的디딍日ᄉᆞ이期키기 ○ 오여놀ᄡᆞᆯ이ᄐᆞ이눈開날倉이ᄒᆞ라
這저져麽마뭐甚신씸湊추츻巧캬캳 ○ 이리면ᄒᆞ심다히乚我오어有의읻

朴通事新釋

兩 량량 箇 거거 月 웨워 俸 뽕봉 米 메미 要 햘얖 關 관관 ○ 쌀내 이게 의두 셔돌 듣느

노려 란ᄒᆞ 該 개개 關 관관 幾 계지 擔 담단 呢 녜니 ○ 짐맛 을당 ᄒᆞ이 료몃 遭 뎡뎡 例 례

례리 只 징즈 該 개개 關 관관 八 방바 擔 담단 ○ 定 딩 例 에 짐을 ᄒᆞ그 리저 란여 我 워오

你 니 유슈 今 김긴 把 바바 騎 끼치 的 듸디 馬 마마 就 찍직 寄 계기 在 째재 這 져저

雜 짱자 貨 훠호 舖 푸푸 裏 례리 ○ 이내 雜이 貨게 舖도 에물 부를 텨다 두가 고곳 到 닿다

倉 창창 上 쌍샹 去 큐취 ○ 가倉 에 待 때대 關 관관 出 츄츄 米 메미 來 래레 ○

쌀 내 기다 려기 再 재재 到 당도 這 져저 裏 례리 取 츄츄 馬 마마 ○ 와다 몰시 을혀

고츳 給 긔지 一 힝이 二 싕을 升 싕싱 米 메미 謝 쎼셔 他 타타 何 허허 如 슈슈 ○

게ᄒᆞ 샤두 례되 흠쌀 이을 엇주 더어 ᄒᆞ뎌 ᄂᆞ의 咱 장자 們 문믄 且 쳐쳐 商 샹샹 量 량량 ○

우리 ᄒᆞ리 쟈도 商 每 뮈믜 擔 담단 脚 걀교 錢 쪈쳔 你 녜니 要 햘얖 多 더도 少 쌸샨

○머믈집달라가슬ᄒᆞᄂᆞ네 어던 老랖랖 太태티 爺여여 徐녀니 在재재 那나나
裏례리 住쮸쮸 ○ 老太爺ㅣ 어듸셔 사ᄂᆞᆫ다 네 我오 在째재 平삥핑 則즈저 門믄
믄믄 外왜왜 住쮸쮸 ○ 내 平則門 밧긔 사노라 旣지 是시시 這져져 麽마마 ○
이러면 이 徐녀니 該개개 給기치 多도 少샤산 脚갸교 錢쪈쳔 一이 擔
담단 罷바바 ○ 네 집에 언머 슬갑 주려 ᄒᆞᄂᆞᆫ다 海 擔담단 給기지 徐녀니 五
우우 十시 大다 錢쪈쳔 罷바바 ○ 네 집에 미 쉰 낫 大錢을 주리라 ○ 愛애애
呀야야 老랖랖 太태태 爺여여 忒틔티 給기지 少샤산 了럎랖 ○ 아老太爺ㅣ
너무 져기 주려 ᄒᆞᄂᆞ다 上새 平핑핑 則저 門믄 離리리 這져져 廣광광 豐봉봉 倉
창창 有이우 二ᄉᆞᆯ 十시 里례리 地디디 ○ 平則門이 廣豐倉에 二十里ㅅ 싸히
이시니 五우우 十시 文운 一이 擔담단 却갸거 不부 太태태 少샤산 些

서셔 麽 머마 ○ 너쉰 무낫 적돈 지에 아호 니짐 호이 난또 廣 광광 豐 붕봉 倉 창창 到 당닷
平 뼝핑 則 즹지 門 문믄 ○ 平廣 則豊 門倉 가예 긔셔 那 너나 裏 례리 有 임우 二 싱을
十 씽시 里 례리 地 뗴디 呢 녀니 ○ 넉어 히되 잇二 ᄂ十 뇨里 你 녀니 若 얍쇼 不 봉부
肯 킁큰 去 큐취 我 어오 再 재재 僱 구구 別 뼝벼 箇 거거 去 큐취 ○ 줄네 겨만 가일
트지 이아 로니 삭면 내내 여다 가시 잔다 既 계지 如 슈유 此 츠츠 說 쉐쉬 ○ 리이 니믜 롤이
면양 ᄂ이 便 뺀변 給 긩지 我 어오 五 우우 十 씽시 文 문운 一 힝이 擔 담단 也 여여
罷 빠바 了 럏랴 ○ 에곳 주나 미로 또쉰 무낫 텬돈 흐을 다호 ᄂ짐 你 녀니 如 슈유 今 ᄆ긴
到 당닷 倉 창창 裏 례리 去 큐취 ○ 倉네 에이 간제 給 긩지 他 터타 量 량량 斗 등두
的 딩디 人 신인 一 힝이 百 빙버 錢 쪈쳔 ○ 일뎌 빅밀 돈되 을는 주사 고롬 ᄂ을 對 되뒤
他 터타 說 쉐쉬 明 밍밍 ○ 룰뎌 볽ᄃ 히려 흐너 여르 ᄂ기 斗 등두 斛 후후 都 드두 要

얀령 量 랑량 足 주죵 ○ 말과휘로다됴히되게ᄒᆞ라 若 숖샵 不 부붕 是 시씌 ○ 만일

그리아니면 回 휘휘 到 닾당 你 니녜 家 갸쟈 再 재재 量 랑량 便 변뼌 不 부붕 勾

쿠큼 了 랖렬 ○ 네집의도라가다가시 되면곳모ᄌᆞ라리라 還 환훤 要 얀령 把 바바 領 링링

子 즈즈 到 닾당 該 개개 管 권권 書 슈슈 辦 반뺀 處 츄츄 換 환훤 過 고궈 小 샾셯

票 뱦병 ○ 당시롱ᄐᆞᄂᆞᆫ뎨를가져마오아 반의게가져근栗로받고고ᄂᆞᆫ 然 얀션 後 후흫

到 닾당 關 관관 籌 칠쯓 的 디딍 所 소수 在 재쨰 領 링링 過 고궈 籌 칠쯓 來 레래

○ 그린후에사솔ᄐᆞᄂᆞᆫ 가사ᄉᆞᆯ을타와야 곳 方 방방 好 항화 到 닾당 倉 창창 裏 리레

關 관관 米 미메 ○ 보야흐로倉에가 ᄡᆞᆯᄐᆞ기됴흐니라 又 우ᅌᆗ 要 얀령 給 깅지 那 나녀

扛 강강 口 쿠큫 儈 대때 人 인인 的 디딍 小 샾셯 脚 교갶 錢 쳔쪈 ○ 도녀쟈 트메ᄂᆞᆫ

사ᄅᆞᆷ의적근삭 갑슬줄의새시ᄂᆞᆫ 這 져져 都 두두 是 시씡 斷 돤뒨 不 부붕 能 능능 少 샨셯

的 딩디 ○ 업이 지거 못시 ᄒᆞᆯ다 새이 시질 러싼 ㄴ고 這 져져 麽 뭐마 的 딩디 ○ 면이 ㄴ러

你 녜니 且 쳐쳐 進 진진 倉 창창 去 큐취 ○ 에네 간倉 先 션션 揀 환환 票 뱦뱦 頭

리링 籌 쯔칙 何 허허 如 유유 ○ 술몬 을쳐 ㅌ票 미롤 엇밧 더고 ᄒᆞ고 뇨사 你 녜니 這 져져

布 부부 袋 대대 是 씌시 破 퍼포 的 딩디 不 부부 漏 루루 麽 뭐마 ○ [illegible] 여잘

니뎌 ᄒᆞ시 누거 난아 這 져져 是 씌시 新 신신 布 부부 袋 대대 那 나나 裏 레리 破 퍼포

那 너나 裏 레리 怕 파파 漏 루루 呢 녀니 ○ 지이 여세 어잘 디리 서라 기어 롤디 져해 퍼이

오ᄒᆞ 리 ㄴ 如 슈슈 今 긴긴 米 미미 都 두두 關 관관 出 츄츄 來 래레 了 럎랴 ○ 제이

내발 여롤 다닥 탸 ㄴ 咱 쟘쟌 四 스스 箇 거거 小 샾샤 車 쳐쳐 子 즈즈 載 재재 了 럎랴

出 츄츄 去 큐취 罷 바바 ○ 녜네 여져 가근 미술 무위 던에 ᄒᆞ시 단려 不 부부 用 융융 ㅅ

봉샨 車 쳐쳐 ○ 쓰져 지근 말술 고위 ㄹ롤 只 즈즈 僱 구구 大 다다 馬 마마 車 쳐쳐

이홍 輛량량 ○그거 큰 믈에 온 술 위ᄒᆞ나 흘삭 내여 연 把바바 又 ᄇᆞᆫ빈 口쿠큭 袋때대 柴

미메 都두두 裝좡징 上샹샹 ○여듧 자ᄅᆞ에 ᄡᅳᆯ 을 다 시르면 豈치키 不부붕 消숑싱

事스씽 麼마뭐 ○엇디 일을 더 지이니 ᄒᆞ랴 說쉬숴 的디딩 是시씽 ○니ᄅᆞ 돌타 미

你니녀 那나너 腮새새 頰거겨 上샹샹 長쟝쟝 的디딩 甚선씸 麼마뭐 瘡창창

○네 뎌 ᄲᅡᆷ에 난 거 시 므슴 瘡고 不부붕 知지진 甚심씸 麼마뭐 瘡창창 ○모로 리로

마ᄠᅳ슴 瘡인디 從충쭝 幾지계 時스씽 生승싱 出츄츙 來레래 的디딩 ○언제 부터

낫ᄂᆞ 됴ᄂᆞᆫ 從충쭝 前쳔쪈 日이잉 這져져 腮새새 頰겨붕 上샹썽 癢양양 的디딩

受수씽 不부붕 得더덩 ○그제부터 ᄲᅡᆷ이 ᄀᆞ려 워견듸지 몯ᄒᆞᄂᆞᆫ 誰쉬쉬 知지짐 道

됴탕 就쥐찡 長쟝쟝 起치케 這져져 瘡창창 來레래 了랴료 ○뉘 몬드리 瘡이 ᄌᆞ랄

줄을 알 리오 這져져 麼마뭐 不부붕 怕파파 事스씽 ○이는 두렵지 아닌 일이라 容

朴通事諺解 一 十五

융융 易 이이 醫 이잉 治 찌치 的 딩디 ○ 고치기 쉬오니 不 붕부 須 슈슈 貼 텨톄 膏

갈간 藥 얗요 ○ 모로미 膏藥을 부치디 말라 有 읻우 箇 거거 最 쥐쥐 容 융융 易 이이

的 딩디 法 방방 子 즈즈 說 숴쉬 與 유위 你 니니 ○ ᄒᆞᆫ 가장 쉬온 法이 이시니 너ᄃᆞ려 니

ᄅᆞᆯ개 시넌 試 씽스 一 힝이 試 씽스 便 뼌변 好 할한 了 럏랴 ○ 시험ᄒᆞ면 곳 됴호리라

這 져저 麼 뭐마 望 왕왕 太 태태 醫 이이 老 랼랖 哥 거거 ○ 이러면 ᄇᆞ라건대 太醫 노

형은 就 찧주 敎 걓쟢 我 어오 這 져져 箇 거거 好 할한 法 방바 兒 싀을 ○ 이믜 셔나

롤 이 됴흔 法을 ᄀᆞᄅᆞ치관 你 녜니 回 휘휘 去 큐취 今 긴긴 夜 여여 到 닿도 五 우우 更

깅공 時 씽스 候 힇후 ○ 네 도라가 오ᄂᆞᆯ 밤 五更 다ᄃᆞᆺ도록 把 바바 指 징즈 頭 뜽투 在

재재 口 쿻쿠 內 뉘뉘 蘸 졈젼 着 쟣잘 唾 퉈토 沫 뭏모 ○ 손가락을 다가 입에 너허 춤을

[illegible]우 在 쨰재 那 너나 瘡 칭창 口 쿻쿠 上 썽상 不 붕부 住 쮸쥬 的 딩디 搽 짜차 抹

모몰 ○ 뎌瘡부리에머므 지말고ᄇᆞ르고ᄂᆞ 便변뻔 是시씽 白배ᄈᆡᆨ 日ᅀᅵ싱 裏리례 也

여여 不부붏 住쥬쮸 的디딍 揉치쨔 ○ 곳도머므 믄고ᄂᆞ르라 지 如슈슈 此ᄎᆞᄎᆞ

○ 이리 ᄒᆞ면 多도더 不부붏 過고궈 兩량량 三산삼 日ᅀᅵ싱 ○ 반ᄒᆞᆫ 三日에 지而

나 지 못 ᄒᆞ여 ᄂᆞ 這져져 瘡충창 毒두똑 氣치킈 散산산 去취큐 便변뻔 暗안함 消

산 을 ᄒᆞᆯ 了랸렬 ○ 이 곳 瘡절로 에 毒스 氣러 ᄒᆞ지 더리 라 眞진진 箇거거 好한핳 法바방

兒 을싱 ○ 진 法이실로로다됴흔 老랄랄 哥거거 不부붏 說쉐쉃 哉ᄌᆡ오 却거캭 常

忽즘즘 麽마뭐 知지딩 道단땋 呢네니 ○ 노 면 형 네 이 도 ᄉᆞ 니 엇 르 디 지 알 리 가 니 오 不

쟝쟝 言연연 道단땋 ○ 常ᄂᆞᆯ 言ᄅᆞ 에 되 話화화 不부붏 說쉐쉃 不부붏 明밍밍

무 봉 不부붏 讚쥔젼 不부붏 透투틍 ○ 말은 니ᄅᆞ디 아니면 못ᄒᆞ고 ᄂᆞᆷ 글 ᄭᅮᆯ 다 야 니 면

스 다 못 디 ᄒᆞ 너 디 라 못 ᄒᆞ ...

六

朴通事新釋

老랖랖哥거거拜배배揖읍이了럏랴那나나裏례리去큐취來래래○형노

어아뎌揖갓ᄒᆞ더노뇨라大대다街개개上썅샹買매매段뒨돤子즈즈去큐취來

래레○사큰라거갓리뎌에나비라단你녜니買매매來래레的듸디段뒨돤子즈즈

借져겨與유위我어오看컨칸○룰녜빌사려온보비게단ᄒᆞ을라나這져져是씽시

幾게지丈짱쟝一흥이疋필피呢녜니○ᄒᆞ이疋몃고발這져져段뒨돤子즈즈

一흥이疋필피足쥼주勾끙구袍뽤팦料럏랴二싕을件껸견○ᄒᆞ이疋비이단

이큰녁옷녁ᄀᆞᄒᆞ옴니둔볼你녜니猜채채是씽시甚씸셔麼뭐마價갸갸錢쪈쳔

○고네짐이작므ᄒᆞ슴라갑ᆫ신我어오猜채채○ᄒᆞ내니짐ᆫ작這져져大대다紅

훙훙段뒨돤眞진진是씽시南남난紅훙훙顔얀연色싕서經깅깅緯위위勻

윤윤淨찡징○빗이치다오홍빠비놀단이이고진로짓고이조연ᄒᆞ다넌홍鋪슈슈比비비

不부불得더듸上샹쌍用용융段된뒨子즈즈 ○ 비록 上用홀 비단에는 비치 못ᄒᆞ나

都也여여比비비尋신씬常챵쨩的디듸不부불同퉁뚱 ○ ᄯᅩ 녜ᄉᆞᆺ 거세 비컨대 ᄀᆞᆺ지 아니ᄒᆞ니

若쇼얍不부불是시씨十시씽二을ᅀᅵᆯ兩량량銀인인子즈즈

○ 만일 열두 량 銀이 아니면 恐쿵쿵不부불肯큰킁賣매매與위유你니녜哩리례

○ 저컨대 흘겨 네게 ᄑᆞ지 아니ᄒᆞ리라 你니녜真진진猜채채着잔쨘了럎렬 ○ 네 잘 짐작ᄒᆞ엿다

似스쓰這져텨樣양양段된뒨子즈즈 ○ 이ᄀᆞᆺᄐᆞᆫ 비단은 除츄쮸了

內늬뉘造잔짠上샹쌍用용융之즈즞外왜왜 ○ 內造 上用을 더론 밧긔는 時

時스씃下하햐穿쳔췬是시씨頂딩딩好화핳的디듸了럎렬 ○ 시졀것들로는 옷스

됴흔 거시라 ᄒᆞ리란 俗쉬쓩語위유說쉬쉼得더듸好화핳 ○ 俗語에 니ᄅᆞ 미됴ᄒᆞ니ᄅᆞ

好화핳物우웅不부불賤젼쪈賤젼쪈物우웅不부불好화핳 ○ 됴흔 거슨 쳔티

七

이아 아니 ᄒᆞ니 ᄒᆞ고 다쳔 ᄒᆞᄒᆞᆫ 니거 리슨 됴

京깅징 城찡칭 裏레리 刀당단 子조즈 舖푸푸 狠흔흔 多더도 ◯ 쳐푸 ᄎᆞ을 ㅣ칼

마호 장ᄂᆡ 단 不부봉 知지징 那나너 一이흥 家자가 打다다 的디등 刀닫당 子

좀쥬 最쥐쥐 好할한 ◯ 아민 지든 몯칼 이게 라마 어장 ᄂᆡ됴 ᄒᆞ집 의뇨 [illegible] 我오허 要얀

打다다 幾지계 副부부 刀닫당 子즈즈 ◯ 내민 여들 러려 ᄒᆞ볼 칼노 을라 [illegible] 폐니 [illegible]

몬운 那나너 有우잉 名밍밍 的디등 刀닫당 子즈즈 舖푸푸 麼마뭐 ◯ 네有 名텨

호몽 칼문 ᄂᆞ푸 住 大다때 街개개 上샹샹 四스ᄉᆞ 牌패빼 樓루룹 東둥둥 ◯ 큰거

동리 四편 牌예 樓 有우잉 張장장 黑희흥 子즈즈 打다다 的디등 刀닫당 最쥐쥐

好할한 ◯ 張든 黑칼 子이 ᄀᆞ이 장히 됴시 ᄒᆞ니 ᄃᆞ외 裝징장 修식수 飾시시 樣양양 都

두 好할한 ◯ 민양 ᄂᆞᆫ이 것디 괴됴 구ᄒᆞ 민니 모라 這져져 般번번 我오허 敎쟈갈 他

터타 打 다다 了 럏랴 刀 닿돠 ○ 여이 칼려 을면 치내 이뎌 되로 ᄒᆞᆫ 再 재재 把 바바 來

장쟝 修 싷싂 飾 싷시 樣 양양 說 쉏쉬 與 유위 他 터타 ○ 삭다 딜시 모민 양들 을기 저와

날ᄃᆞ 련려 刀 닿됴 鞘 셯샾 要 령얖 起 켜치 線 션션 花 화회 梨 례라 木 뭉무 ○ 집칼

衣은 으실 로돗 ᄒᆞᆫ친 ᄀᆞ花 梨 鹿 룽루 角 갸교 廂 샹샹 口 킇쿠 的 딩디 ○ 로鹿 이角 궁으

메이 오에 고뎐 底 뎨ᄃᆡ 要 령얖 駝 떠토 骨 궁구 廂 샹샹 的 딩디 ○ 새밋 로흔 젼약 메대

고오 刀 닿돠 把 바바 要 령얖 紫 즈즈 檀 딴단 ○ 檀갈 으ᄌᆞ 로ᄅᆞ ᄒᆞᆫ 고紫 象 썅샹 牙

야야 廂 샹샹 頂 딩딩 也 여여 要 령얖 起 켜치 線 션션 的 딩디 ○ 리象 에牙 젼로 메머

고오 져되 ᄒᆞᆫ돗 ᄒᆞᆫ실 라돗 ᄒᆞᆫ치 刀 닿돠 頭 뜰투 要 령얖 甚 씸서 麽 뭐마 鐵 텽텨 打 다다

呢 녜니 ○ 치칼 이놀 려을 ᄒᆞᆫ므 ᄂᆞ슴 뇨쇠 로 不 붕부 要 령얖 別 뼈벼 樣 양양 鐵 텽텨

○ 논다 말른 고쇠 必 빙비 得 딍더 鑌 빈빈 鐵 텽텨 打 다다 方 방방 好 항한 ○ ᄃᆞ반

아시 ᄒᆞ鑌 로鐵 됴로 흘치 새입 시여 니야 上보 也 여여 不 붕부 要 령얀 打 다다 得 등더 忒
틍티 厚 흫후 了 렬랸 ○ 두도 터치 이기 말로 고너 무 脊 징지 背 뷔븨 只 즈즈 要 령얀
平 삥핑 正 징징 爲 위위 妙 먚먀 ○ ᄒᆞ등 여을 와그 妙뎌 ᄒᆞ平 너표 란이 綵 녜니 要 령얀
打 다다 幾 계지 件 견견 呢 녜니 ○ 아네 려몃 ᄒᆞ볼 눈을 다치 大 대다 刀 닿닾 子 즈즈
一 힝이 把 바바 ○ ᄌᆞ큰 ᄅᆞ칼 ᄒᆞ 기、 셩샨 刀 닿닾 子 즈즈 一 힝이 把 바바 ○ 근져
ᄌᆞ칼 ᄅᆞᆫᄒᆞᆫ 兒 차차 兒 싱을 一 힝이 箇 거거 ○ ᄒᆞ쳠 난ᄌᆞ 錐 쥐쥐 子 즈즈 一 힝이 箇
거거 ○ ᄒᆞ송 난곳 ᄃᆞ、 셜샨 鋸 귀귀 子 즈즈 一 힝이 箇 거거 ○ 나져 흘근 ᄒᆞ톱 되ᄒᆞ 都
두두 要 령얀 好 함핰 飾 심시 樣 양양 的 듸디 ○ 케더 ᄒᆞ수 고민 져모 ᄒᆞ양 노을 란됴 綵
네니 要 령얀 打 다다 這 져져 五 우우 件 견견 刀 닿닾 ○ 킬네 을이 치다 이깃 되불 鐵
텽텨 要 령얀 好 함핰 裝 장장 修 싱식 要 령얀 乾 건간 淨 찡징 ○ 삭쇠 미도 기됴 ᄅᆞᆯ고

려乾ᄒᆞᆫ淨면이」ᄒᆞ太ᄯᅢ다槩개개須슈슈得더더五우우錢쳔쳔價갸갸銀인인

一힝이件견견○에大ᄒᆞᆫ槩불모을로어미드돗리돈라은你녜니估구구量량량不

붕부差차차○미네그짐르쟉지ᄒᆞ아여니혀ᄒᆞ아다리我어오且쳐쳐同뚱퉁你녜니

到당도張장쟝黑흐희子즈ᄌᆞ家갸쟈去큐츄○로내張ᄯᅩ黑ᄂᆡ子와의ᄒᆞᆫ집가의지

쟈가張쟝쟝哥거거在째재家갸쟈麼머마○의張잇哥ᄂᆞᆫ가나아」집這져져位

위위官권관人신인要햘얍打다다幾계지副부부刀담도子즈ᄌᆞ○官이人분

치이이여려러ᄒᆞᆫ불니칼」을你녜니以이비須슈슈加갸가工궁궁打다다造짷잔

○드네려모민롬들이라공」부這져져箇거거不붕부須슈슈太태태爺여여們

문믄囑죵쥬咐붕부○들이이는당모부롬말이라太」爺好할한與유위不붕부好

항한都두두是씨시小셩샨舖푸푸的딩디門문믄面면면○치됴아ᄒᆞ니며미됴

朴通事新釋諺解 一 十九

門다面이이小라舖」의旣계지承찡칭有읭우心심신照쟝쟌顧구구○有이心믜
ᄃᆞ照브顧니홈」을敢감간不붕부盡찐진心심신細세시做주주麽뭐마○하敢
민盡ᄃᆞ心지ᄒᆞ아여니텽ᄒᆞ셔랸히請칭칭囊례리坐쭤조好함한講걍쟝○대請안컨
논희ᄒᆞ안쟝자」의每뮈믜把바바價갸갸銀인인五우우錢쪈쳔○갑每시ᄌᆞ銀ᄅᆞ
이닷니돈說셩쉬日月밍밍了럏랴放방방下햐하定띵딩銀인인○히날고러定븕
두흔고銀」을遲찌치日싀시來래레斷뒨뒨不붕부有잉우悞후우的듸디○
그날ᄅᆞ을미지잇연지ᄒᆞ아여니오ᄒᆞ라리결라단」코旣계지如슈슈此츠ᄎᆞ說셩쉬○
니이ᄅᆞ믜면이」리便뺸변依히이着쨯져徐녜니的듸디價갸갸錢쪈쳔○네곳
호깁되대」로但딴단是씽시刀닿도頭뜰투與유위裝장좡修싱식飾싱시揉
양양我어오說셩쉬與유위你녜니○밀다모만양갈을놀내파너민ᄃᆞ들려기니와ᄀᆞ수

니새 시」用융융 心심신 照쟣쟈 攃양양 做주주 罷빠비 ○ 太用心 대로ᄒᆞ 민여 들양

라」定뎡뎡 銀인인 也여여 給공지 徐녜니 ○ 를定 주ᄒᆞᆫ 눈銀 니도 」너 我어오 們

문믄 隔궁거 幾계지 日ᅀᅵ이 再재재 來리래 取츄츄 罷빠바 了럏랴 ○ 여우 러리

가날 져즈 가음 미ᄒᆞ 우여 던다 ᄒᆞ시 다와

徐녜니 看컨칸 這져져 人신인 家갸자 小셯샤 孩해해 子즈즈 ○ 이네 人보 家라

의 희아 와 與유위 那너나 街개개 上쌍샹 小셯샤 廝ᄊᆞ스 們믄믄 ○ 아뎌 히거 들리

」미 逢뿡풍 時씌스 及끼기 節졔져 好화 會훼휘 頑완완 耍솨솨 哩례리 ○

ᄆᆞ대 장룰 놀만 줄나 을고 아절 더을 라잇 」처 新신신 正징징 月웡워 裏례리 呢녜니 ○

에正 는月 也여여 有잉우 放방방 空쿵쿵 中즁중 的딍디 ○ 도박 이핑 시이 며치 」리

也여여 有잉우 踢틩티 毬낌킥 的딍디 ○ 도댱 이방 사올 며ᄎᆞ 리」 也여여 有잉우

跳됴턒 百빅배 索삼소 的딍디 ○ 줄너므리도 잇고 到닿돠 二싈을 月웨웨 淸

淸十明月 청칭 明망밍 時씌스 候흫후 便뼌변 放방방 風봉봉 箏징증 了럏랼 ○ 淸十明月 的딍디 風

연 다리기 로면 년곳 연 ⌞ 這져저 市씌시 上쌍상 所수소 賣매매 的딍디 風

箏징증 色싀서 樣양양 很흔흔 多더도 ○ 色樣이 지여 잇ᄂᆞ니 ᄒᆞᆫ 가지 ᄌᆞᆼ만 이 연이 有

八바바 角갸교 的딍디 六리 角갸교 的딍디 四스 方방방 的딍디 ( )

有 像쌍상 仙션션 鶴혀허 的딍디 魚占

여러 가지 모양이 과 거시 잇ᄂᆞ니 모 ⌞ 것 有 像쌍상 仙션션 鶴혀허 的딍디 蝴후후 蝶

魚위유 的딍디 ○ 仙鶴흔 것과 도 이며 유 시 기 며 ⌞ 것 有 像쌍상

蠹당당 螂랑랑 的딍디 ○ 나비 와 몰 동 구 으 리 ⌞ 有 像쌍상

仙션션 女뉴뉴 的딍디 ○ 仙女 이 시 며 흔 것 有 像쌍상 壽쓩수 星싱싱

的딍디 ○ 壽星 이 시 며 흔 것 有 像쌍상 花화화 草창참 的딍디 ○ 花草

도又 이흔 선것 咨갑거 搽양양 不붕부 同뚱퉁 ○ 아여 니리 ᄒᆞ가 티지 ᄅᆡᄌᆞ ｣디 孩ᄒᆡ해
孖즈즈 們문믄 買매매 去큐취 放방방 得듸더 滿뭔만 天텬텬 ○ 이아 사히 가들
ᄀᆞ놀 독려 ᄒᆞ하 니놀 ｣에 也여여 覺걓쟌 得듸더 有잉익 趣츄취 哩레리 ○ 아도 심맛
룰을 러시 라ᄃᆞ ｣到당도 了럎랴 七칭치 八방바 月웡워 裏레리 便뼌변 鬪듷두 促
총추 織징지 ○ 뵈七 빵八 이月 뻐에 훔다 부ᄃᆞ 치로 고면 ｣곳 九궁구 月웡워 十씽시 月
웡워 裏레리 便뼌변 鬪듷두 鵪암안 鶉쓘춘 ○ 라九 기月 빠十 훔月 부에 치곳 고뫼 ｣초
到당도 冬둥둥 寒현한 臘랑라 月웡워 裏레리 ○ 다冬 ᄃᆞ寒 ᄅᆞ臘 뎐月 ｣에 不붕부
是씽시 顚뎐뎐 錢쪈쳔 便뼌변 是씽시 踢팅티 建견견 孖즈즈 ○ 기돈 아더 니디
기면 ᄒᆞ곳 ᄂᆞ격 니이 ｣초 咳해해 這져져 些시셔 小쎵샤 厮스스 們문믄 ○ 아애 히이
인들 無무우 識싱시 無무우 知징지 無무우 憂힐우 無무우 慮류뤼 ○ 無無 知識

無ᄒᆞ慮며ᄒᆞ無여憂

訖비비 我어오 們문믄 老랗랖 人신인 家갸쟈 快쾌쾌 活홯호

得등더 多더도 哩례리 ○ 대우 즐리 거들 옴늘 이근 하의 디게 라比 컨

你녜니 那너나 條떃탸 金김긴 帶대대 是씽시 誰쒸쉬 廂샹샹 的듸디 ○ 뎌네

메金 웟띄 ᄂᆞ를 뇨뉘 _뎐 是씽시 拘큥큐 攔란란 衚후후 衕둥둥 裏례리 帶대대 匠

쟝쟝 夏햐하 五우우 廂샹샹 的듸디 ○ 五이 ㅣ拘 뎐欄 메골 웟셕 ᄂᆞ쟝 니어 라夏 鞓팅팅

帶대대 忒틔틔 長짱창 了럎랴 ○ 무바 기탕 다이 _너 廂샹샹 的듸디 金긴긴 子

즈즈 多더도 少샾샨 分분분 兩량량 ○ 언뎐 머메 分오 兩金 고이 是씽시 五우우 兩

량량 金김긴 子즈즈 廂샹샹 的듸디 ○ 뎐이 메닷 웟냥 ᄂᆞ金 니으 라로 那너나 三삼산

台태태 板반반 却걓커 做주주 得등더 好황하 ○ 기터 롤三 잘심 ᄒᆞ돈 엿은 고민 _돌

南남난 斗듷두 六룽루 星싱싱 板반반 却걓커 做주주 得등더 忒틔틔 顯뭔원

了랴럏些셔셔○南킈六星돈은민든 거시너무두렷ᄒ고左조저輔부뿌右위임弼

비삥板반반和허훠那나너兩랑량箇거거束숭수兒을싀○左輔돈과右弼두못

금쇠논却거갸欠켠켬端둰뒨正징징些셔셔○이端正흠업고後面후홀흐면면

抹빙뻬斗두둥七치칭星싱싱板반반也여여做주주得더듸好함한○面後

北키七星돈은민 들기롤잘ᄒ엿고那나녀雀쇼쟣舌셔뼝做주주得더듸牢랖랄壯

좡장也여여好호항○뎌쇠논민들기롤 허히ᄒ야시니또됴타他다더做주주這

져져帶대대要얀얗多도더少샨샹工궁궁錢쳔쪈○매데연이머디工롤錢민들

달뎌라뇨ᄒ言연연定딩경一이힝兩량량銀인인子즈즁○ᄒ날러냥定銀을에ᄒ

엳라노一般似스쏭你니녀這져져帶대대廂샹샹得더듸好호항○네이젓치더디

메오광이기면잘工궁궁價갸갸也여여不부봉算솬숸多도더○工錢도만다못ᄒ

十

시홀 넌거 徐녜니 明밍밍 日잏ㅿ 領링링 我어오 去큐취 ○ 룰네 드닉 려일 간나 教

걍쟌 他터타 替톄티 我어오 做주주 一힝이 條턍턒 銀인인 廂샹샹 花회화 帶

대대 何허허 如슈슈 ○ 메뎌 온로 섭ᄒ 사여 긴나 ᄶ를 룰ᄀ 민ᄐ 돌차 미ᄒ 엇오 더리 ᄒ銀 뇨뎐

我어오 知지지 道땋닾 了럏랴 ○ 노내 라아 랏 明밍밍 日잏이 就쯯주 領링링

徐녜니 去큐취 ○ 드닉 려일 가곳 리너 라롤

徐녜니 今김긴 日잏이 那너나 裏례리 去큐취 ○ 드네 가오 는늘 단어 我어오 今

김긴 日잏이 到당닾 當당당 鋪푸푸 裏례리 當당당 錢쪈쳔 去큐취 ○ 눌내 當오

ᄒ鋪 라에 가돈 노뎐 리당 把바바 甚씸서 麼뭐마 去큐취 當당당 ○ 텨무 가서 뎐슬 당가

는ᄒ 다려 一ᄒ 是씽시 一힝이 對뒤뒤 珍진진 珠쥬쥬 耳싱을 環환환 一힝이 對

뒤뒤 金김긴 手싱시 鐲쫳조 ○ 희이 와ᄒ 효빵 빙珍 금珠 플귀 쇠엿 리골 那너나 珠쥬쥬

子 즈즈 有 잉우 多 더도 少 셯샨 大 대대 ○ 뎌 진쥬ㅣ 언머나 크뇨 有 잉우 黃 황황

豆 뜰두 大 대다 又 잉우 圓 원원 淨 찡징 有 잉우 寶 밤보 色 싱서 ○ 콩만치 크고 ᄯᅩ

圓淨ᄒᆞ고 寶色이 잇ᄂᆞ니라 要 혈얀 當 당당 多 더도 少 셯샨 錢 쪈쳔 ○ 언머 돈에 뎐당

ᄒᆞ려 ᄒᆞᄂᆞ다 當 당당 二 싱을 十 씽시 兩 량량 銀 인인 子 즈즈 ○ 스므 냥 은에 뎐당ᄒᆞ

려 ᄒᆞ노라 當 당당 這 져져 許 휴쉬 多 더도 銀 인인 子 즈즈 做 주주 甚 씸서 麼 뭐마

○ 이만흔 은을 뎐당ᄒᆞ여 므슴ᄒᆞ려 ᄒᆞᄂᆞ단 多 더도 當 당당 多 더도 贖 쑹쉬 少 셯샨 當

당당 少 셯샨 贖 쑹쉬 ○ 만히 뎐당ᄒᆞ면 만히 무르고 젹게 뎐당ᄒᆞ면 젹게 무르ᄂᆞ니 當 당당

多 더도 了 럏랴 後 흫후 來 래레 銀 인인 子 즈즈 不 봉부 湊 층추 手 싱식 就 찡주

難 나난 贖 쑹쉬 了 럏랴 ○ 뎐당을 만히 ᄒᆞ엿다가 후에 은이 손에 모히지 못ᄒᆞ면 곳 무르기 어

려오니라 你 네니 不 봉부 知 징지 道 땋단 我 어오 的 딩디 事 씽스 ○ 네 내 일을 아지

[朴]通事新釋諺解 一 二十三

다몯 ᄒᆞᆫ 便 뼌변 當 당당 二 ᅀᅵᆯ을 十 씽시 兩 량량 也 여여 還 ᅘᅪᆫ환 不 붕부 勾 긍구

用 융용 理 리리 ○ 롱곳 ᄡᅳ스 기므 예냥 녁을 녁뎐 지당 몯ᄒᆞ ᄒᆞ여 여도 라당 ᄂᆞᆫ시 我 어오 要

혐얀 典 뎐뎐 一 힝이 所 수소 房 빵방 子 즈즈 ○ 네내 내ᄒᆞᆫ 려곳 ᄒᆞᆫ집 ᄂᆞᆫ을 須 슈슈 得

등더 銀 인인 二 ᅀᅵᆯ을 百 븽버 兩 량량 ○ 兩모 을롬 어이 드銀 리二 라百 我 어오 如 슈슈

ᄉᆞᆷ 김긴 先 션션 當 당당 了 럎랴 這 뎌져 兩 량랑 種 즁중 ○ 이내 두이 가제 지몬 롤뎌

표뎐 도당 ᄒᆞᆫ 還 ᅘᅪᆫ환 要 혐얀 把 바바 一 힝이 副 부부 頭 뜰두 面 면면 去 큐취 當

당당 哩 례리 ○ 가도 뎐ᄒᆞ 당볼 ᄒᆞ頭 려面 ᄒᆞᆫ을 ᄂᆞ가 닌져 四 ᄉᆞ스 對 뒤뒤 珠 쥬쥬 簪 잠잔

○ 은내 빈빵 허진 와쥬 ᆫ박 九 긭꾸 枝 징지 金 김긴 鳳 뽕봉 ○ 金아 鳳흡 과기 ᆫ지 兩

량량 對 뒤뒤 寶 밯보 石 씽시 廂 샹샹 嵌 감켠 的 딩디 鬢 빈빈 簪 잠잔 ○ 寶두 石빵

박에 은면 髮메 簪위 관날 一 힝이 對 뒤뒤 猫 맣마 兒 ᅀᅵᆯ을 眼 얀안 廂 샹샹 嵌 감켠 的

디등 金긴김 戒게개 指즈징 ○ 후빵야팡쥬뎐메 위박은金가락진 把바바 這저저 [illegible]

지계 件견견 去취큐 ○ 이여러가지 롤가져가 再제재 當당당 一이흥 百버빙 七

치칭 八바방 十시씽 兩량량 銀인힌 子즈즈 ○ 또一百七八十兩 은을뎐당흐여 共

궁광 湊추층 二을싱 百버빙 兩량량 之즈징 數수수 ○ 대되二百兩 롤모도아야 數

纔재째 勾구긍 典뎐뎐 那나너 宅져찡 子즈즈 哩리례 ○ 겨요뎌집을 셰내기녀녀

흐라 리」

小샾셤 廝스슴 們믄문 徐니녜 拉라랑 馬마마 ○ 아희들이네 몰을잇그러 到단당

背븨뷔 後후흥 河허헝 裏리례 洗시셰 去취큐 ○ 뒷내에싯 기라가 洗시셰 過

고궈 了랴렬 就쥐찡 拴산솬 在재째 陰인힘 涼량량 處츄츄 ○ 싯거즉시 서놀흐디

미고 把바바 他타더 渾훈훈 身신신 毛만말 遍편편 刷과괭 箇거거 乾간건 淨

찡징 ○ 긔뎌 빗왼 거몸 乾에 淨덜 히들 ᄒᆞ다 고가 等 딍등 一 ᅙᅵᆼ이 會 휘휘 再 재재 把 바바

些 셔셔 草 찰찬 喂 위위 他 더타 ○ 물ᄒᆞᆫ 을지 다위 가기 뎌ᄃᆞ 롤려 먹다 이시 라여 你 녜니

着 챻쇼 每 뮈믜 日 싕ᅀᅵ 把 바바 他 더타 刷 솽솨 洗 셰시 ○ 에녜 뎌만 롤일 다每 가日

기빗 고겨 ᄀᆞᆺ 夜 여여 裏 례리 又 잉우 用 융융 心 심신 喂 위위 他 더타 ○ ᄯᅩ밤 用에

먹心 의ᄒᆞ 뗘여 這 져져 馬 마마 自 쯔즈 然 션ᅀᅡᆫ 是 씽시 會 휘휘 肥 삐븨 的 딍디 ○

ᄉᆞᆯ이 지몰 리이 리절 ᄅᆞ로 着 챻쇼 像 썅샹 你 녜니 這 져져 懶 란란 小 셯샾 厮 ᄉᆞ스 [illegible]

문믄 ○ 어만 른일 아너 히ᄀᆞᆺ 들치 이이 ᄀᆞ게 只 징즈 是 씽시 一 ᅙᅵᆼ이 味 미위 貪 탐탄 頑 [illegible]

환완 ○ 기다 만만 貪건 ᄒᆞ너 여놀 日 ᅀᅵ시 裏 례리 不 봉부 肯 킹큰 刷 솽솨 不 봉부 着

권권 喂 위위 ○ 이나 기지 롤즐 ᄆᆞ겨 음빗 아기 지지 아아 니니 ᄒᆞᆫᄒᆞᆫ 고며 ᄀᆞ먹 夜 여여 裏 례리

又 잉우 就 슥스 睡 쒸쉬 不 봉부 肯 킹큰 起 키치 來 래레 添 뎜텬 草 찰찬 ○ 예밝

도ᄌᆞᆨ은 ᄃᆞ시 자고 즐겨 너러 여믈을 더 주지 아니ᄒᆞ니 這 뎌져 馬 마마 如 슈슈 何 허허 能 ᄂᆞᆼ능

長 쟝쟝 膘 뱦뱦 呢 니니 ○ 이 ᄆᆞᆯ이 엇디 ᄒᆞ여 ᄉᆞᆯ디리오 你 니녀 問 믄믄 聽 팅팅

着 쟈 ○ 너희 ᄃᆞᆯ 드르라 以 이이 後 ᅘᆞᆸ후 教 쟢쟈 小 ᄉᆞᇢ샤 厮 ᄉᆞ스 們 믄믄 好 ᅘᆞᇢ화

主 싱승 替 톄티 我 어오 喂 위위 養 양양 ○ 이후 ᄆᆞ장 나ᄅᆞᆯ 아ᄒᆡ들로 ᄒᆞ여 ᄆᆞᄅᆞᄎᆞ 먹이여

게 ᄒᆞ라 派 패패 五 우우 箇 거거 人 신인 直 찡지 夜 여여 ○ 다ᄉᆞᆺ 사ᄅᆞᆷ을 시겨 밤에 샹

직ᄒᆞ여 一 이 更 깅깅 一 이 箇 거거 輪 륜륜 流 릳루 起 키치 來 래레 喂 위위

草 찬창 ○ ᄒᆞᆫ 경에 ᄒᆞ나식 돌려 ᄂᆞ려 여믈 올려 먹이되 吩 븐븐 咐 부부 他 타더 們 믄믄 ○

더들의게 ᄒᆞ여 把 바비 草 찬창 鍘 쟈짜 得 더드 細 시세 些 셔셔 ○ 여믈 ᄡᅥ흐러 가ᄂᆞᆯ게 ᄲᅡ을

흘게 ᄒᆞ라 ᄀᆞ믈 ᄆᆞ고 把 바바 料 랼 豆 두듸 和 허 草 찬참 拌 번뻔 匀 윤윤 了 랼렬

○ 콩을 다가 여믈 ᄒᆞ여 고로게 ᄒᆞ여 ᄀᆞ라 先 션션 給 기기 半 반반 筐 광광 他 타더 ○

十二

리몬 룰져 주반 고광 조 看칸 컨 他타 터 吃치 킁 到닾 당 再재 제 添텬 텸 ○ 어찌 가면

다논 시거 더슬 주보 라아 夜여 여 夜여 여 如슈 슈 此츠 츠 喂휘 위 法방 바 ○ 다밤 먹마

ᄀ이 치논 ᄒ法 고을 ᄂ이 日싀 이 裏레 리 又임 우 勤낀 킨 刷솽 솨 勤낀 킨 喂휘 위 ○

고다 부지 즈도 러부 니즈 먹러 이니 면빗 ᄂ기 瘦숭 수 的딩 디 馮마 마 就찍 직 便뼌 변

병벽 了랼 랴 ○ 有여 곳왼 솔몰 지도 리이 리믜 俗숭 쉬 語유 위 說숴 숴 ○ 니俗 ᄅ語 뇌에

人진 인 不봉 부 得듸 더 橫횡 훙 財재 채 不봉 부 富부 부 ○ 론ᄉ 엇롬 디이 못撰 ᄒ財

디면 못가 ᄒ옴 고여 馮마 마 不봉 부 得듸 더 夜여 어 草찰 찬 不봉 부 肥뼝 뼤 ○ 이몰

솔夜 지草 더롤 못엇 ᄒ다 다못 ᄒᄒ 니면 這져 져 話화 회 是씨 시 不봉 부 差차 차 白딩 디

○ 아이 니말 ᄒ이 니그 라르 지

今긴 긴 日싀 이 下햐 하 雨유 위 天텬 텬 ○ 논오 날놀 이비 니오 正징 징 好핳 할 下

햐하碁끼치哩레리 ○ 두청기희됴비탄독咱잠자們믄믄下햐하一힝이局귀귀

賭두두箇거거輸슈슈贏잉잉如슈슈何허허 ○ 며우이리기훈믈판더두느어미지

ᄒᆞ엇뇨너你네니那너나能능능贏잉잉得듸더我어오 ○ 나네를엇이디기능리히

오ᄂᆞ要얄야賭두두甚씸서麼뭐마呢녜니 ○ 쟈므ᄒᆞ서ᄂᆞ슬뇨더ᄂᆞ느你네니不ᄇᆞ

붕부要얄야誇과과口쿠쿠 ○ 말너라자랑ᄂᆞ眼얀안下햐하交걒쟈手식수便

삔변見견견輸슈슈贏잉잉 ○ 지眼띠下이에긔交믈手보ᄒᆞ리면라곳如슈슈你네니

不붕부過궈고是씨시淺쳔쳔見견견薄밯바識싱시之지즈人신인 ○ ᄌᆞ너

薄흔識기엇는사不過이이라淺見那너나裏리리敢간감與유위我허오對뒤뒤

敵띠디呢녜니 ○ 對어敵디ᄒᆞ감리히오날ᄂᆞ과賭두두甚씸서麼뭐마 ○ 므슬더뷔

ᄂᆞ느咱잠자與유위你네니賭두두一힝이箇거거羊양양吃칭치 ○ 너우와리

朴通事諺解 一 二十六

너ᄒᆞᆫ 먹羊쟈을 」더 便뼌변 依히이 你녜니 說쉬숴 ○로곳 ᄒᆞᆫ네 쟈말 」대 饒ᅀᅣᇢ샾 你

녜니 四ᄉᆞ스 子ᄌᆞ즈 纔쨰채 好할핳 下햐하 裏리리 ○야너 마롤 치네 두홀 가졉 됴어

라호 」리 你녜니 說숴쉬 甚씸시 麽뭐마 大다대 話화화 ○니네 르므 논슴 다큰 」말

我어오 饒ᅀᅣᇢ샾 你녜니 四ᄉᆞ스 子ᄌᆞ즈 罷빠바 ○ᄒᆞᆯ내 졉너 쟈롤 」네 咱짬자 們」

문은 不부붕 須슈슈 爭쯩증 論론른 ○우두 리토 모지 로말 미고 且쳐쳐 下햐하 一

힝이 盤뽠판 試싀스 看칸칸 如슈슈 何허허 ○아ᄒᆞ 직여 ᄒᆞᆫ보 판미 두엇 어더 시ᄒᆞᆫ 험됴

得ᄯᅴ디 講걍쟝 明밍밍 了럎럎 ○다여 만부 강게 령ᄒᆞᆼ ᄒᆞᆫ고 拈년념 子ᄌᆞ즈 爲귀위

定띵띵 不부붕 許휴쉬 更긍긩 改개개 的디딍 ○몰치 자믈 바허 령치 ᄒᆞᆫ마 고쟈 고

這져져 一이힝 着쟌쨯 果고궈 然안션 好핳할 利리례 害혜해 ○이ᄀᆞᆫ 호果 然슈

마코 장납 사고 」這져져 一이힝 刼겨겅 又우잉 算산숸 錯초총 了럎럏 ○이때 호

ᄒᆞ그 리르 란다 到 닫당 底 뎌디 是 씽시 沒 뭉무 眼 얀얀 的 딕디 ○ 눈나 업쫑 슨내 거이

다시 로 看 견간 來 래레 是 씽시 我 어오 輸 슈슈 了 럏랴 ○ 내보 져아 도ᄒᆞ 다니 이

徐 녜니 說 쉉쉬 饒 셭샤 我 어오 四 ᄉᆞ스 子 즈즈 ○ 흘네 졉니 자ᄅᆞ ᄒᆞ되 더나 니롤 네

予 유위 今 김긴 我 어오 却 캬커 贏 잉잉 了 럏랴 呢 녜니 ○ 이이 긔지 여내 단ᄯᅩ 快

괘쾌 去 큐취 買 매매 羊 양양 罷 빠바 ○ 을살 사리 라ㅣ 羊 老 랗랖 兄 휭흉 呀 하야

○ 아老 兄 常 쨩챵 言 연연 道 땋닾 ○ 나常 ᄅᆞ言 되에 高 강갇 碁 께치 輸 슈슈 頭

뜽투 盤 뽠판 ○ 판놉 을흔 진바 다독 ᄒᆞ은 고혀 又 잉우 道 땋닾 勝 싱싱 敗 배배 乃 내내

兵 빙빙 家 갸쟈 之 즈즈 常 쨩챵 ○ 家ᄯᅩ 의니 常ᄅᆞ 이되 라勝 ᄒᆞ敗 니는 兵 算 쏸솬 我

어오 輸 슈슈 給 긍지 徐 녜니 一 흥이 隻 징지 羊 양양 ○ 져내 주네 랑게 으ᄒᆞᆫ 로羊 혜을

고 且 쳐쳐 再 재재 下 햐햐 一 흥이 盤 뽠판 何 허허 如 슈슈 ○ 판ᄯᅩ 두다 미시 엇ᄒᆞᆫ

十三

더ᄒᆞ뇨

咱 장자 幾 계지 箇 거거 好 할화 朋 뻥픙 友 잉우 們 문믄 ○ 흔우 벗리 들여 이러 뇨

這 져져 八 방바 月 웡웨 十 씽시 五 우우 日 싀시 中 즁중 秋 칭추 節 졍져 ○ ㅅ이

月中 十秋 五節 日에 也 대다 家 가자 斂 렴련 些 셔셔 錢 쪈쳔 ○ 돈대 거되 두텨 언기 做

주주 箇 거거 賞 상상 月 웡웨 會 훼휘 何 혀히 如 슈슈 ○ 이호 엇賞 더月 ᄒᆞ會 뇨롤 흠

且 쳐쳐 就 찍직 那 너나 一 잉이 日 싀시 拈 녬녠 香 향향 頭 뜽투 發 방바 重 즁중

誓 씽시 ○ 둥또 ᄒᆞ그 밍날 세香 ᄒᆞ을 여ᄉᆞ 고 結 겨 爲 위위 生 싱승 死 쓰스 好 항한

弟 뗴디 兄 휭훙 罷 빠바 ○ 믜死 즈生 미에 무됴 던흔 ᄒᆞ弟 다兄 을 好 항한 意 히이 思

스 ○ ㅣ됴 로흔 다意 思 拿 나나 紙 짖즈 筆 빙비 來 래레 ○ 텨紙 오筆 리을 가 把

바비 衆 즁중 朋 뻥픙 友 잉우 名 밍밍 字 쯔즈 都 두두 寫 셔셔 出 추츄

모든벗의일홈을다배내여 好할화 去큐취 約햫요 會휘휘 他터타 們문믄 ○ 더가

여들못을게언ᄒᆞ약쟌ᄒᆞ 這져져 位위위 劉릳릭 其무무 人신인 ○ 외이 ᅵ위 리劉 사아

이롬 他터타 向향향 來래레 面면면 前쪈쳔 背뷔븨 後흫후 ○ 前뎌 背본 後뒤 ᄒᆞ面

여 ㄴ 到당닿 處츄츄 破풔포 敗배배 別뼤비 人신인 誇과과 張쟝장 自쯔즈 己

계기 ○ ㅂ간 리곳 고마 自다 己다 롤른 쟈사 랑롬 ᄒᆞ을 고허 ㄴ리 又일우 慣관관 會휘휘 諂

첨쳠 倭낭낭 ○ 에쏘 닉諂 으倭 니ᄒᆞ ㄴ기 不부부 是씃시 箇거거 有읻우 義이이 氣

계치 之징즈 人신인 ○ 롬이 이義 이氣 니잇 니ᄂᆞᆫ ㄴ사 却캭커 做주주 不부부 得더더

戒 버오 等등등 的듸디 結겨겨 義이이 弟뗴디 兄휭흉 ○ 弟또 兄우 이리 되結 지義

시못 너ᄒᆞᆯ ㄴ거 不부부 如유유 去큐취 了럏랸 他터다 罷배바 ○ 홀뎌 만롤 ᄀᆞᆺ업 디시

다못 ㄴᄒᆞ 咱쟝자 衆중중 弟뗴디 兄휭흉 們문믄 自쯔즈 結겨겨 拜배배 之징즈

後 흫후 ○ 우리 結拜ᄒᆞᆫ 後로부터 모ᄃᆞᆫ 弟兄들이 那 너나 一 힝이 家 갸자 有 잉우 喜

히시 事 씃스 ○ 아모 事ㅣ 잇거든 집의 便 뻔번 都 두두 要 향요 去 큐취 慶 킹킹 賀

뼈허 的 딩디 ○ 곳 賀ᄒᆞ고 가 慶ᄒᆞ니 有 잉우 官 권관 司 ᄉᆞ스 災 재재 難 난난 ○ 官司

잇 䆗 거 難ᄒᆞ 든이 便 뻔번 都 두두 要 향요 儘 진진 力 리리 去 큐취 幇 방방 助 주주 的

딩디 ○ 가 곳 幇다 儘 助 力ᄒᆞ 자ᄒᆞ 어 是 시 這 저저 様 양양 關 관관 切 쳥쳐 ○ 리기

ᄒᆞ트 여시 아 閑 切 方 방방 見 견견 得 득더 有 잉우 弟 뗴디 兄 흉흉 之 즈ᄌᆞ 義 이이

哩 례리 ○ 義 보 이야 시ᄒᆞ 몰로 보 弟兄 리의 라 衆 중중 朋 뿡풍 友 잉우 們 문믄 ○ 든모

은벗 들 以 이이 我 어오 之 즈ᄌᆞ 言 연연 為 위위 何 허허 如 유슈 ○ 내 말 엇더 ᄒᆞ뇨 을 니

뇨ᄒᆞ 大 다 대 哥 거거 說 쉬 得 득더 狠 흔흔 是 씌시 ○ 큰 형의 니르ᄆᆞ 말이 ᄀᆞ장 올타

旣 제저 盟 밍밍 之 즈ᄌᆞ 後 흫후 ○ 이믜 盟ᄒᆞᆫ 후에 誰 쉬쉬 敢 간 反 부 ...

十四

이아 規 귀귀 矩 규귀 罰 빵방 約 향요 呢 니니 ○ 뉘 敢히 規矩 罰約 아니ᄒᆞ리오

구구 語 유위 道 닿도 ○ 녯 말에 닐ᄋᆞ되 君 균균 子 즈즈 一 힗이 言 연연 快 쾌쾌

馬 마마 一 힗이 鞭 변변 ○ 君子ᄂᆞᆫ 一言이오 快馬ᄂᆞᆫ 一鞭이라 ᄒᆞ니라

瞧 쟐조 日 ᅀᅵᆯ이 在 째재 午 우우 門 문믄 外 왜왜 ○ 허지 午門 밧긔 뎌 看 칸칸 見

견견 兩 량량 箇 거거 舍 셔셔 人 신인 調 댷됴 馬 마마 耍 솨솨 子 즈즈 ○ 두 舍人이

ᄂᆞᆫ 調馬 노ᄅᆞᆺ ᄒᆞᄂᆞᆫ 양을 보니 眞 진진 是 씨시 有 잉우 福 봉부 氣 키치 的 딍디 好 항화 男

난난 兒 ᅀᅳᆯ 哩 례리 ○ 진짓 有福ᄒᆞᆫ 됴ᄒᆞᆫ 나ᄒᆡ러라 一 힗이 箇 거거 舍 셔셔 人 신인

打 다다 扮 반반 ○ 비ᄒᆞᆫ 온 거ᄉᆞᆫ 의 是 씨시 頭 뜰투 戴 대대 玄 훤훤 狐 후후 帽

망마 ○ 帽 마리 돌에 玄狐 고 上 쌍상 面 면면 綴 쇤쇤 着 잫져 孔 쿵쿵 雀 쟢쵸 翎

링링 ○ 翎 우희 孔雀 ᄃᆞ랏 고 身 신신 穿 춴천 立 링리 水 쉬쉬 貂 댱됴 皮 삐피 蟒 망망

袍뽤포 ○ 몸에 蟒슈袍룰 닙엇고 貂 腰쿈약 繫계기 着쟝쟈 藩헌한 府부부

帶대대 ○ 帶허리에 띄엿고 漢府 兩량량 邊변번 掛과과 着쟝쟈 珍진진 珠쥬쥬

結겨결 成찡칭 花화화 樣양양 的디디 鈕뒤뒤 子즈즈 荷허허 包밮밮 ○ 두편

에 훈 琥珀 珠로 머리 花 닉 擁겨 조는 白뼁배 綾링링 飄퍞퍞 帶대대 ○ 白 帶 綾 飄 오

象쌍상 牙야야 裝장좡 鞘샾샾 刀닿닿 ○ 象 牙로 근 칼 가 이 플 오

교 랴 穿췬쳔 麂계기 皮삐피 嵌캄켬 金김긴 線션션 靴훠훠 子즈즈 ○ 발에

피 진 金線 으로 신가 품고 白뼁배 絨슝슝 氈전잔 襪와와 上쌍상 ○ 흰 보드라

繫계기 着쟝쟈 鴉야야 青칭칭 緞된돤 子즈즈 繡심식 花화화 護후후 膝싱시

○ 아흔 청 비 슬 단 갑 에 을 繡 미 고 노 騎끼치 着쟝쟈 一힝이 匹핑피 墨밍미 丁딩딩

也여여 似쓰스 黑흥희 的디디 馬마마 ○ 호 고 필 솔 먹 진 당 물 곳 을 치 트 검 고

鞍안헌 坐조쭤 子즈즈 是시씌 烏우후 犀시셰 角교갸 玳대때 瑁믜뮈 廂상샹
嵌켠캄 的디딍 ○ 기르마가지는이烏犀角에玳瑁로뎐메워박은거시오 馬마마 韂쳔쳠
是시씌 羊양양 肝간건 棕치칭 的디딍 ○ ᄃᆞ래는이羊肝빗ᄎᆞ로棕ᄒᆞᆫ기시오 馬마마
鐙등등 是시씌 獅스씌 子즈즈 頭투뚜 嵌켠캄 銀인인 絲스ᄉᆞ 的디딍 ○ 등ᄌᆞ
는이獅子머리에銀絲롤박은거시오 鞦츄칭 皮피삐 事스씌 件견견 都두두 是시씌
鈒켠캄 金긴김 與위유 那나너 珊산산 瑚후후 廂상샹 嵌켠캄 的디딍 ○ 칠채
와事件은다이금ᅀᆞ와珊湖로뎐메워박은거시오 又우잉 一이힝 箇거거 舍셔져 人
인신 打다다 扮반반 ○ 도훈솜ᄉᆞ의바ᄉᆞ오기는 是시씌 頭투뚜 戴대대 紫즈즈 貂
댠댱 帽만망 ○ 마리에紫貂帽로ᄲᅢ시ᄂᆞᆫ 也여여 鬚기계 孔쿵쿵 雀쟢쟣 翎링링 ○
ᄯᅩ孔雀翎을ᄃᆞ랏고 身신신 穿춴쵠 烏우후 雲윤윤 豹반밤 皮피삐 袍팦빵 ○ 몸에

거믄 구룸 굿흔 豹皮袍로 납고 銀인인 釺짐진 海해해 龍룽룽 皮삐피 馬마마 褂과과

○ 銀釺 굿흔 海龍皮로 ᄒ 자른 옷시오 腰약얀 繫계기 內뉘닉 造짷잔 織징지 金깅긴

帶대대 ○ 허리에 內造織金帶로 셕고 羊양양 脂징즈 玉융위 帶대대 鉤긓구 ○

羊腦玉 셕 갈고리오 兩량량 邊변변 시ᆞ 셩샨 刀닿도 荷헣허 包발바 手싷식 巾긴긴

○ 두편에 져근 칼과 주머니 手巾이 都두두 是씽시 內뉘닉 造짷잔 飾싱시 樣양양

○ 飾樣이 다 內造이오 脚갿교 穿쳔천 粉븐븐 底뎨디 尖졈젼 頭뚷투 靴훠훠 ○

발에 분칠ᄒ 고 지ᄌ에 부리 생휘로 신고 騎끼치 着쟢져 一힝이 匹핑피 十씽시 分분분

膘뺲뱌 鐵텽텨 青칭칭 玉융위 面면면 馬마미 ○ ᄒ 필 마장 ᄉ진 鐵青총이 玉面馬로

고투 韂안 헌안 子쯔즈 鞍헌안 坐쭤조 褥슣수 鞦칭츄 皮삐피 纏비피 頭뚷투 馬

마마 韂쳠쳔 ○ 기르마와 다와 개와 드래와 질재와 구레와 件곈겐 件곈겐 俱규귀 是씽시

十五

內뉘늬造짬잘色싀서樣양양 ○ 內造色樣이 가지가지이라 這져져兩량량箇

기거舍셔셔人신인 ○ 이 두 舍人은 眞진진是씽시打다다扮반반的딍디風

봉봉流륭릭好할화看컨간 ○ 진실로 비온거시 風流로와 보기됴터라 想샹샹來래레

這져져都두두是씽시前쪈쳔世싱시修싱식來래레的딍디 ○ 싱각건대 다이

前世에 닷가 온거시라 易잉이經깅깅上쌍샹說쒀숴 ○ 易經에 닐러시되 積짓지

善쎤션之징즈家갸쟈必삥비有잉우餘유위慶킹킹 ○ 積善ᄒᆞᆫ 집에 반ᄃᆞ시 餘慶이

이 잇다 ᄒᆞ고 佛뿡보經깅깅上쌍샹說쒀숴 ○ 佛經에 닐러시되 要얍얀知징지

前쪈쳔世싱시因힌인 ○ 前世에 因果를 알려 ᄒᆞᆯ진대 今김긴生싱승受씽식者

쳐져是씽시 ○ 今生에 밧ᄂᆞᆫ 거시 이라 ᄒᆞ니라

大대다哥거거那너나裏례리去큐취 ○ 큰형아 어듸 가ᄂᆞᆫ다 店뎜뎐裏례리買

朴通事新釋

매매 獺 뎐뎐 皮 삐피 去 큐취 ○ 리店 가에 노獺 라皮 ⌐사 那 너나 箇 거거 店 뎜뎐 裏

례리 去 큐취 ○ 가어 는ᄂᆡ 다店 ⌐에 山 산산 西 셰시 店 뎜뎐 裏 례리 去 큐취 ○ 西山

노店 라에 ⌐가 買 매매 這 져져 獺 텬뎐 皮 삐피 做 주주 甚 씸시 麽 뭐마 ○ 皮이 사獺

홀무 쓰단섯 做 주주 坐 쮜조 褥 숑우 皮 삐피 搭 당다 連 련련 的 딍디 ○ 와아 가답 족개

거대 시련 라지 ⌐을 這 져져 兩 량량 件 견견 東 둥둥 西 셰시 要 욯얀 做 주주 ○ 두이

지간 으지 려ㅅ 호거 면슬 買 매매 六 룽뤼 箇 거거 獺 텬뎐 皮 삐피 纔 째채 勾 긓구 使

힝시 裡 례리 ○ 요여 녁슷 녁獺 이皮 쁘롤 리사 라야 ⌐거 正 징징 是 씽시 ○ 올졍 타히 彀

히오 問 뚱둥 大 때다 哥 거거 去 큐취 揀 갼견 着 짶져 買 매매 好 항한 麽 뭐마 ○

가내 를큰 희형 여과 사ᄒᆞᆫ 미가 됴지 라로 賣 매매 獺 텬뎐 皮 삐피 的 딍디 ○ 리獺 아皮 ⌐풀

你 녜니 有 잉우 上 썅샹 好 할한 的 딍디 獺 텬뎐 皮 삐피 麽 뭐마 ○ 듬네 됴게 흐읏

獨 둑누 皮 피피 ᄂᆞ니 잇 我 오어 這 저져 店 뎜뎜 裏 리례 的 디듸 皮 피삐 張 장쟝 都 두두 是

好 한할 的 디듸 ○ 우리 이 店에 가족 ᄀᆞ딕 다 됴ᄒᆞᆫ 거시니라 你 니녜 要 야얗 買 매매 幾

箇 거거 張 장쟝 ○ 네 됴 몃 쟝을 사고져 ᄒᆞᄂᆞ다 我 오어 要 야얗 買 매매 一 이이 箇 거거 ○

喫 ᄭᅬ엿 이 가족 ᄒᆞ나 사 ᄀᆞᄅᆞ ᄂᆞᆯ 노ᄒᆞ려 ᄒᆞ노라 這 저져 一 이이 箇 거거 你 니녜 要 야얗 多 도뎌 少

價 가갸 錢 쳔쪈 ○ 이 ᄒᆞᆫ 낫치 언메 갑시 드러 ᄒᆞ려ᄂᆞᆫ다 你 니녜 說 쉬숴 都 두두

是 시씨 好 한할 的 디듸 ○ 네 니ᄅᆞ더니 다 됴ᄒᆞᆫ 거시라 ᄒᆞ더니 我 오어 看 칸컨 都 두두

甚 신씸 平 핑삥 常 창쨩 ○ 내 보기에는 심히 平常ᄒᆞ다 一 이이 箇 거거 也 여여 不

中 중쥭 使 시싀 裏 리례 ○ ᄒᆞ나토 ᄡᅳ염 즉ᄒᆞᆫ 거시 업다 你 니녜 說 쉬숴 那

裏 리례 話 화홰 來 래래 ○ 네 어ᄃᆡ 말을 니ᄅᆞᄂᆞᆫ다 十 시씽 箇 거거 指 즈징 頭 두뜰

也 여여 有 우일 長 창쨩 短 돤된 的 디듸 ○ 열 솑가락도 긴 이 져른 이 잇ᄂᆞ니 有

的딕디 是씽시 猠뎐뎐 皮삐피 ○ 이잇 猠거 皮져 니ᄒᆞᆫ 任임인 徐녜니 自쯔즈 揀

갼견 何혀허 如슈슈 ○ 희녜 미대 엇로 더손 ᄒᆞ조 뇨골 就찡직 似쓰스 這져져 一힝이

等등등 花화화 兒ᅀᅵᆯ을 大때다 些셔셔 的디디 怎즘즘 麽무마 賣매매 ○ ᄒᆞᆫ이

거등 손ᄌᆞᆺ 엇치 지소 플홈 ᄯᆞᆫ큰 這져져 六룽루 箇거거 花화화 大때다 的디디 ○ 여이

큰ᄌᆞᆺ 거소 ᄉᆞᆫ홈 每뮈믜 張쟝쟝 只징즈 要얗얀 五우우 錢쪈쳔 銀인인 子즈즈 ○

은每 을張 바에 ᄃᆞ그 려지 ᄒᆞᆫ닷 ᄂᆞᆫ돈 這져져 是씽시 老랄랖 實씽시 價갸갸 錢쪈쳔 ○

ᄒᆞᆫ이 갑고 시지 ᄅᆞᆫ식 徐녜니 來래레 ○ 반이 我어오 說숴쉬 與유위 徐녜니 ○ 니내

ᄅᆞᄃᆞ 마려 ᄂᆞᆫ니 大때다 ᄯᆞᄀ 셩샹 是씽시 買매미 賣매매 ○ 이크 흥나 뎡져 이그 라나 不

블부 要얗얀 胡후후 討탈탈 價갸갸 錢쪈쳔 ○ 쎄간 오대 지로 말갑 리ᄉᆞᆯ 給 공지 徐

뎨니 一힝이 張쟝쟝 三 식산 錢쪈쳔 罷빠바 ○ 돈너 식롤 주ᄒᆞᆫ 리쟝 라에 ᄂᆞᆫ서 ᄂᆞ 게지

是這般說 ○ 이리 니ᄅᆞ면 拿銀子來

看 ○ 은을 가져오라 보리라 這箇獺皮每張

三錢 ○ 여섯 獺皮에 每張에 서 돈식 ᄒᆞ면 共該一兩

八錢 ○ 대되 ᄒᆞᆫ 냥 여ᄃᆞᆲ 돈이오 나ᄒᆞᆫ 我的都是細

絲銀子 ○ 내 거ᄉᆞᆫ 다 細絲銀이라 若論買賣

銀只該九五色 ○ 만일 買賣로 니ᄅᆞ면 銀으로 량이면

그저 九五 合算起來 ○ 혜여 승ᄒᆞ 每一

兩該串五分銀水裡 ○ 每냥에 ᄒᆞᆫ

五分銀 영수也罷 ○ 도ᄒᆞ므 依你算 ○

네 니ᄅᆞ로 就讓你九分銀子 何如

유유 ○ 네게 九分 銀을 讓홈이 엇더ᄒᆞ뇨

李 리리 小 샾셜 兒 을싈 那 나녀 廝 스ᄉᆞ ○ 李小兒란 놈을 這 져져 幾 지게 日

이싀 我 오히 總 중중 不 부붕 見 견견 他 타터 ○ 이 여러날을 내 아조 뎌롤 보지 못ᄒᆞ다

你 니녜 見 견견 來 레래 麽 마뭐 ○ 네 보ᄂᆞᆫ다 아 我 오어 不 부붕 曾 층찡 見 견견

他 타터 ○ 내 일즉 뎌롤 보지 못ᄒᆞ여시니 想 샹샹 那 나녀 廝 스ᄉᆞ 做 주주 甚 야야 乎

조즈 去 쥐큐 了 랴려 ○ 싱각ᄒᆞᆫ대 뎌놈이 므슴질ᄒᆞ라 갓도다 즈 那 나너 狗 구ᄀᆞᆼ 骨 구ᄀᆞᆼ

頭 투뜰 不 부붕 知 지징 分 브뿐 量 량량 ○ 뎌 개의 뼈 分量을 이지 못ᄒᆞᆫ고 慣 관관 會

희휘 謊 광광 騙 편편 人 인인 家 자갸 東 둥둥 西 시셰 ○ 놈의 것 소겨 후리기 닉게 ᄒᆞᄂᆞᆫ

니 他 타터 少 샾셜 我 오어 五 우우 兩 량량 銀 인인 子 조즈 哩 리레 ○ 뎨 내게 닷

냥 은을 젓ᄂᆞ니라 別 벼뻥 人 인신 借 져져 一 이잉 兩 량량 便 변뻰 要 약양 一 이잇

兩량량的디뎌利리례錢쳔쳔○다른 곳 사ᄅᆞᆷ은 ᄒᆞᆫ 냥 利錢을 ᄒᆞᆫ 당을 밧ᄂᆞ니 他

他타타在재재京깅징裏리리臨린림起키치身신신時ᄉᆞ스節져졀○셔울 제여셔

떠나 ᄒᆞᆯ 제 盤纏이 短뒨돤少샾샤ᄒᆞ여 盤판판纏쳔쳔○盤纏 모ᄌᆞ라이 那나너般번번

磕커컹頭투뚤禮리례拜배배央향양及기끼我오어○뎌리 조아려 禮拜ᄒᆞ며 ᄆᆞᆯ

비러 내게 고 說슈쉬定딩띵一이히年년년之즈즈內뉘늬本븐븐利리례都

두두還환환淸칭칭我오어○날ᄃᆞ려 닐러 一年 내에 本과 利를 다 갑흐마 ᄒᆞ더니

現현현有익우借져져與바뱌在재재我오어手식수裏리례○시방 빗 내여 [illegible]

이미 내 손에 잇ᄂᆞ니 誰쉬쉬想샹샹到달당今긴김年년년也이이是시시一이

年년년半반반了랴럎○올히 ᄒᆞ 다 ᄒᆞᆫ 해 半이라 只즈져還환훤我오어本

븐븐錢쳔쳔○그저 네게 本錢만 갑고 利리례錢쳔쳔一이히分븐븐也여여不

不봉부肯킹큰還홰환 ○ 利錢은 ᄒᆞᆫ 푼도 즐겨 갑지 아닐 줄을 싱각ᄒᆞ여시리오 因힌인這
져져箇거거緣연연故구구 ○ 이런 연고로 뎌ᄒᆞ연 我어오每뮈미每뮈미半번반
夜여여三삼산更강깅到당닾他터타家갸쟈門문믄上쌍샹尋씸신他터타
○ 내 미양 半夜三更에 제 집 문에 가 뎌롤 ᄎᆞ자 我어오便뼌변發방바狠ᄒᆞᆫ흔叫경쟌
喚훤훤要럎얀銀인인子즈즈 ○ 내 곳 셩내여 브르지져 은을 달라 ᄒᆞ되 他터타竟
깅깅睬채채也여여不봉부睬채채 ○ 뎨 ᄆᆞᄎᆞᆷ내 그수흘 그수치 아니ᄒᆞ고 뒤 還환환
可커커恨흔흔那너나驢뤼류養양양的듸디 ○ 도로혀 恨ᄒᆞ온 거ᄉᆞᆫ 뎌 나귀ᄲᅮᆫ 只
싀즈是씨시躲더도着쟙져我어오走죻주 ○ 그저 나롤 수머ᄃᆞᆫ녀 到당닾今낀긴
討탕탄了렬럏半번반年년년總중중不봉부肯킹큰還훤환我어오 ○ 到半年을 달라ᄒᆞ되 가조 즐
수귀 네게 갑지 아니ᄒᆞ니 倒당닾累뤼리我어오的듸디新신신

十七

靴훠훠子즈즈都두두走주주破포포了랴랼 ○ 도로혀 다 헌 내 새 훠 조ᄎᆞ

려다 那나너養양양漢한헌老랖랑婆포뽀的디딩嘴쥐취 ○ 뎌 養漢ᄒᆞᄂᆞᆫ 계집의

부리 只즈징是시씽甛텬뗨言연연蜜미밍語유위的디딩 ○ 그 蜜語 뎌 甛言이로다

간 今긴김日ᅀᅵᅌᅵᆼ推튀튀明밍밍日ᅀᅵᅌᅵᆼ明밍밍日ᅀᅵᅌᅵᆼ推튀튀後후ᅘᅮᇦ日ᅀᅵᅌᅵᆼ

○ 오ᄂᆞᆯ 일은 ᄂᆡ일 모ᄅᆡ 미뤼고 不부붕知지징他타터那나너一이ᅙᅵᇙ日ᅀᅵᅌᅵᆼ

ᅀᅵᆼ繞ᄌᆡᄶᆡ肯큰킁還환환 ○ 아마 치지 몯ᄒᆞ게 갑ᄒᆞ리라 ᄒᆞ니 ᄂᆞᆯ 眞진젼箇거거

거거氣키키緩새새人신인 ○ 진실로 사ᄅᆞᆷ이 常챵쨩言연연道단땀 ○

常ᄂᆞ언 에 人인인貧핀삔只즈징爲위위懶컨뀬少샵솽債재채還관관說

쉬쉬 謊황황 ○ 사ᄅᆞᆷ이 가난ᄒᆞ면 그 지 죽거 말리 ᄒᆞᄃᆞ니 ᄯᅥᆯ고 빗 ᄀᆞᆸ지

一이ᅙᅵᇙ箇거거和허휭尙샹썅偸투ᄐᆕ別버뼝人인인家갸쟈的디딩媳시싱

婦 부뿌 ○ ᄒᆞᆫ 둥이 님의 계집을 도적ᄒᆞ여 方 방방 要 얀얗 偷 투틓 情 칭찡 的 디딍 時

스싀 節 졔졩 ○ 보야흐로 情ᄒᆞᆯ 새에ᄂᆞᆫ 偷 恰 차캬 撞 장쨩 見 견견 他 타터 的 디딍 漢

子 즈즈 ○ 마치 희롱ᄒᆞ며 ... 便 변뼌 拿 나나 住 쥬쮸 那 나너 和 허훠

尙 샹썅 打 다다 的 디딍 半 반뻔 死 스씃 半 반뻔 活 호훵 ○ 바곳 ... 半 死 을 半 자

活 ᄒᆞᆫ 那 나너 傍 팡빵 邊 변변 看 간권 的 디딍 衆 중쭝 人 인인 說 셰쉬 ○ 녀더

人 ᄃᆡ여 보ᄂᆞᆫ 衆 ... 徐 네니 是 시씃 佛 보뽕 家 자가 弟 디뗴 子 즈즈 ○ 너이 佛ᄂᆞᆫ

家 弟 子 ㅣ라 穿 춴춴 着 져쨥 衲 나낭 襖 오왕 捧 붕봉 着 져쨥 鉢 보봉 盂 위유 ○

누 유 비아 옷리 ... 가 치고 ... 揀 간 那 나너 清 칭칭 淨 징찡 寺 스씃 院 원웬 裡 리레

○ 너 ... 清淨ᄒᆞ여 ... 安 안헌 禪 천쪈 悟 우우 法 바뽕 看 칸권 經 깅깅 念 난념

佛 보뽕 却 겨갑 不 부뿡 好 하홍 麽 마뭐 ○ 安禪悟法ᄒᆞ고 看經念佛ᄒᆞᆷ이 ᄯᅩ 됴티 아니ᄒᆞ

ᄂᆞ라 你녜니 今김긴 漫뭉무 來래레 由읻의 ◎ 네이지쇽졀업시 偏편편 要햫얖

偷틓투 別뼈벼 人싄인 的딍디 媳싱시 婦뿌부 ◎ 독별이대ᄅᆞᆫ사ᄅᆞᆷ의계집을도적ᄒᆞ

ᄂᆞ니 是씨시 甚씸시 麽뭐마 道땋닾 理례리 呢녜니 ◎ 이므슴道理논 這져져 一

힝이 頓둔둔 打디다 却캬거 也여어 是씨시 該개개 的딍디 ◎ 이ᄒᆞᆫ디위티미ᄯᅩ이

맛당ᄒᆞ도다 想샹샹 是씨시 你녜니 平삥핑 日싀이 布부부 施싀시 人싄인 家

갸쟈 齋재재 飯빤반 錢쪈쳔 ◎ ᄉᆡᆼ각건대네平日에布施ᄒᆞᆫ人家齋飯錢을 無무우 處

츄츄 出츔츄 脫톻토 ◎ 지쳐ᄒᆞᆯ곳이업서 要햫얖 養양양 老랗랖 婆뽀포 取츄츄

樂럏러 了럏랴 ◎ 계집쳐즐기려ᄒᆞᄂᆞᆫ 似쓰스 你녜니 這져져 一힝이 等등등 和

훠허 尚썅샹 不봉부 打다다 還환환 打다다 誰쒸쉬 呢녜니 ◎ 너ᄀᆞᆺ흔이런듕을티

지아니코도로혀누롤티리오ᄂᆞᆫ 衆즁즁 人싄인 再재재 問문운 那너나 和훠허 尚썅샹

十八

○衆듕 ᄃᆞ려 이다 구르시되 더 日ᅀᅵᆼ이 後ᅘᅮᇢ후 還ᅘᆄᆫ환 敢감간 偸틀투 老랄로 婆

포 ᄈᆡᆨ 麼뭐마 ○ 白계집 後에 을 도다 적시 敢홀히 단 那너나 和훠허 尙썅상 說ᄒᆔᆼ쉬 ○

너더 ᄃᆞ듀 되이 ᄀᆡ긔 셩산 僧싱숭 手ᄌᆡᆼ재 也여여 不봉부 敢감간 了럎랴 ○ 이小 僧

여심 이란 난남 後ᄍᆞᇂ충 今김긴 日ᅀᅵᆼ이 准쥰쥰 備비븨 着ᄌᆞᆫ쇼 笠립리 兒ᅀᅪ와 金

보ᄇᆞᆼ ○ 오유 아놀 리브 르러 准ᄉᆞᆺ 備갓 ᄒᆞ과 연에 往왕왕 深심신 山산산 居귀귀 住쥬쥬

修ᄉᆡ심 心심신 懺참찬 悔휘휘 去큐취 了려랴 ○ 修深 心山 懺에 悔가 ᄒᆞ머 라무 가려

노려 ᄒᆞ란 常ᄍᆞᆼ챵 言연연 道땅단 ○ 常 言에 니르되 一이 年년 經깅깅 蛇

咬얗야 三삼산 年년년 怕피파 井징칭 繩씽싱 ○ 一디 年내 면을 三비 年얌 을물 드려

喉ᄒᆞ렷 다줄 ᄒᆞ도 니저 라퍼

마嗨해 貴귀귀 人신인 難난난 見견견 面면면 ○ 애 貴人을 얼굴 보기 어렵다 ...

김긴 日ᅀᅵᇰᅀᅵ 從쯍충 那너나 裏례리 來래레 ○ 오ᄂᆞᆯ 어듸로셔 온다 好황한 幾계지

日ᅀᅵᇰᅀᅵ 不봉부 見견견 了럏랴 ○ ᄀᆞ장 여러 날을 보지 못ᄒᆞ노다 你녜니 迎낑깅 來

래레 怎즘즘 麼머마 這져져 般번번 黃황황 瘦숳수 ○ 네 요ᄉᆞ이 엇디 이리 黃瘦ᄒᆞ엿

ᄂᆞ다 我어오 這져져 幾계지 日ᅀᅵᇰᅀᅵ 害해해 痢례리 疾찧지 ○ 내 이여러 날 痢疾 알

하ᄂᆞ 不봉부 好황한 出츄츄 門문믄 騎끼치 馬마마 ○ 門에 나 ᄆᆞᆯ ᄐᆞ기 됴치 아니ᄒᆞ더

니라 咳해해 我어오 實싱시 不봉부 知징지 道땋닾 ○ ᄋᆡ 내 실로 아지 못ᄒᆞ여라 不

봉부 曾쯩층 探탐탐 望왕왕 你녜니 休힣후 怪괘괘 ○ 일즉 探望치 못ᄒᆞ엿ᄂᆞ니 너 허

믈 말라 老랗랖 長쟝쟝 兄횽훙 稱찡칭 你녜니 掛과과 念넘년 ○ 老長兄아 비 掛

念ᄒᆞ올 닙우ᄂᆞᆫ 小샤 弟떼디 實싱시 不봉부 敢감간 當당당 ○ 小弟 실로 敢히 當치

못ᄒᆞ여라 你녜니 如유유 今김긴 病뼹빙 都두두 好황한 了럏랴 不봉부 曾쯩층

朴通事新釋

○네이 가이 못지 ᄒᆞ병 엿이 ᄂᆞᆫ다 가됴 ᄒᆞᆫ有 임우 一 ᄒᆡᆼ이 箇 거거 太 태태 醫 이이 來

래레 看 간간 我 오오 的 디디 病 빙빙 ○ 호태 병을醫 보이 고셔 와 把 바바 脈 샨셤

肚 두두 皮 피피 上 샹샹 使 시시 一 이이 針 진진 ○ 가텨 ᄒᆞᆫ근 번빈 針우 주희 고다 脚

교교 踝 화고 上 샹샹 灸 구구 了 랴량 三 산삼 艾 애애 ○ 발희 안세 쉬장 어빡 리으 우로

스드 如 유유 今 긴김 飯 반빤 也 여여 吃 치킹 得 더득 些 셔셔 却 거캬 無 우후 事

스씌 了 랴령 ○ 이고 제쏘 無 법도 事 텨ᄒᆞ 기여 먹라 那 나너 太 태태 醫 이이 把 바바 艾

애애 怎 즘즘 麼 마뭐 灸 구궁 法 비황 喎 니녜 ○ 텨가 엿太 醫디 빡쓰 으더 로됴 다 他

리더 把 바바 乾 간건 艾 애애 揉 식싀 碎 쉬쉬 了 랴렬 ○ 뎨디 무가 르부 빡벡 을여 放

빵빵 在 재째 脚 교걍 踝 고화 尖 뎐졈 骨 구콩 頭 투뜽 上 샹샹 ○ 발리 안샏 쉬쪽 며ᄒᆞᆫ

유노 희고 把 바바 火 호훠 將 장장 艾 애애 點 뎐뎜 着 쟌쨔 了 량렬 ○ 불쁙 로메

다가 부 直 찍지 燒 샾샾 到 닿닾 交 에애 都 두두 成 찡칭 了 럏랴 灰 휘휘 ㊁ 잇굿

지라 되박 니이 다 」這 져져 交 에애 氣 키치 都 두두 入 싛슈 到 닿닾 肚 두두 裏 례리

去 큐취 了 럏랴 ㊀ 에이 交 드러 氣 가다 ᄂᆞ비 氣 키치 脉 믹머 得 득더 以 이이 通 퉁퉁

行 힝힝 ㊀ 氣脉 곰 通行이 ᄒᆞ시 여러 所 수소 以 이이 便 뼌변 好 핳할 了 럏랴 ○ 그러

모도 호로 곳 되 但 딴단 如 슈슈 今 김긴 腿 튀튀 上 쌍상 還 환환 是 씨시 十 씽시 分

블 뽄 無 무우 氣 키치 力 링리 哩 례리 ○ 다만 ᄀᆞ 어 제 氣 力 다 이리 업에 세오 라히 俭

나 녀 且 쳐쳐 寬 퀀퀀 耐 내내 幾 계지 時 씽스 ○ 네 대 를아 직 면 여 되 려 여 只 짒즈 用

융융 把 바바 好 핳할 飲 힘인 食 씽시 ㊁ 그 져 食 으로 됴흔 다 飲 간 慢 만만 慢 만만 的

다 등 調 뗭댶 理 려리 將 장장 養 양양 ㊁ 날 將養 호여 ᄒᆞ면 調理 」自 쯔즈 然 연산 就

주 침 健 껸견 旺 왕왕 起 키치 來 래레 了 럏랴 ○ 自然히 ᄒᆞ여 가 健旺 ᄒᆞ리라 家 샤쟈

朴通事諺解 一 三十八

十九

뎌디 另링링 的이이 再재재 到단도 府부부 上샹샹 問운운 候후후 罷빠바 ○

小弟ᄃᆞ려 問候ᄒᆞ다 니ᄅᆞ시라 府上에 가

我어오 說숴쉬 幾계지 箇거거 謎메미 子즈즈 你니니 猜채채 ○ 내 슈지 여러

你니니 說숴쉬 來래레 我어오 猜채채 ○ 네 니ᄅᆞ거라 내 알리라 마ᄅᆞ

哥거거 山산산 上샹샹 擂뤼리 鼓구구 ○ 큰 형은 뫼 우희셔 북 티고 二 싀을 哥거거

來래레 來래레 去큐취 去큐취 ○ 큰 형은 오락 가락 ᄒᆞ고 三삼산 哥거거 待

要양양 分븐븐 開캐캐 ○ 셋재 형은 ᄂᆞ호고 ᄒᆞ고 四ᄉᆞ스 哥거거 待때대 要

一힝이 處츄츄 ○ 넷재 형은 ᄒᆞᆫ 곳에 이셔 ᄒᆞ고 모도 我어오 猜채채 ○ 아내

大따다 哥거거 是씨시 捧빵방 搥쮜취 ○ 큰 형은 방츄ㅣ오 二싄을 哥거거

是씨시 尉윤윤 斗듣두 ○ 둘재 형은 울오 三삼산 哥거거 是씨시 剪잔젼

子즈즈 ○ 셋재 형은 이 가위오 四스스 哥거거 是씨시 針진진 線션션 ○ 넷재 형은

이 바놀실이로다 徐 비디 毎재재 說쉬숴 幾계지 箇거거 我오어 倩채체 ○ 네 다

시 여러흘니 루라 내 알만 當당당 路루루 一이이 科쿼코 麻마마 ○ 길헤 ᄒᆞᆫ 퍽 이 當 삼

이 下햐하 雨유위 開캐캐 花화화 刮과 괄 風붕붕 結겨 겨 子즈즈 ○ 비 오 면 곳

픠고 ᄇᆞ람 블면 여름 어ᄂᆞᆫ 거시여 這저저 是씨시 傘산산 ○ 이ᄂᆞᆫ 우산이로다 ○ ᄒᆞᆫ 이

箇거거 長창창 大다대 漢한헌 撒사상 大다대 韃달해 ○ ᄒᆞᆫ 킈 큰 놈이 큰 신 신고

白배뻥 日이싕 去취큐 黑희흥 夜여여 來래레 ○ 나조 ᄂᆞᆫ 가고 밤이 오ᄂᆞᆫ 거시여 ○ 這

저저 是씨시 燈등등 臺대때 ○ 이ᄂᆞᆫ 燈臺로다 ○ 破고그 皺주즈 皺주즈 氊잔전 破고그

皺주즈 被비삐 ○ 병 담 에 병 ᄂᆞ니 블 에 破고그 皺주즈 娘낭냥 娘낭냥 裏리레

頭투뜰 睡쉬쒸 ○ 병 계 집 이 안 히 권 자 ᄂᆞᆫ 거시여 這저저 是씨시 核 희 탐 뜸

○이논 도ㅣ로 이다 호 金 김긴 甕 웅옹 兒 싀을 銀 인인 甕 웅옹 兒 싀을 表 뱦뱦 裏

레리 無 무우 縫 뽕붕 兒 싀을 ○ 소금 솟 독 銀 독이 업손 거시 연이 這 져져 是 씽시 鷄

게지 鳴 단단 ○ 알이 이ᄂᆞᆫ 로이 다ᄃᆞ리 의 鐵 텽뎌 人 인인 鐵 텽뎌 馬 마마 不 봉부 着

쨩쟌 鐵 텽뎌 鞭 번변 不 봉부 下 햐햐 馬 마마 ○ 로쇠 치사 지롬 아쇠 나몰 면ㅣ 몰쇠 ᄂᆞ채

논리 거지 시아 여니 這 져져 是 씽시 鐵 텽뎌 鎖 쇠소 ○ 몰이 쇠ᄂᆞᆫ 로이 다ᄌᆞ 墻 쨩창

上 썅샹 一 힝이 塊 쾌쾌 土 투투 吊 뎧댠 下 햐햐 來 래레 禮 례리 拜 배배 ○ 우담

려희 와훈 禮 뎡이 拜 이흙 ᄒᆞ는 이거 더시 려여 뎌ᄂᆞ 這 져져 是 씽시 雀 쟝쵸 兒 싀을 ○ 논이

로이 다새 上 一 힝이 箇 거거 老 랗랖 子 즈즈 當 당당 路 루루 睡 쉬쉬 ○ 이훈 길흙 히은

자當 거ᄒᆞ 든여 過 궈고 去 큐취 的 딩디 過 궈고 來 래래 的 딩디 羕 룽룽 我 어오 的

딩디 ○ 리디 나나 를가 羕며 ᄒᆞ디 되나 오 不 봉부 知 지지 道 땋댶 我 어오 的 딩디 麼

추手휘히細셔시 ○ 아니지못ᄒᆞᄂᆞᆫ거시 굼파마놀을 這져져是씽시 텬난
子즈즈 ○ 이에 로ᄂᆞᆫ 다이 墻쨩챵上썅샹一힝이箇거거琵삐피琶빠파仙심인
誰쒸쉬不부붕敢감가拿나나他타텨 ○ 담도 우敢희히 더ᄒᆞᆫ 琵琶를 잡지 몰아 모ᄒᆞ
사ᄂᆞᆫ 여거 這져져是씽시蝎헝혀子즈즈 ○ 갈이 이ᄂᆞᆫ 로이 다뎐 家갸자後흫후一
항ㅣ 羣균균羊양양箇거거箇거거尾미이子즈즈長쨩챵 ○ 무딥 리튀 羊희 이ᄒᆞᆫ
긴낫 거낫시치 여됴 리 這져져是씽시櫻힝잉桃땋탄 ○ 桃이ㅣᄂᆞᆫ 로이 다櫻 一힝이
門간갼房빵방子즈즈裏례리立우우箇거거人신인剛강강坐쭤조的딍디
○ 이ᄒᆞᆫ 겨간 요방 안에 ᄂᆞᆫ다 거ᄉᆞᆺ 시사 여룸 這져져是씽시葫훠훠子즈즈 ○ 이이 워ᄂᆞᆫ
로ᄋᆞ 단ㅣ 金긴감 鑵권관 兒ᅀᅵ을 鐵텨렁 柄빙빙 兒ᅀᅵ을 裏리례 頭투ᄠᅳᇹ 盛칭징
着져졓 白배뼁 沙사사 蜜미망 ○ 白金沙탕蜜관담쇠 은조거루 시에 여속 에 這져져

是씽시梨례리兒싈을 ○ 비이로는 다이 一힝이箇거거長쨩챵甕훙웅兒싈을

窨찜재窨찜재的디디裏례리頭틍투盛찡칭着쨔져糯너노米메미酒잭쥐

○ 흡혼 뽈긴 술독 담조 은븐 거부 시리 여안 히 這져져是씽시妳내내子즈즈 ○ 는이

이로 다뎌 이 滿만원天텬텬星싱싱宿싞식一힝이箇거거月웡워三삼산條

繩씽싱子즈즈由임우徐녜니曳이이 ○ 에하 흔놀 돌에 을마 세득 오호 리星 宿노

으흐 눈로 거제 시대 여로 쇠 這져져是씽시秤칭칭 ○ 울이 이는 로이 다저 兩량량箇

거거先션션生승승合향허賣대애藥얗요一힝이箇거거坐쥐조一힝이箇

거거兆떙댱 ○ 안두 잣先 고生 흐이 나모 흔다 藥뛰 노프 는노 거라 시흐 여나 흔 這져져是

씽시鋪짱자藥얗요刀닾도 ○ 는이 협는 도이 ㅣ藥 로빠 다호 弟뎨더兄휭흉三삼산

스승箇거거守싱수着쨩져停띵팅柱쮸쥬坐쮜조 ○ 기弟 동兄 을서 덕ㅋ 희히

여거 안시 여짓는 這져져 是시씽 大다때 蒜숸쉰 ○ 이ᄂᆞᆫ 이 도다 마단 鑽줜좐 天

턴뎐 錐쥐쥐 下햐햐 大다때 水쉬쉬 ○ 하ᄂᆞᆯ애 다ᄂᆞᆫ 큰 믈 솟ᄂᆞᆫ 곳이여 這져져 是시씽

寶반발 塔타탕 ○ 塔이라 ᄂᆞᆫ 이로다 寶 咳해해 你니니 都두두 猜채채 着쟈쟉 了

쟌령 ○ 애 네 ᄂᆞᆫ 고다 나 아 眞진진 箇거거 是시씽 聰충충 明밍밍 靈링링 巧캰쟌

人인신 ○ 진실로 巧ᄒᆞᆫ 사ᄅᆞᆷ이로다 聰明靈

大다때 哥거거 借져져 問운문 一이 聲징싱 ○ 큰 형이 ᄒᆞ소리 ᄆᆞᆺ쟈 這져져

裏리례 有우임 箇거거 做주주 數수싱 醫이이 的디디 人인신 家갸쟈 麼마뭐

○ 여긔 시ᄅᆞᆷ 數醫 이 노릇 ᄒᆞᄂᆞᆫ 이 잇ᄂᆞ냐 那나나 紅홍훙 橋챠쟝 邊변변 有우임 一이 ᄋᆡ

箇거거 張장장 數수싱 醫이이 住쥬쥬 着져쟝 ○ 뎌 紅橋 마애 ᄒᆞᆫ 張

他다더 慣관관 醫이이 頭두둑 口쿠쿵 ○ 뎌 즘ᄉᆡᆼ 고치기 니기ᄂᆞ니라 我오어 有

일오 箇거거 赤칭치 馬마마 害해해 骨구구 眼얀얀 ○ 이내 이게 서흔 눈텰 에서 치믈
한일 不붕부 住쮸쥬 的딩디 臥오오 倒닿닿 打다다 滾군군 ○ 니며 후구 고지 누아
러우ᄀ운 繼계치 夜여여 不붕부 吃칭치 草챨찬 ○ 먹여 지러 아밤 니을 ᄒ여 니를 을
你네니 帶대대 我어오 拉랗라 到닿단 他터타 那너나 裏례리 治찌치 去큐취
○ 러네 저나 ᄀ로 고ᄃ 처리 라고 가잇 ᄂ그 把바바 蹄뎨티 子즈즈 放방방 了럎랴 些
서셔 血휑혀 ○ 배곱 히에 잔피 他터타 要향얀 多뎌도 少솬샾 錢쪈쳔 纔째채 醫
이이 呢녀니 ○ 야뎌 맛언 치머 고공 치젼 리을 오빗 ᄂ아 不붕부 拘큐귀 多둬도 少봥샾
錢쪈쳔 ○ 걸아 리모 끼만 지공 말젼 고을 給깅지 他터다 些서셔 便뺸변 受쐼식 了
렬랴 ○ 곳뎌 바롤 들져 거기 시주 오면 也여여 不붕부 爭쯩쭝 論룬른 的딩디 ○ 두또
아토 나ᄂ 란너 ᄉᄆ 슈유 此츠츠 說셔쉐 ○ 르이 면리 ᄂ니 只즈즈 要향얀 他터타 라하 治

—41b

치찐 得 더듸 馬 마마 好 화핳 ○ 그티며 됴흔 몰을 양이고 먼 錢 쳔쳔 之 즈지 多 도더

少 샤샾 倒 닾당 不 부부 打 다다 緊 긴긴 ○ 돈 多少ᄂᆞᆫ 도로혀 긴치 아니ᄒᆞ다 張 쟝장

大 다때 哥 거거 你 니녜 替 티톄 我 오허 醫 이이 這 져져 馬 마마 骨 구구 眼 얀얀

子 ○ 張가 큰형아 네 날ᄀᆞᄐᆞ여 이 ᄆᆞᆯ 골눈에 치고 치고 也 여여 就 쥐쭈 把 바바 蹄 디띠

○ 上 쌍샹 放 방방 些 셔셔 血 훼혀 罷 바바 ○ 또 굽에 피 내 이 파 거시라 等 등등 我

즈즈 醫 이이 過 궈궈 了 랴랴 慢 만만 慢 만만 的 디디 牽 켠켠 去 큐큐 ○ 내 고치기를 기드려 날회여 ᄆᆞᆯ

어오 간련 揀 간견 箇 거거 淸 칭칭 淨 찡징 去 큐큐 處 츄츄 陰 힘인 涼

여기 잇ᄂᆞᆫ 그려 날호 底 뎌디 下 햐햐 拴 솬솬 住 쥬쥬 ○ 淸淨ᄒᆞ고 서늘ᄒᆞᆫ 곳 그늘 아래 ᄆᆡ여 두라

량량 綽 쓔슈 底 ... 好 화항 好 화항 的 디디 喂 위위 他 타타 ○ 잘 머기더라 ○ 你 니니 想 샹샹

고 ○ 네 싱각ᄒᆞ라 咱 장자 們 문믄 男 난남 子 즈즈 漢 한헌 出 츄츄 遠 원원 門 믄믄 ○

二十一

먼위 되리 나사 가나 ᆫ희 沒 몽무 有 잉익 馬 마마 騎 끼치 ⊙ 업롤 스몰 민이 到 닿닫 那
녀나 走 좋주 不 붕부 動 뚱둥 的 딩디 時 씃스 候 흫후 却 캏거 恁 즘즘 麼 뭐마 過
귀고 呢 녜니 ⊙ 드려 라든 또니 엇지 디못 지홀 내애 리에 오다 可 커커 知 징지 道 땋다 馬
마마 是 씽시 薊 계디 一 힝이 件 껸견 寶 밯바 貝 뷔븨 ⊙ 미그 薊리 一어 寶나 貝몰 리은
祝 황황 且 쳐쳐 常 쨩챵 言 연연 說 숴쉬 得 등더 好 흫화 ⊙ 言ᄒᆞ 에믈 니며 론ᄯᅩ 거常
ᄒᆞ시 ᆫ묘 狗 긍구 有 잉위 濺 쪈젼 草 찰찬 之 징즈 恩 흔은 ⊙ 恩개 이ᄂᆞ 잇濺 고草 ᆫ흔
馬 마마 有 잉우 垂 쮜취 韁 걍걍 之 징즈 報 밯반 ⊙ ㅣ몰 잇은 다垂 ᄒᆞ韁 니ᄒᆞᆫ 리報
咋 쨩쟈 那 너나 剃 톄티 頭 뜽투 的 딩디 來 래레 ⊙ 룰뎌 불미 러리 오ᄉᆡᆨ 라ᄂᆞᆫ ᆫ이 徐
녜니 刀 땅닾 子 즈즈 是 씽시 快 쾌쾌 的 딩디 還 환환 是 씽시 鈍 뚠둔 的 딩디 呢
녜니 ⊙ 나네 이칼 무이 된이 거드 시ᄂᆞᆫ 나거 ᆫ시 我 어오 剃 톄티 頭 뜽투 的 딩디 所 소

管권권甚씸서麼뭐마來래레 ○ 管우이리므마시리신쇠완ᄂᆞᆫ디이ㄴ所背큼ᄂᆞ用

鈍뚠둔刀닾됴子즈즈呢니니 ○ 올즐ᄡᅳ거리무오뮌ㄴ칼稀희니刹례러的

乾건간淨찡징便뼌변是씨시了려랴 ○ 홈네이작곳기올롤흐乾ㄴ淨린히不

要요약只즈즈管권권的디디刮괄 ○ 빗그기저지ᄉ말릭라여ㄴ긁刮괄과

多더도了렬랴頭뚤투疼뜽틍 ○ 면긁마빗리기알기포롤니만라히ㄴ刹테디完

了렬랴 ○ 차싹다가ㄴ못梳수수頭뚤투髮봥바的듸디時씨스候흫후 ○

마리빗길레털에을先션선把바바稀히히篦삐비子즈즈摡삐피了렬랴 ○ 래케적모

성다권가참빗가빗스고로ㄴ箒재재把바바挑텽댶鉢짐진挑텽댶起키치來래레

○ 도다것가고것지곳가고져ㄴ然션얀後흫후用융융那너나密밍미篦삐비子

즈즈箒재재摡삐피 ○ 그스린로후다에가더다빈서춤빗빗견將장장風봉붕盾셩셔

二十二

去큐취乾건간淨징징了럎럎 ○ ᄒᆞ비 여듬 乾을 淨다 히가 ᄒᆞ업 고시 綰완완起키치

頭뚷투髮밯바洗새레 ○ 마족 지리 고털 把바바 鉸갿갼 刀닿도 鉸갿갼 了럎럎

鼻삐비孔쿵쿵毫할화毛뫃마 ○ 鉸교 刀곪 로계 털가 을져 뎝다 고가 把바바 捎샾샾

鋪싱시掏땋닾 一잉이 掏땋닾 耳싱을 朶도 ○ 짓젓 바의 회로 ᄣᆞᆯ다 가든 這져져

就찧주 筭쉰쇤 剃티레 完완완 了럎럎 ○ 이찻 다ᄒᆞ 작ᄒᆞ 자리 못란 與유위 伱녜니

十씽시 箇거거 大다ᄃᆡ 錢쳔쳔 ○ 너쳔 을룰 열주 마낫 디

聽팅팅 得더더 那나너 人인신 家자가 有위잉 一잉이 箇거거 官관권 人인인

○ 드ᄒᆞᆫ 르ᄂᆞᆯ 니ᄉᆞ 더이 ᄉᆞ이 家ᄂᆡ 에ᄂᆞᆫ 娶츄츄 了럎럎 娘냥냥 子즈즈 做 親

了럎럎 ○ 娘읫 子낫 를다 娶ᄒᆞ 여ᄒᆞ 더라 집ᄂᆞᆫ 是싱시 女뉴뉴 孩히히 兒싱을 呢녜니

還환환 是싱시 那너나 後후후 婚훈훈 呢녜니 ○ 이시 새로 각틱 시니 러믈 니리 기당

ᄅᆞᆫ그 生 今김긴 年년년 纔ᄍᆡ채 十씽시 六륭루 歲쉬쉬 ○ 올ᄒᆡ ᄀᆞᆺ 十六歲 나 自ᄌᆞ즈

然ᅀᅧᆫ얀 是씌시 女뉴뉴 孩ᅘᅵᅘᅢ 兒ᅀᅵ을 了럏랴 ○ 自然이 새 ᄀᆞ시라 下ᅘᅣ하 多

더모 少샿샤 財ᄍᆡ채 禮례리 呢니니 ○ 언머 財禮를 드리더뇨 下ᅘᅣ하 了럏랴 一

이 황 百빙버 兩량량 銀인인 子즈ᄌᆞ ○ 一百兩 은을 드리고 又잉우 是씌시 千

表뱧뱌 十씽시 束뎨리 ○ ᄯᅩ 이열 것과 열안 관 八방바 對뒤뒤 珠쥬쥬 環쾬회 ○

여가 라 ᄃᆞᆯ 방디 진와 ᄂᆞᆫ쥬 滿만믄 頭투듷 珠쥬쥬 翠취취 ○ 마리에 ᄀᆞ득ᄒᆞᆫ 珠翠와 金

김긴 廂샹샹 寶보뱦 石씽시 頭투듷 面면면 ○ 金寶石頭面에 珠로 ᄭᅮᆫ 頭面과 ᄀᆞᆫ ᄀᆞᆺ 十 珠쥬쥬

鳳봉봉 冠권권 ○ 珠冠과 鳳冠 十씽시 羊양양 十씽시 酒주증 ○ 酒十甁 羊十 ᄀᆞᆫ 十

好홀헣 不부봉 體톄디 面면면 哩리리 ○ ᄆᆞᄌᆞᆷ 이라 ᄂᆞᆫ 體面이라 那나너 女뉴뉴 孩

ᅘᅢᅘᅵ 兒을ᅀᅵ 又우잉 生승싱 的디딩 十시씽 分분분 美미뮈 貌만밯 ○ 새각시

朴通事諺解 一 四十四

—44a

朴通事新釋

또 삼긴 거시 마치 고은 얼굴이니 真진진 是씌시 觀권권 音힌인 菩뿌푸 薩싸사 一

이 뭇흥 般번번 ○ 進진 짓 훈 가이 지 觀 오 音 ㄴ 善 針짐진 線쎤션 生숭싱 活훵호 之 위

好할화 ○ 이 마 또 ㄴ 됴 질 코 셔 ㄴ 녕 百븨비 能넝능 百븨버 巧캬캬 的듸디 ○ 百 能

百 더 라 巧 ㄴ ᄒᆞ 幾계지 時씌스 過궈고 門문믄 的듸디 呢네니 ○ 훈 연 뎌 계 됴 過 門

這져져 月웨워 初추추 十씌시 邊변변 通퉁퉁 信신신 ○ 이 시 通 돌 信 초 ᄒᆞ 열 더 홀

月웨워 半번반 頭둫투 辦빤반 花화화 燭죵주 成칭칭 親친친 的듸디 ○ 보 롬

花燭을 成親당 ᄒᆞ고 한 弟뎨디 三산 싼 日싀 싀 會휘휘 新신신 親친친 ○ 三弟

日에 돈 새 모 호 산 고 弟뎨디 九구 귀 日싀 싀 回휘휘 門문믄 ○ 弟 九 지 집 日의 에 간 將

장장 近낀긴 滿먼만 月웨워 ○ 장 갓 초 기 와 오 돌 매 에 ㄴ 이 尖 要얖요 回휘휘 家

가 俗쓔 稱칭 對뒤뒤 月웨워 子ᄌᆞ 랴 ○ 또 돌 본 을 집 어 의 믈 도 려 리 ᄒᆞ 와 ㄴ 버 나 금 라 ㄴ 那

녀나 官권관 人신인 今김긴 年년년 纔째채 十씽시 九갛구 歲쉬쉬 ○ 人녀 이官

올히 九歲 오ᄀᆞᆺ 十 不붕부 但딴단 文문운 章쟝장 做주주 得듣더 好황한 ○ 글짓

기ᄅᆞᆯ 아ᄅᆞᆯ 니잘 란호 諸쥬쥬 般뱐번 技끼기 藝이이 都두두 會휘회 的듸디 ○ 러어

가ᄅᆞᆯ 다지 아技 난藝 這져져 媒뮈믜 人신인 也여여 算쏸산 是씽시 有잉우 福봉부

的ᄉ 듕디 ○ 다이 ᄒᆞ媒 리人 로도 다有 福 做주주 了럏랴 這져져 媒뮈믜 ○ 며이 죵되

여 便뻰변 得듣더 謝쎠셔 媒뮈믜 錢쪈젼 十씽시 兩량량 ○ 十兩 謝媒 을錢 어

ᄃᆞ 豈키치 不붕부 是씽시 他타타 的듸디 財채채 運윤윤 好황한 麼뭐마 ○

엇드 지되 아더 니의 ᄒᆞ財 라運 ᄂᆞ이 那나나 兩량량 口쿠쿠 兒ᅀᅵᆯ 做주주 了럏랴 少

샨 경 年년년 夫부부 妻쳐치 ○ 妻더 ㅣ돌 되히 엿少 고年 夫 喜히시 的듸디 又잉우

是씽시 郞랑랑 才째채 女뉴뉴 貌뫃모 眞진진 箇거거 是씽시 世씽시 上쌍상

二十三

少샾봉有잉우的딩디 ○ ᄀᆞ장 깃븐 거슨 世上애 郎才와 女貌ㅣ 那너나

等등등歡훤훤娛유위快쾌쾌樂럏러不부부必빙비說쉬숴了럏랴 ○ 더런

歡娛快樂호믈 굿ᄒᆞ여 니ᄅᆞ지 못ᄒᆞ리로다 常짱창言연연道땀닫 ○ 常言에 니ᄅᆞ되 一

夜여여夫부부妻쳐치百빙버夜여여恩흔은 ○ 一夜夫妻ㅣ 百夜恩이라 ᄒᆞ니

이흥 라

我어오這져져幾계지日ᅀᅵ시有잉우差체체使ᄉᆞ시出츄츄去큐취 ○ 내

이 ᄉᆞ이 差使ㅣ 셔 나가ᄂᆞ니 好항한姐져져姐져져 ○ 무ᄋᆞᆷ 됴흔 각시아 妳녜니替톄티

我어오做주주一힝이副부부護후후膝시시與유위我어오 ○ 네 나ᄅᆞᆯ 차

ᄒᆞᆫ 볼 ᄉᆞᆯ갑ᄋᆞᆯ 민그라 주고려 我어오沒무무有잉우現현현成칭칭裁채채料럏랴

○ 내게 現成ᄒᆞᆫ 움이 업세라 這져져箇거거不부부難난난 ○ 이 ᄃᆡ 아니 어렵ᄂᆞ니

니 你녜니 不붕부 要햫얗 慮류리 ◯ 말녜 라니 我어오 有잉우 現현현 成
찡칭 氷쉬쉬 繰릉루 絲승스 紬찔칙 ◯ 繰네 繰깨 紬現 ㅣ成 잇ᄒᆞᆫ 다ᄒᆞᆫ 讓ᅘᅡᆼ후 勝싱시
上썅샹 還환환 該개개 要햫얗 用융용 的딩디 裁째채 料럏랴 ◯ 도슬 범갑 즉에
음ᄒᆞᆫ 을ᄆᆞ 都두두 說쉏쉬 與유위 我어오 ◯ 려다 날ᄃᆞ 려 好할한 到닿다 舖푸후
裏례리 買매매 去큐취 ◯ 가푸 게ᄌᆞ ᄒᆞ에 라사 我어오 對뒤뒤 你녜니 說쉏쉬
◯ 니내 ᄅᆞ너 마ᄃᆞ 려 你녜니 買매매 諸쥬쥬 般붠번 絨슝숭 線션션 ◯ 러네 가여
지옥 보실 ᄃᆞ과 라 麤추추 白뼝배 珠쥬쥬 兒ᅀᅵᆯ 線션션 ◯ 돌굵 실고 을흰 사구 고슬
羊양양 皮삐피 金깅긴 不붕부 要햫얗 紙징즈 的딩디 ◯ 고羊 지皮 금金 으올 란ᄒᆞ
고말 內뉘ᄂᆡ 造짷잫 素수수 緞뒨돤 子즈즈 一힝이 尺칭치 ◯ 단內 ᄒᆞᆫ造 자ᄆᆡᆫ 와비
白뼝배 清칭칭 水쉬쉬 絹견견 三삼산 尺칭치 ◯ 갑흰 석제 자믈 는엣 做주주 帶

子즈즈和훠허裏례리兒ᅀᅵᆼ을的딩디 ○ ᄯᅴ와안흘민돌머시니 除추츄了

鐔젼잔子즈즈駝떠토毛맘만之징즈外왜왜 ○ 담과약대털을더론밧긘其

餘유위的딩디你녜니都두두買매매去큐취 ○ 그남은거슨네다사라가라

做주주一잉이對뒤뒤護후후膝싱시 ○ ᄒᆞᆫ빵슬갑을지으려ᄒᆞ면 不붕부羨션샨

功궁궁錢쪈쳔 ○ 功錢을혜다아녀도 沒뭉무有잉우五우우六룽릭錢쪈쳔銀

子즈즈 ○ 다엿돈은이업스면 却캽거結경겨裹궈고不붕부出충추來래레

的딩디 ○ 또밋수며내다못ᄒᆞ리란 姐져져姐져져不붕부要향얀說숴쉬我어오

也여여知징지道땅단 ○ 각시아니ᄅᆞ지말리나도와노라 你녜니用융융心심신

做주주與유위我어오 ○ 네用心ᄒᆞ여민ᄃᆞ라나ᄅᆞᆯ주고려 慢만만慢만만的딩ㅣ

我어오與유위你녜니把바바盞잔잔 ○ 날호여내네게盞자브마 我어오還환환

二十四

要얀양央향양及끼기你니니 ○ 네 ᄯᅩ 내게 ᄒᆞ나 做주주一이對뒤뒤기

荷허허包발반送숭숭我어오如유유何허허 ○ 내 ᄒᆞ로 방ᄌᆞ 근뎌 주라 나ᄆᆞ

那나나箇거거容융융易이이你니니放방방心심신 ○ 그ᄂᆞᆫ 주로미 엇뎌 ᄒᆞ료

我어오自ᄶᆞ즈然연얀做주주了럏랴送숭숭你니니 ○ 내 自

就찍쥐心심신喑니 네 라 我어오自ᄶᆞ즈然연얀做주주了럏랴送숭숭你니니罷빠바

然ᄅᆞᆫ 주다 너 라 就찡쥐笑쇼샨是씨시與유유你니니送숭숭行힝힝罷빠바

了럏랴 ○ 양이 ᄆᆞ으 로서 호네 미게 무送 뎌行 ᄒᆞᆫ ᄒᆞ 다ᄂᆞᆫ 多더도謝셔셔姐져져姐져져

○ 多라 謝각 ᄒᆞ시 여 안 我어오廻훼휘來래레時씨스候흫후 ○ 내 도 을 ᄃᆡ 라 엔 多

多더도的디디帶대대些셔셔人인인事씨스與유유你니니還환환禮

罷빠바 ○ 한네 히게 人事 가로 마 還禮ᄒᆞ 져

你니니今김긴日싱시怎즘즘麽뭐마不부부上쌍샹學효햫去큐취呢녀니

朴通事諺解 一 四十七

○네오놀엇디글비호라가지아니ᄒᆞᄂᆞ뇨 我어오今김긴日ᅀᅵ向향향先션션生

싱승告강간了럏랴暇ᅘᅡ하來래레○내오놀先生ᄭᅴ告暇ᄒᆞ고왓노라「 你녜니學

향효堂땅탕中즁즁共꿍궁有잉우幾계지箇거거學향효生싱승○네學堂예

대되몃學生이잇ᄂᆞ뇨「 除쮸츄了럏랴學향효長쟝쟝共꿍궁有잉우四승스十

씽시五우우箇거거學향효生싱승○學長을덜고대되마흔다ᄉᆞᆺ學生이잇ᄂᆞ니라 每

뮈믜月웡워多더도少셩샾學향효錢쪈쳔一힝이箇거거呢녜니○每月에ᄒᆞ

나희게언머學錢고「 多더도少셩샾不뿡부等뜽등○多少ㅣᄀᆞᆺ지아니ᄒᆞ여「 也여여

有잉우三삼산錢쪈쳔的듸디五우우錢쪈쳔的듸디○서돈ᄒᆞᄂᆞ니도잇고돗돈

ᄒᆞᄂᆞ니도이시니「 人신인家갸쟈有잉우貧삔핀富부부不뿡부同뚱퉁○人家

貧富ㅣᄀᆞᆺ지아니호미이셔「 隨쒸쉬各갛거人신인送숭숭罷빠바咧례려○各人

의보내는대로ᄒᆞᄂᆞ니라 徐녜니 師싀스 傅부부 是씌시 甚씸셔 麼뭐마 人신인 ○

네스승이엇던사ᄅᆞᆷ고 是씌시 秀심식 才쨰채 ○ 이秀才라 徐녜니 如슈슈 今긴긴

讀뚜두 甚씸셔 麼뭐마 書슈슈 ○ 네이제므슴글닑ᄂᆞᆫ다 讀뚜두 的듸디 是씌시

毛맘마 詩싱시 尙썅샹 書슈슈 ○ 毛詩尙書닑ᄂᆞ니라 毛詩讀뚜두 到닿도 那나

裏례리 了럎랴 ○ 지닑기를어듸ᄒᆞ엿ᄂᆞ뇨 纔째채 讀뚜두 得듸더 半뵨반

本븐븐 哩례리 ○ 겨요반권을닑어노라 徐녜니 每뭐미 日싀이 做주주 甚씸셔

麼뭐마 功궁궁 課쿼커 ○ 네每日에므슴공부ᄒᆞᄂᆞᆫ다 每뭐미 日싀이 淸칭칭 早

起잠쟝 來래레 ○ 每日清早에니러 洗세시 了럎랴 臉렴련 就찍직 到닿도

學햫효 房빵방 裏례리 ○ ᄂᆞᆺ싯고學房에가즉시 見견견 了럎랴 師싀스 傅부부

便뼌변 向향향 上쌍샹 唱챵창 喏셔여 ○ 스승보고곳향ᄒᆞ여읍ᄒᆞ고 把바바 書

슈슈念념냔熟쓯수背븨븨了럏랴○글을다닐거든외오고迴훼휘家갸쟈

吃킈치了럏랴飯빤반○집의가도라밥먹고迴훼휘到닿단學햫효房빵방裏

리례○學房에가就찧주上쌍샹生승승書슈슈念념냔一잉이會훼휘○미기

새글비화닉이고做주주七칭치言연연詩싱시四슷스句귀귀○詩七言四

句로닷고到닿단晌샹샹午우우寫셔셔倣빙빙○나지다다라쓰기호되若

把바바字쯔즈寫셔셔差차차了럏랴的딩디○만일글字를그릇

쓰기호면手싱쉬心심신上쌍샹就찧주打다다三삼산戒개계方방방○손바닥

으로곳치세번을닐러셔這져져等둥등說숴쉬○이리니로면닉

호다好햫화好햫화的딩디用융융心심신讀뚜두書슈슈學햫효習씽시○네

장用心호여讀書學習호여休힝휘要얗야懶란란惰뚜도○懶惰치말고街개개

上샹샹休힣휘要햪얀遊왿우蕩땅당 ○ 蕩遊 거리에 치말라 如유슈今긴긴國
궈귀家쟈갸開캐캐科쿼코取츄츄士씃스 ○ 어이 國家 라제 현 ㅣ 비 로 取과 ᄒᆞ거 여론
重쭝중的디디是씃시詩씃시書슈슈 ○ 重 이히 詩너 書기 ㅣ는 라거 니 若
얍요學햪효的디디成칭칭材째채長장장大따다起계치來래래 ○ 일비 비만
화와長大成材ᄒᆞ여ᄒᆞ면應힝잉科쿼코學규퀴得등더做주주官권관 ○ 科擧 應
홍ᄒᆞ여 을어 버 더 슬 輔 부부 國 궈귀 忠 즁중 君 균균 光 광광 顯 현현 門 문믄 ○ 閭 류뤼
光輔國 忠君 門閭 ᄒᆞ고 면 何 허허 等 등등 榮 융융 耀 얀얀 哩 리리 ○ 영엇 화튼
이와 리빗 ○ 可 커커 見 견견 世 씃시 上 샹샹 的 디디 忠 즁중 臣 쩐친 孝 햪햐 子
즁즈 ○ 上世 에 孝子 忠 多 도 半 반반 是 씃시 讀 두두 書 슈슈 人 신인 做 주주
的 디 ○ 이 半 ᄒᆞ나 는 가 이 즁 을 글 읽은 사 러 라 람

徐녜니幾계지時씃스來래레的듕디 ◯ 온네 다언 ᆫ귀 大때다前쪈쳔日ᅀᅵ시

來래레的듕디 ◯ 왓ᄀᆞ ᄂᆞ라 我어오家갸쟈有잉우書슈슈信신신帶대대

來래레麽뭐마 ◯ 텨내 가집 져의 왓書 ᄂᆞ信 나히 ᆫ이 有잉우書슈슈稍샹산來래레

◯ 려편 왓지 ᄂᆞ이 녀셔 란브 我어오父뿌부母무무在째재家갸쟈都두두安헌안

樂락러麽뭐마 ◯ 텨우 다리 安父 樂母 ᄒᆞ니 더집 나의 ᆫ이 徐녜니家갸쟈老랑랖官

권관 人신인 ◯ 官네 人집 관老 大때다小셩샨家갸쟈眷권권小셩샨娃화와娃

화와 ◯ 큰太 아사 히家 들眷 로파 ᆫ겨 以이이至짓즈下해햐人인인們문므 ◯ 下배

니스 르들 힌에 都두두是씽시平뼁핑安헌안的듕디 ◯ ᄒᆞ디 뎌平 란安 徐녜니家

갸쟈宅쨍져上쌍상還환환托탁토我허오 ◯ 네네 게집 맛의 져셔 ᆫ쏘 稍샹산得

등더下씽시走핑피白뻥배布부부五우우疋핑피藍람란布부부五우우疋

핑피 青칭칭 布부부 來래레 與유위 你니녜 的디디 ○ 열필 白布와 닷필 藍布와 닷필

青布로 너를 주더라 多도더 謝셔셔 你니녜 稍샾샆 得더둥 這져져 些서셔

布부부 疋피핑 來래레 ○ 네 이믈 多布謝疋을 ᄒᆞ노라 부쳐 란 今긴김 年년년 這져져

地뗴디 方방방 馮마마 價가갸 如슈슈 何허허 ○ 올히 시세 엇더ᄒᆞ뇨 갑ᄉᆞᆫ 今

긴김 年년년 此츠츠 處츄츄 馮마마 價가가 比비비 往왕왕 年년년 賤쳔쳔 些

서셔 ○ 올히 여러 믈갑시 往年에 대건 賤ᄒᆞ니라 你니녜 且처쳐 喂위위 養양양

幾계지 日잉싀 ○ 네 날 餵養ᄒᆞ여 연ᄒᆞ리 等딍등 些셔서 時씃스 尋재재 賣매매

○ 저거시 다 기ᄃᆞ려 플라 着얍요 就찍직 拉랑라 去큐취 賣매매 ○ 만일 시즉 잇그

플러 가면 恐궁궁 市씽시 上썅상 出츙츄 不붕부 上썅상 價갸갸 錢쪈쳔 哩톄리

○ 저 아지 날 가서 ᄒᆞ갑 시노나 라지

那 너나 孫 순순 家 가쟈 混 훈훈 堂 땅탕 裏 레리 洗 세시 澡 잘잔 去 큐취 罷 빠바

○ 에더 목孫욕가 ᄒᆞᆫ라아 가混쟈堂 我 어오 是 씽시 新 신신 來 래레 的 디디 莊 장장

家 가쟈 ○ 온나 향ᄂᆞᆫ 암이 이새 란로 不 봉부 曉 햘햐 的 디디 多 더도 少 샿샾 錢 쳔쳔

洗 세시 一 잉이 箇 거거 澡 잘잔 ○ 에아 ᄒᆞᆫ지 번몯 목거 욕라 ᄒᆞᆫ연 료머 ᆫ돈 我 어오 說 ...

與 유위 你 니니 ○ 니내 ᄅᆞ니 마ᄃᆞ 려 浴 용유 錢 쳔쳔 是 씽시 五 우우 箇 거거

○ 다목 숫욕 낫ᄒᆞᆫ 돈ᄂᆞᆫ 이갑 오슨 擦 창차 背 뷔븨 錢 쳔쳔 是 씽시 兩 량량 箇 거거 ○

슨등 두믈 낫지 돈ᄅᆞ 이ᄂᆞᆫ 오갑 梳 수수 頭 뚷투 錢 쳔쳔 是 씽시 五 우우 箇 거거 ○ 니마

슷빗 낫ᄂᆞᆫ 돈갑 이슨 오다 剃 티티 頭 뚷투 錢 쳔쳔 是 씽시 十 씽시 箇 거거 ○ 삭마 ᄂᆞ리

돈갑 이슨 오열 ᆫ낫 修 싱식 脚 걓교 錢 쳔쳔 是 씽시 六 룽릭 箇 거거 ○ 듬발 ᄂᆞᆫ돕 길마

돈슨 이여 나숫 ᆫ낫 筭 솬솬 來 래레 做 주주 一 잉이 箇 거거 全 쳔춴 套 탄 ○ 아회

롤리 ᄒᆞ권 려대 ᄒᆞ훈 여全 도套 也 여여 不 봉부 過 고 使 실시 十 싱 十 씽시 八 방바

九 궁구 箇 거거 錢 쳔쳔 ○ 매스 지믈 나여 지ᄅᆞᆸ 마아 다흡 ᄒᆞ낫 리돈 라을 「 쓰 我 어오 替

례리 徐 녜니 管 권권 着 쟢쟈 浴 용위 錢 쳔쳔 ○ 훌내 돈너 울를 마ᄆᆞ 옴ᄅᆞ 말차 거목 시욕

「더 徐 녜니 且 쳐쳐 洗 세시 去 큐취 ○ 라네 가또 쟈삐 「스 衣 이이 裳 샹샹 帽 말맏

子 조조 靴 훠훠 子 조조 ○ 파옷 靴과 「롤갓 都 두두 放 방방 在 재째 這 져져 櫃 귀귀

裏 례리 頭 뜽투 ○ 예다 「너이 ᄒᆡ櫃 두ㅅ 「라속 自 쯔즈 有 잉우 管 권권 混 훈훈 堂 땅탕

的 딩디 着 권칸 守 실수 ○ 이그 이지 혀混 者堂 守ᄆᆞ ᄒᆞ움 리아 라ᄂᆞᆫ 「到 당도 浴 욕위 池

치찌 洗 세시 了 럏랴 「一 횡이 會 휘휘 ○ 지浴 위池 빗에 고가 「ᄒᆞᆫ 歇 형혀 一 횡이 歇

형혀 再 재재 洗 세시 ○ 시쥐 삐어 「전다 洗 세시 勾 긓구 了 럏랴 都 갛거 到 댱도 客

킁커 位 위위 裏 례리 歇 흥혀 一 흥이 會 휘휘 ○ 客빗 位기 에를 가잇 ᄒᆞᆫ굿 저ᄒᆞ 위고 쉬또

朴通事諺解 一 五十一

二十七

여 然 연얀 後 흫후 剃 톄티 頭 뜰투 修 싷슈 脚 갸교 ○ 그 고린 후에 발톱 다ᄃᆞ마 리

고 待 때대 身 신신 子 즈즈 凉 량량 快 쾌쾌 些 셔셔 ○ 몸이 凉快 ᄒᆞ기 ᄅᆞᆯ 기ᄃᆞ려 寧

쳔쳔 了 럏랸 衣 히이 服 뿡부 到 닿닫 那 녀나 裏 례리 去 큐취 ○ 옷 닙고 져 그 간 買

매매 幾 계지 杯 뷔븨 避 삐비 風 붕붕 酒 쥥쥐 吃 칑치 ○ 여러 잔 避風酒 ᄅᆞᆯ 사 먹으면

精 징징 神 씬신 自 쯔즈 然 연얀 爽 상솽 快 쾌쾌 了 럏랸 ○ 精神이 自然 爽快 ᄒᆞ리 라

大 때다 哥 거게 徐 녜니 曾 쯩층 打 다다 聽 팅텅 得 듸더 麼 뭐마 ○ 큰형아 네 일즉

듣보 앗 ᄂᆞ냐 京 깅징 都 두두 聖 싱싱 駕 갸갸 幾 계지 時 씃스 起 키치 行 힝힝 呢 니

녜니 ○ 京都 셔 聖駕 ᅵ 어ᄂᆡ 예 起行 ᄒᆞ시 ᄂᆞ뇨 沒 뭉무 有 읭우 日 ᅀᅵ 期 끼키 還 환환

早 잔잔 哩 래리 ○ 日期 업스니 당시롱 일럿 다 ᄂᆞ黨 到 닿닫 民 민민 間 간갼

禾련뎐 都두두 收식수 割거겅 了랴럎 ○民間에 田禾를 다 거두어 비가 를 기드려

八바바 月웨웨 初추추 頭띃투 纔째채 起키키 程칭칭 哩리리 ○八月初生에 아초

起혀키 程칭 哩라 今긴긴 年년년 年년년 成칭칭 平핑핑 常챵챵 銀인인 錢쳔쳔 艱간

艱견견 難난난 ○올히 年成이 平常ᄒᆞ니 京都 銀錢이 艱難ᄒᆞ고 京징징 都두두 也여여 沒무무

甚시시 麼마마 買매매 賣매매 ○買賣 어려온디라 遠잔잔 是시시 我

不부부 去큐큐 ○아마 내 가지 往왕왕 還환환 路루루 程칭칭 約

有우우 二을을 千쳔쳔 多도도 里리리 ○往還 路程이 二千里 나마 잇고 到단단

那나나 裏리리 住쥬쥬 兩량량 三산산 箇거거 月웨웨 ○뎌긔 두어 ᄃᆞᆯ 머므러 석

賣매매 賣매매 也여여 沒무무 有우우 利리리 息시시 ○買賣 利息도 업서 소

房빵빵 錢쳔쳔 又우우 空쿵쿵 費비비 了랴럎 ○房錢을 도로 허비ᄒᆞ고 업시 호거면

시니 如何使得呢 ○ 엇디ᄒᆞ리오 說的
是 ○ 네 니ᄅᆞ미 올타 不去的倒好 ○ 가디 아니ᄒᆞ미
됴홈이 도로혀 니라 省了多少盤纏 ○ 언머 盤纏을
더을와 므 萬一到那裏沒有錢使
用 ○ 萬一 제가 돈 업스면 ᄡᅳᆯ 去得來不得
○ 가고 오지 못ᄒᆞ거시니 如何是好呢 ○ 엇디ᄒᆞ여야 됴흐리오
俗語說 ○ 俗語에 닐러시되 家貧不是
貧 路貧愁殺人 ○ 家貧은 貧이 아니오 路貧이 貧이야 사
ᄅᆞᆷ을 근심케 혼다 ᄒᆞ니라
咱們到教場裏射箭去罷

○ 활우 쏘리 라教 가場 쟈에 這 져져 般 번번 倒 닾닾 也 여여 好 핳핳 ◐ 도로 러허

됴타 咱 자자 們 믄믄 幾 기지 箇 거거 就 찍쥐 同 뚱퉁 去 큐취 ○ 무우 ᄒᆞ리 가면 지처

로로 가 咱 자자 約 향요 會 휘휘 了 럏랴 弟 떼디 兄 훵훙 十 씽시 數 수수 人 신인

勾 긓구 了 럏랴 ○ 을우 모리 ᄒᆞ弟 면兄 녁여 녀라 ᄒᆞ믄 리사 라ᄅᆞᆷ 一 힝이 邊 변변 五 우우

箇 거거 分 분분 開 캐캐 着 쨯져 射 쎠셔 ○ 식ᄒᆞᆫ 논편 화에 쏘다 잔ᄉᆞᆺ 咱 자자 們 믄믄

賭 두두 甚 씸시 麽 뭐마 來 래래 ○ 술우 더리 너므 료서 賭 두두 一 힝이 桌 좌조 筵 연연

席 씨시 罷 빠바 ○ 를ᄒᆞᆫ 더상 녀이 자바 지 那 너나 般 번번 ○ ᄒᆞ그 챠리 說 쉬숴

定 띵딩 了 럏랴 ○ 여널 시러 니定 ᄒᆞ 輸 슈슈 了 럏랴 的 딍디 就 쥐주 去 큐취 辦 빤반

빤반 ○ 가지 장ᄂᆞ 만니 ᄒᆞ즉 고시 不 부부 許 휴쉬 賴 래래 的 딍디 ○ 치소 마기 자믈 ᄂᆞ허

這 져져 箇 거거 自 쯔즈 然 연ᅀᅧᆫ ○ ᄒᆞ이 리ᄂᆞᆫ 니그 러 只 지즈 要 얄요 各 거거 自

朴通事新釋諺解 一 五十三

朴通事新釋諺解

쯍즈 用 융융 心 심신 身 써서 去 큐취 ○ ᄒᆞ그 여저 ᄇᆞᆫ소각 라각 가用 찬心 輸 슈슈 了 료랴

的 듸디 是 씌시 自 쯔즈 已 게기 武 무우 藝 이이 平 삥핑 常 짱창 ○ 논지 이ᄂᆞ 自나

常 ᄂᆞᆫ 武 이藝 라ㅣ 平 豈 게치 容 융융 他 터타 賴 래래 呢 녜니 ○ 소엇 기더 믈려 용의

납ᄒᆞ 리오 大 따다 哥 거거 你 녜니 放 방방 心 심신 ○ 放큰 心형 ᄒᆞ아 리네 我 어오 獨

왕왕 常 짱창 獨 뚱두 自 쯔즈 一 횡이 箇 거거 來 래레 身 써서 ○ 자내 와건 ᄇᆞᆯ니 제혼

箭 젼잔 箭 젼잔 都 두두 身 써서 着 쨯잔 把 바바 子 죠즈 上 쌍상 的 듸디 紅 훙흥

心 심신 ○ 관살 을하 마다 치다 ᄂᆞ관 디혁 에 今 김긴 日 ᅀᅵ 豈 게치 有 잉우 不 봉부

贏 잉잉 之 지즈 理 례리 呢 녜니 ○ 못오 ᄒᆞᆯ놀 理엇 이디 시이 리그 오지 這 져져 話 화화

角 美 난난 說 쉬쉬 ○ 기이 어말 렵을 다ᄂᆡ ᄂᆞ르 你 녜니 不 봉부 要 럏얀 誇 과과 口 큐쿠

○ 말네 라자 랑 你 녜니 說 쉬쉬 甚 씸서 麼 뭐마 話 화화 ○ 니네 ᄅᆞ므 는숨 다말 白

二十九

조조古구구道땋닫○녜부러시더되날張쟝쟝弓궁궁有읻우別뼝벼갈림

飮힘인酒짇쥐有읻우別뼝벼腸쨩샹○酒張에弓別에腸別이力잇이다잇ᄒᆞ고니飮

라

姐져져姐져져你녜니纔째채做주주了랼랴月웡워子ᄌᆞ즈○네각시곳아히

ᄒᆞ산니ᄒᆞ다養양양的딍디是씽시小셜샨廝ᄉᆞ스呢녜니還훤환是씽시一ᅌᅵ이

뉴뉴孩해해兒싀을呢녜니○가나이흔거게집시아이히ᄉᆞ가나ᄒᆞ희好할한一이이

箇거거後쥬쥬小셜샨廝ᄉᆞ스○ᄒᆞ마ᄉᆞ장나ᄒᆞ희쥬ᄂᆞ뉴後ᅘᅮ후來래레必빙비

這뎌뎌是씽시有읻우福봉부氣키치的딍디○氣ᄒᆞ이에시반리ᄃᆞ라시福姐

져져姐져져你녜니如슈슈今김긴在째재產찬찬後ᅘᅮ후○이각제시產아後네

에이시ᄂᆞᆫ好할한生ᄉᆞᆼ승調댤됴養양양○養ᄒᆞ장라調最쥐쥐怕파파的딍디

朴通事諺解 一 五十四

쉬쉬 是시씨 感간감 冒만맘 風붕봉 寒한현 ○ 寒ㄱ 에장 感거 冒븐 흠거 이슨 니이 隨

常쌍샹 飮인힘 食시씽 休후흘 吃치킹 酸원쉰 甛텬뎜 腌싱잉 辣라랑 些

등등 物우룽 ○ 샹것 시미 음온 식것 에들 쉰을 아먹 것지 든말 것고 비 린 且쳐쳐 吃치킹 些

서셔 稀히히 粥주죵 爛란란 飯반뽠 ○ 아무 직른 륵밥 은을 죽먹 과곤 待대대 滿만뭔

了 랸렬 月워웡 便변뺸 吃치킹 生승싱 冷릉룽 東둥둥 西시셰 ○ 돌롤 ᄎ기 기ᄃ

력거 곳술 生먹 엣으 冷 면 不부뿡 妨방방 事스씽 了랸렬 ○ 일아 에니 해ᄒ 돕리 지란 가조

됴뎔 三삼산 朝챤뎧 請칭칭 老랖랗 娘냥냥 來레래 ○ 老사 娘흘 에을 다請 ᄃᄒ 라여

와ᄂ 把바바 孩해해 子즈즈 放방방 在재째 氷쉬쉬 盆븐뿐 裏리례 洗시셰 ○

아라 히에 롤너 다허 가빗 물기 소먼 親친친 戚치칭 們믄문 都두두 來레래 眷권권 ○

親디 戚와 들보 이곤 把비바 金긴김 珠쥬쥬 銀인인 錢쳔젼 等등등 類뤼릐 ○ 金珠

믈銀다錢가等類ㄴ各갇거自쯔즈丟듣부在째재冰삥빙盆뿐뻔裏례리○니

드믈리스치소ᄂ라ᄂ에這져져謂위위之즈즈洗세시三삼산○이이라를니洗르三

라ᄂ나ᄂ到닾단滿뭔만月웡워○다돌ᄃ이ᄅ차면매把바바孩해해子즈즈剃ᄐ

테티了럏랴頭뜰투○마아리히롤를작다ᄀ가買매마了럏랴搖얗야車쳐처來래

개레○사搖와車를把바바褥슝수子즈즈氈쟌쟌子즈즈多더도多더도的

등디鋪푸푸上썅샹○가요만와히담걸을고다把바바孩해해兒싈을睡쉬쉬在

재재裹례리頭뜰투○안아히히누를이다고가上썅샹邊변변把바바小샿샤被

배비蓋개개着쨮져○을우다희가져덥근허니ᄂ블見견견孩해해兒싈을啼뎨티

멎哭쿵쿠時쓰스○믈아보희면울把바바搖얗야車쳐처搖얗야一이이搖얗야

便뼌번住쮸쥬了럏랴○면搖곳車곳를치다ᄂ가니흔라들至당단了럏랴不

日、씽이 又、임우 做、주쥬 筵연연 席씽시 ○ 百日에다ᄃᆞ라 ᄯᅩ이바지ᄒᆞ면 親친친 戚

칭치 們、문믄 又임우 來래레 慶킹킹 賀、허허 ○ 親戚들이ᄯᅩ와 慶賀ᄒᆞᄂᆞ니라 如、유유

今김긴 姐져져 姐져져 把바바 孩해해 子즈즈 自、쯔즈 嬭내내 呢녜니 ○ 이제

각시ㅣ아희를손 조젓먹이ᄂᆞ냐 還환환 尋씬신 嬭내내 子즈즈 呢녜니 ○ ᄯᅩ젓 어미

를어덧 ᄂᆞ냐 要、얗얀 尋씬신 一、힁이 箇、거거 好향한 婦뿌부 人신인 做、주주 嬭

내내 子즈즈 哩、례리 ○ ᄒᆞᆫ됴흔계집을어더젓 어미를삼고져ᄒᆞᄂᆞ니 每뮈믜 一、힁이 箇

거거 月、웽웨 給、긩지 二、싕을 兩、량량 嬭내내 子즈즈 錢、쪈쳔 ○ 每ᄒᆞᆫᄃᆞᆯ에 두냥젓갑

슬주 고 按헌안 四、ᄉᆞ스 時씽스 與유위 他터타 衣이이 服뿡부 穿췬췬 ○ 四時

로按ᄒᆞ여뎌를衣服 을주어닙힐거시니 想상상 起、키치 來래레 ○ ᄉᆡᆼ각 건대 養양양 孩

해해 兒、싕을 好향한 不、붕부 難난난 哩례리 ○ 아ᄒᆡ를기르기 ᄆᆞ장어려오니 在재재

三十

肚두두裏레리呢녜니懷홰회躭담단十씽시月웨워○열비 돌에 을이 비셔 고는

生싱승下햐하來래레呢녜니孰유유哺뿌부三삼산年년년○三나 年하 을는

여뎐 먹 吃치치 盡찐진 千쳔쳔 辛신신 萬완완 苦쿠쿠 ○ 먹千 어辛 다萬 ᄒᆞ苦 여를

方방방能능능勾긍구養양양大때다成찡칭人인인○大보 成야 人ᄒᆞ ᄒᆞ로 ᄂᆞ養

ᄂᆞ너 古구구人신인道명닾○古니 人른 되이 養양양子즈즈方방방知칭지父

뿌부母무무恩은은○父ᄌᆞ 母식 은을 혀길 를러 안아 다보 ᄒᆞ야 니흐 라로

阿허아哥거거在째재那너나裏레리下햐햐着쨩져呢녜니○형다 이아 셔어

ᄂᆞ부 다리 웟 小셩샹人신인在째재街개개東둥둥堂땅당子즈즈間간간壁

방비 下햐햐着쨩져哩레리○小감 스을 이수 거이 리ᄒᆞ 동여 녀부 堂리 子웟 ᄂᆞ 라 甚

셔씸 麼뭐마 門문믄 有잉우 甚셔씸 麼뭐마 記계지 認신인 漫몽무 有잉우 ○

므슴 門이며 므슴 보람이 잇ᄂᆞ니 업ᄂᆞ뇨 朝 챠ᇢ쨯 南 난남 開 캐캐 着 쟈져 一 이ᇰ 箇 거거

小 샤ᇢ셯 墻 챵쨩 門 문믄 便 변뼌 是 시씌 ○ 南을 向ᄒᆞ여 門 낸 거시 곳 이 小墻이라 我

오어 不 부붕 知 디지 道 닾댷 你 니니 的 디디 下 햐햐 處 츄츄 ○ 내 네 下處를 아지 못

ᄒᆞ여 所 소수 以 이이 不 부붕 曾 층쯩 得 더듸 去 취큐 奉 봉뽕 望 왕망 ○ 이러모로

일즉 가보지 못ᄒᆞ여시니 大 다때 哥 거거 休 후힣 怪 괘괘 ○ 큰 형아 허믈 말라 小 샤셯

弟 디뎨 昨 조쪼 日 시싀 曾 층쯩 到 닾땋 貴 귀귀 宅 저쪄 奉 봉뽕 拜 배배 ○ 小弟

어제 일즉 貴宅에 가 奉拜ᄒᆞ려 ᄒᆞ연 留 루릭 下 햐햐 名 밍밍 帖 텨톄 可 거거 曾 층쯩 見

麼 마뭐 ○ 名帖을 머므러시니 일즉 보신가 小 샤셯 弟 디뎨 見 견견 来 레래 ○

小弟 보노라 但 딴단 因 인인 連 련련 日 시싀 有 우잉 事 스씌 不 부붕 在 재째 家

가자 ○ 다만 連日ᄒᆞ여 일이 이시믈 因ᄒᆞ여 집의 잇지 못홈으로 有 우잉 失 시싀 迎 잉잉 接

三十一

뎌 了 ○ 迎接홈을 일허시니 改日 回望去 ○ 니론디

날회여 ᄒᆞ라 가샤 再慢慢的聚話罷 ○ 다시

날호여 말ᄒᆞ쟈

醜廝你來 ○ 더러온 놈아 ᄂᆡ 咩那斜眼

的弓匠王五來 ○ ᄂᆡ 눈흘긔ᄂᆞᆫ 弓匠 王五를 불러오라

相公王五來了 ○ 相公아 王五 ㅣ 왓ᄂᆞ이다 我

有一事煩你 ○ 내게 ᄒᆞᆫ 일이 이셔 너를 번거ᄒᆞ노라 相

公有甚麼事說與小人知

道 ○ 相公이 므슴 일이 잇ᄂᆞ뇨 小人ᄃᆞ려 닐러 알게 ᄒᆞ라 你代我做

兩張弓如何 ○ 네 날을 ᄀᆞᄅᆞ차 두 장 활을 민돌미 엇더ᄒᆞ

朴通事諺解 一 五十七

要 요얍 做 주주 幾 지게 箇 거거 氣 치키 力 리릐 的 디딍 弓 궁궁 ○ 언머 힘에

활을 민ᄃᆞᆯ고져 ᄒᆞᄂᆞ다 ㄴ要 요얍 做 주주 十 시씽 箇 거거 氣 치키 力 리릐 的 디딍 一

이 張 장장 ○ 십분 힘에 치ᄂᆞᆫ 장과 ㄴ七 치칭 八 바빠 箇 거거 氣 치키 力 리릐 的 디딍

一 이힁 張 장장 ○ 칠팔분 힘에 치ᄂᆞᆫ 장을 민ᄃᆞᆯ고져 ᄒᆞ노라 ㄴ這 져져 弓 궁궁 面 면면 上

상샹 鋪 푸푸 的 디딍 筋 긴긴 ○ 이 활 면에 ᄉᆞᆫ 힘을 ㄴ與 위유 我 오어 着 간견 過 고궈

之 즈즹 後 후흫 ○ 나ᄅᆞᆯ 뵌 후에 ㄴ樺 화화 一 이힁 樺 화화 ○ 봇 닙히라 你 니녜 若

쇼얍 用 융융 心 신심 做 주주 的 디딍 好 한할 ○ 네 일 用心ᄒᆞ여 민ᄃᆞᆯ기를 잘ᄒᆞ면 我

오어 多 도더 與 위유 你 니녜 些 셔셔 賞 샹샹 錢 쳔젼 ○ 내 만히 너를 賞錢을 주리라 小

샨셩 人 신인 豈 치킈 敢 간감 望 왕왕 賞 샹샹 ○ 小人이 엇디 敢히 賞을 ᄇᆞ라리오 ㄴ應

잉잉 該 개기 效 햐햫 勞 라랑 的 디딍 ○ 응당 效勞ᄒᆞᆯ 거시니이다

秀싱슈才째채哥거거○秀才형아煩빤반你니니代때대我오오寫셔서一이
힝이紙짖즈借져져票뱧반○네게請ᄒᆞ노니다를마르차ᄒᆞᆫ장빋내는보람을쓰라拿
나나紙짖즈墨믜머筆빙비硯연연来래레○紙墨筆硯을가져오라我어오寫
셔서與유위你녜니○내ᄡᅥ너를주마寫셔서完훤완了럏랴我어오念념난給
긩치你녜니聽팅팅○ᄡᅥᄆᆞᆺ차시니내닑어네게들리마京깅징都두두城찡칭内
뉘닉積징지慶킹킹坊방방住쥬쥬民민민人신인趙쨯쟌寶뱧반見싱을○
京都잣안積慶坊에셔사ᄂᆞᆫ民人趙寶見ㅣ今김긴因힌인乏빵비錢쪈쳔使ᄉᆞ시用
융융○이제돈ᄡᅳᆯ것업ᄉᆞᆷ을因ᄒᆞ여情찡칭愿웑원憑삥핑中쥥중借져져到닿닫
某무무人신인名밍밍下햐하紋문운銀인인五우우十씽시兩량량整징징
○情愿으로즁인을의빙ᄒᆞ여某人ㅅ名下에紋銀五十兩이를ᄭᅮ되每뮈믜兩량량每뮈믜

月월워 三삼산 分분븐 起켜치 利례리 ○ 每兩每月起利 흥연 按헌안 月월워

送숭중 納납나 不붛부 致징지 短돤돤 少셩샤 拖토토 欠켬켼 ○ 조들 찬을

그送納호매 너희ᄃ려 게르치 말고 머므른 其끼키 銀인인 約햡요 至징즈 下햐햐

幾계지 月월워 內뉘뉘 歸귀귀 還환환 ○ 니그 이은 니을 르니 러년 갑아 흐보 믈돌

흐연 여약 不붛부 致징지 遲치치 誤우우 ○ 애더 니디 르여 지어 말그 고롯 츰 如슈슈

過궈고 期끼키 不붛부 還환환 ○ 지비 아일 니혼 흐야 거지 든나 ㄴ삽 將쟝쟝 家가쟈

中즁중 所수소 有윌우 直짛지 錢젼쳔 物웋우 件껸젼 ○ 갑 家中物에 件엣 을는

다만 照쨯쟈 依이이 時씽스 價갸가 准쥰쥰 折졍져 ○ 准時 折價 흐대 고로 如슈슈

無무우 物웋우 可커커 准쥰쥰 ○ 흘만 거일 시믈 업뇐 거아 든쥰 ㄴ절 中즁중 保밯보

人신인 一힝이 面면면 承찡칭 當당당 代때대 還환환 ○ 面中 으保 도人 맛이 나一

ᄆᆞᄅᆞ차 갑ᄒᆞ리라 恐後無憑立此存照

○ 후에 의빙홈이 업슬가 저페 이ᄅᆞᆯ 세워 存照케 ᄒᆞ노라 某年月日

借錢人趙寶兒 ○ 某年月日에 돈 ᄭᅮ니 사ᄅᆞᆷ 趙寶兒와

中保人某某 ○ 中保ㅅ사ᄅᆞᆷ 아모아모 上 都打了

란령 花押 ○ 다 일홈 두고 空處寫信行二

을싱 字 ○ 흰 곳에 信行 二字ᄅᆞᆯ 쓰라 我寫的錯不錯

찰초 ○ 내 쓴 거시 그르냐 그르지 아니ᄒᆞ냐

朴通事新釋諺解卷一終

二

朴鮮地

朴 팡팍 通 퉁퉁 事 씃스 新 신신 釋 싱시 諺 연연 解 개계 卷 권견 二 ᅀᅵ을

那 너나 裏 례리 有 임익 賣 매매 的 딩디 好 항화 馬 마마 ㊀ 몰어 이뒤 잇풀 ᄂᆞ고 뇨ᄒᆞᆫ

大 대다 街 개개 東 둥둥 市 씽시 上 ᄡᅡᆼ샹 馬 마마 下 햐야 子 즈즈 家 갸쟈 有 임익

㊁ 즈큰 름거 의리 집동 이녁 잇져 ᄂᆞ제 니에 라몰 ᄒᆞᆫ 你 녜니 代 떼대 我 어오 打 다다 聽 팅팅

一 힝이 打 다다 聽 팅팅 ㊂ 차네 듯나 보를 라ᄀᆞ ᄒᆞ르 你 녜니 要 얗얀 買 매매 甚 씸서

麼 뭐마 馬 마마 ㊀ 고네 져므 ᄒᆞ슴 ᄂᆞᆫ몰 다을 ᄒᆞ사 我 어오 要 얗얀 打 다다 圍 위위 去

큐취 騎 끼치 坐 쭤조 ㊁ ᄃᆞ내 ᄑᆞᆫ산 져영 ᄒᆞᆫ갈 니제 ᄒᆞᆫ 須 슈슈 要 얗얀 走 즘주 快 쾌쾌 的

ᄃᆞᆼ디 ㊀ 거모 ᄉᆞᆯ롬 ᄒᆞ이 고ᄃᆞ 져롬 ᄒᆞ이 노ᄇᆞᆨ 라른 ᄒᆞᆫ 你 녜니 用 융융 多 더도 少 샿샾 銀 힌인

子 즈즈 買 매매 呢 녜니 ㊂ 사비 려연 ᄒᆞ머 ᄂᆞᆫ은 ᄃᆞᆯ에 我 어오 情 찡칭 願 원원 賽 빙븨

三 삼산 十 씽시 兩 량량 價 갸갸 銀 인인 ㊂ 銀내 을情 허愿 비으 ᄒᆞ로 려三 ᄒᆞ十 노兩 라갑 ᄒᆞᆫ

有잉우一힝이箇거거生투투黃황황馬마마毛맏마片편편好핳핰◯고훈

빗라치몰도이흐이되셔털只짐즈是씽시腿튀튀跨쿠쿠走즘주不부부開개개

◯피다지만지구못불후이고흘러一힝이箇거거黑흐희鬃중중靑칭칭馬마마

却갸거走즘주得득더快쾌쾌◯이호드가룸리이온새총르이되몰又임우只짐즈

是씽시要영야打다다前쪈쳔失씨시◯거또치다고만앏一힝이箇거거赤

칭치色싱서馮마마雖쉬쉬生싱승的딩디十씽시分분분可커커愛히애◯

킨호거절시새구몰쟝이고비으록나심却갸거沒뭉무本븐븐事씽스◯업또스지난죄

徐녀니如유유今긴긴且쳐쳐到단도馮마마市씽시裏리리自쯔즈己계기

揀간견着쨔져買매매去큐취◯조녜몰이희제여또사몰라져가제라손徐녀니看

건간這저져一힝이箇거거栗링리色싱서白뺑배臉련련馮마마◯리네이보

호구렁빗혜 간자ᄆᆞᆯ이 有잉익九깋구分븐븐膘뱧뱌比비피頭뚷투好핳핳 ○
九分이나 ᄉᆞᆯ이 잇고 혁메 됴흐되 只짓즈是씽시小셯샾行힝힝上썅샹遲찌치些
셔셔 ○ 다만 ᄌᆞᆫ거름이 ᄯᅳ니 且쳐쳐將쟝쟝就찍직買매매了럏랴去큐취罷빠바
○ 아직 두어라 ᄒᆞ여 사가미 무던ᄒᆞ다
你녀니怎즘즘麼뭐마纔째채來래레 ○ 네 엇지 ᄀᆞᆺ 온다 早짬잔起켸치家갸쟈
下햐햐有잉익客킝커來래레 ○ 아ᄎᆞᆷ에 집의 나그내 왓거ᄂᆞᆯ 打다다發봥바他
더타去큐취了럏랴纔째채來래레 ○ 뎌를 打發ᄒᆞ여 보내고 ᄀᆞᆺ 오니 所수소以이이
來래레得듷더遲찌치了럏랴 ○ 이러모로 오미 더듸여라 咱장자老랗랖爺여여
在쨰재那너나裏례리 ○ 우리 老爺ㅣ 어듸 잇ᄂᆞ뇨 老랗랖爺여여在쨰재文문운
淵원원閣강거辦빤반事씃스 ○ 老爺ㅣ 文淵閣에 이셔 일ᄒᆞᄂᆞ니 一잉이會휘휘兒

朴通事新釋

싱육 就 찡직 出 츄추 來 래레 上 쌍상 馮 마마 ○ 나흔 와지 몸위 을만 트ᄒ 리면 라곳 上

쌍상 馮 마마 往 왕왕 那 너나 裏 례리 去 큐츄 ○ 항몰 ᄒ을 여트 갈면 러어 뇨더 를 今

김긴 日 싕시 還 뾘환 要 햘얀 早 잠잔 早 잠ᄌ 回 훽휘 家 갸자 上 쌍상 墳 뿐븐 去

큐츄 ○ 上오 墳늘 ᄒ일 라즉 가이 려집 ᄒ의 ᄂ도 니라 라와 上 쌍상 了 럏랴 墳 뿐븐 回 훽휘

來 래레 還 햔환 有 잉우 甚 씸서 麼 뭐마 事 씽스 呢 녜니 ○ 라上 와墳 당ᄒ 시고 롱도

이므 실슴 러일 뇨이 今 김긴 日 싕시 到 닿다 黃 횡황 村 춘춘 宿 숭수 ○ 村오 에늘 가黃

고자 明 밍밍 日 싕시 就 찡직 那 너나 裏 례리 上 쌍상 了 럏랴 墳 뿐븐 ○ 임너 의일

墳셔 ᄒ게 고셔 上 吃 킹치 了 럏랴 飯 뺀반 回 훽휘 來 래레 ○ 도밥 라먹 와고 上 傍 뺑팡

晩 환완 進 진진 城 찡칭 ○ 드늣 러게 오야 고城 에 上 後 헿후 日 싕시 又 잉우 要 햘얀

請 칭칭 衙 야야 門 문믄 中 즁중 同 뚱퉁 寅 인인 老 랄랖 爺 여여 們 문믄 吃 킹치

酒징직 ○모리ᄯᅩ衙門에同寅老爺들을쳥ᄒᆞ여술먹으려ᄒᆞ여 今김긴 日잉싀 都두두
預유위 先션션 約향요 定뎡딩 了럏랴 ○오ᄂᆞᆯ다미리언약ᄒᆞ여뎡ᄒᆞ엿ᄂᆞ니라 「李례리
老랄랖 大때다 徐녜니 那너나 裏례리 去큐취 ○李老大ㅣ아네어듸가ᄂᆞ다 「
我어오 往왕왕 家갸쟈 裏례리 去큐취 取츄츄 氈젼쟌 衫삼산 雨유위 帽맘만
○내집의가담유삼과갓모를가져오려ᄒᆞ노라 「徐녜니 若샿요 有읻우 兩량량 箇거거
油읻우 紙징즈 帽맘만 ○네게만일두油紙帽ㅣ잇거든 且쳐쳐 借져져 與유위 我
어오 一힝이 箇거거 ○아직내게ᄒᆞ나흘빌리면 我어오 便뼌변 不붕부 回훼휘 去
큐취 取츄츄 了럏랴 ○내ᄭᅩᆺ도라가져오지아니ᄒᆞ리라 「我어오 只징즈 有읻우 一
힝이 箇거거 油읻우 絹권견 帽맘만 ○내게다만ᄒᆞᆫ油絹帽ㅣ잇고 「那너나 金김긴
老랄랖 二싱을 有읻우 兩량량 箇거거 油읻우 紙징즈 帽맘만 ○그더金老의게

ㅣ두 이油 시紙 니帽 你녜니 問몬운 他터타 借져져 一힝이 箇거거 罷빠바 ○ 더대

빌드、미려 무무 던러 ᄒᆞᄒᆞ 다나 홀 那너나 廝숭스 那너나 裏례리 肯킹큰 借져져 ○

겨뎌 빌놈 리이 리어 오ᄃᆡ 줄 不붕부 通퉁퉁 人신인 情찡칭 不붕부 達따다 時씽스

務무우 的딩디 東둥둥 西세시 ○ 롤人 아情 지을 못通 ᄒᆞ치 논못 거ᄒᆞ 시고 라時 務 誰

쒸쉬 肯킹큰 向향향 他터타 開캐캐 口킇쿠 ○ 여뉘 입즐 을겨 열뎌 리를 오향 ᄒᆞ 他

터타 怎즘즘 麼뭐마 不붕부 肯킹큰 借져져 與유위 你녜니 ○ 겨뎨 너엇 를지 빌즐

ᄒᆞ리 리지 오아 니 又잉우 不붕부 吃킹치 了럏랴 他터타 的딩디 ○ 술ᄉᆞ도 먹제 지거

리아 라니 ᄒᆞ 還훤환 是씽시 你녜니 不붕부 肯킹큰 下햐하 氣켸치 問몬운 他

더라 借져져 ○ 여도 뎌로 ᄃᆞ혀 려네 무즐 러겨 비긔 지운 아을 니ᄂᆞ 홈즈 이기 너ᄒᆞ 你녜니 也

여여 忒틍틔 傲왕앞 氣켸치 了럏랴 ○ 거너 만도 ᄒᆞ너 다모

昨짱조日싀싀是씃시張쟝쟝千쳔쳔摠중중的딩디生싱승日싀싀○저어
의는生이日張이千니摠你녜니何해허故구구不붕부去큐취○고네로므가슴지연
ᄒᆞᆫ아다니小쇼샾弟떼디其끼키實씷시不붕부知징지道땋닾○실小로弟아진
홀지와못在째재那너나裏례리做주주生싱승日싀싀來래레○生어日ᄃᆡ을셔
노ᄒᆞ在째재八방바里례리庄장좡梁량량家갸쟈花화화園원원裏례리做
주주的딩디○園八의里셔庄ᄒᆞ梁니家라花我어오也여여那너나一힝이日싀싀
去큐취拜배배壽씋식了럏랴○拜나壽도ᄒᆞ그고날ᄀᆞ가吃킹치了럏랴幾계지
杯뷔븨酒짛쥐過궈고了럏랴兩량량道땋닾湯탕탕○고여兩러道잔湯술을먹
고지ᄂᆞ내便뼌변上썅샹馬마마出츄츄來래레了럏랴○고곳나몰올글와ᄃᆞ咳
해해我어오眞진진箇거거失씽시禮례리了럏랴○失애禮내ᄒᆞ진여실다로明

朴通事諺解 二 四

밍밍 日 싀싀 到 닾도 羊 양양 市 씌시 上 썅샹 ○ 제ᄂᆡ 에일 가羊 져 賣 ᄆᆡᄆᆡ 五 우우
六 륙릭 錢 쪈쳔 銀 인인 買 매매 一 힝이 箇 거거 羊 양양 腔 캉캉 子 즈즈 ○ 엿다
훈돈 羊銀 의을 몸허 동비 을ᄒᆞ 산여 送 숭숭 去 큐취 與 유위 他 터다 補 부부 做 주주 生
싱승 日 싀싀 罷 빠바 ○ 다보 느내 림여 홈뎌 이돌 무주 던어 ᄒᆞ生 다日 을 常 쨩챵 言 연연
道 닾닾 ○ 니常 ᄅᆞ言 되에 有 읻우 心 심신 拜 배배 節 졍져 寒 현한 食 씽시 不 붕부
遲 찡치 ○ 라節 後에 더拜 듸ᄒᆞᆯ 지ᄆᆞ 아옴 니이 타이 ᄒᆞ시 ᄂᆞ면 니寒 라食 이
李 례리 爺 여여 你 니니 可 커커 曾 쩡층 到 닾도 過 궈고 西 셰시 湖 후후 ○ 爺李
西 湖아 에네 둔일 녀즉 看 컨칸 見 견견 那 너나 裏 례리 的 듸디 景 깅깅 致 찌지 麼
뭐마 ○ 보져 앗긔 는景 다致 를 我 어오 不 붕부 曾 쩡층 到 닾도 過 궈고 ○ 즉내 둔일
여기 시지 니못 ᄒᆞ 你 니니 說 숴쉬 那 너나 裏 례리 的 듸디 景 깅깅 致 찌지 如 유유

何(허허) ○ 네 더 그 景致ᄅᆞᆯ 니ᄅᆞ미 엇더ᄒᆞ뇨 你(니니) 且(쳐쳐) 聽(팅팅) 着(쟈져) ○ 네 아직 드ᄅᆞ라

西(세시) 湖(후후) 是(씨시) 從(쭝충) 玉(융위) 泉(쮠쳔) 山(산산) 流(릭루) 下(햐하) 來(래래) 的(디디) ○ 西湖ᄂᆞᆫ 이 玉泉山으로 조차 흘러ᄂᆞ린 거시니 湖(후후) 心(심신) 中(즁즁)

有(잍우) 座(쭤조) 琉(릭루) 璃(례리) 閣(거거) ○ 물 가온ᄃᆡ ᄒᆞᆫ 琉璃閣이 이시니 遠(원원) 望(왕왕)

去(큐취) 如(유유) 在(째재) 青(칭칭) 雲(윤윤) 裏(례리) 一(히이) 般(번번) ○ 멀리 ᄇᆞ라매 푸른 구름 속에 잇ᄂᆞᆫ 듯ᄒᆞ고 上(쌍샹) 面(면면) 蓋(개개) 的(딍디) 瓦(와와) 如(유유) 鋪(푸푸)

翠(취취) ○ 우희 녈ᄃᆡ 새ᄂᆞᆫ 비취ᄅᆞᆯ 산 듯ᄒᆞ고 地(띠디) 下(햐하) 漫(원만) 的(딍디) 石(씨시)

如(유유) 白(쀵배) 玉(융위) ○ ᄯᅡ희 ᄭᅵᆫ 돌은 白玉 ᄀᆞᆺ고 四(ᄉᆞ스) 面(면면) 綠(룽루) 水(쉬쉬)

相(샹샹) 映(잉잉) 着(쟢져) ○ 四面에 프른 믈이 서ᄅᆞ 빗최엿고 這(져져) 畫(화화) 棟(둥둥)

雕(뎡됴) 樑(량량) 朱(쥬쥬) 欄(란란) 碧(삐비) 檻(햠현) ○ 뎌 畫棟雕樑과 朱欄碧檻이 又

일우 都두두 如슈슈 在째재 鏡깅징 子즈즈 裏리리 一힝이 般뿐번 ○거울 ᄉᆞ도다

속에 ᄀᆞ이 지이 ᄒᆞᆫ심 北븍비 岸언안 上썅샹 又일우 有일우 三힝이 座쭤조 大때다

寺ㅅ스 相샹샹 對뒤뒤 着쨮져 ○북편 언덕 우희 또 세 좌 큰 뎔이 셔르 되ᄒᆞ엿고 這

져져 裏리리 頭뜰투 鐘즁중 鼓구구 樓릏루 佛뿡보 殿뎐뎐 ○이 안희 鐘鼓樓와 佛殿

과殿 禪쪈쳔 堂땅당 齋재재 室싱시 ○禪堂 齋室과 遊임우 廊랑랑 曲큐취 經

깅깅 且쳐쳐 不붕부 必빙비 說쉏쉐 ○遊廊과 曲徑은 니ᄅᆞ지 말고 아직 就짇작 是

씽시 那너나 蒼창창 松숭숭 翠취취 竹쥭주 ○뎌 蒼松과 翠竹이 與유유 那너나

名밍밍 花화화 奇끼기 樹슈슈 也여여 不붕부 知징지 其끼기 數수수 ○못다

뎌 名花와 奇樹ᄂᆞᆫ 그 수를 아지 못ᄒᆞ니 二힝이 望망왕 去큐취 又일우 是씽시 蓬뿡픙

萊래래 仙션션 島담도 一힝이 般뿐번 ○ᄇᆞ라 매 또 이 蓬萊 仙島와 ᄒᆞᆫ가지오 再재재

看칸칸 那나너 閣거각 前쳔쳔 氷빙빙 面면면 上샹샹 ○물다우시흘려보閣난」
飛븨빙 來래래 飛븨빙 去큐취 的디딩 是시씽 鴛원원 鴦양향 ○며ᄂᆞ라오 ᄂᆞ라
가ᄂᆞᆫ 거ᄉᆞᆫ 이 鴛鴦이오」 睡쉬쒸 着져쨯 站잔잠 着져쨯 的디딩 是시씽 鷗우흫 鷺
루루 ○ 자며 셧ᄂᆞᆫ 거ᄉᆞᆫ 이 鷗鷺ㅣ오」 穿쳔춴 波보붜 逐주쭈 浪랑랑 的디딩 是시씽
魚위유 兒ᅀᅵ 을 ○ 穿波逐浪ᄒᆞᄂᆞᆫ 거ᄉᆞᆫ 이 고기오」 撒사상 網왕망 垂취쮜 釣됴 的
디딩 是시씽 大다매 小샤셜 漁위유 船찬쭨 ○ 그믈을 드리고 낙시를 드리오ᄂᆞᆫ 거ᄉᆞᆫ 이 大小
漁船이오」 靑칭칭 的디딩 綠루롱 的디딩 是시씽 浮부뿧 萍핑삥 水쉬쉬 草찬참
○ 靑ᄒᆞ며 綠ᄒᆞᆫ 거ᄉᆞᆫ 이 浮萍水草ㅣ오」 紅훙훙 的디딩 白배삑 的디딩 是시씽 遠원원
近긴낀 荷허허 花화화 ○ 紅ᄒᆞ고 白ᄒᆞᆫ 거ᄉᆞᆫ 이 遠近荷花ㅣ오」 還환환 有우잉 那나너
男난남 男난남 女뉴뉴 女뉴뉴 ○ 당시롱 더 男女ㅣ 이셔 男男 辨반뺀 了랴령 遊

연연席시씸吃쟌킹了랴럏鼓구구樂요얗 ○ 잔치를 출ᄒᆞ고 鼓樂을 불러 坐조쬬

在재쨰船찬쭨裏리례不부붕住쥬쮸的디딍往왕왕來레래遊우잉玩원원

○ 비에 안자 머무다 아니 ᄒᆞ고 往來遊玩ᄒᆞ니 眞진진箇거거是시씽畫화화也여여

畫화화不부붕成칭찡的디딍好한항景깅깅致지징 ○ 진짓 이 그리려 ᄒᆞ여도 그

려내지 못ᄒᆞᆯ 묘ᄒᆞᆫ 景致오 描먀먕也여여描먀먕不부붕盡진찐的디닝好한항風

붕붕光광광 ○ 모ᄒᆞ려 ᄒᆞ여도 모ᄒᆞ여나 치 못ᄒᆞᆯ 묘ᄒᆞᆫ 風光이니 且쳐쳐不부붕必비빙

誇콰콰天텬텬上샹썅瑤얀염池치찡 ○ 또 반ᄃᆞ시 天上瑤池를 자랑치 말라 只즈징

此츠충人인신間간갼少샤셩有우잉的디딍了랴럏 ○ 그저 이 人間에 드므ᄅᆞᆫ 거시

라니

咱자짱們믄문相샹샹好한항多도더年년련 ○ 우리 서루 됴ᄒᆞᆫ 지 여러 ᄒᆡ라 好

哥거거兄싱올弟뎨디兄훙흉們믄믄從쭝충來래레不붕부分분븐彼

빙비此ᄎᆞᄎ○ᄆᆞᄋᆞᆷ도흔형뎨아ᄃᆞᆯ히본뒤彼此를혀기지아니ᄒᆞᄂᆞ니咱장자今김긴日

싱시有잉우句규귀知징지心심신話홰화對뒤뒤你녜니說숴쉬○우리오ᄂᆞᆯ

이ᄒᆞᆫ句심복앳말ᄉᆞᆷ이니ᄅᆞ려ᄒᆞ노니咱장자有잉우一힝이件견견東둥둥西

세시要향야與유유你녜니對뒤뒤換환환如슈유何혀허○우리새로ᄒᆞᆫ가지

ᄒᆞ셔니너엇와더밧ᄒᆞ고뇨ᄃᆞ져你녜니要향야對뒤뒤換환환甚씸서麼뭐마東

둥둥西세시○네고므고저스ᄒᆞ기ᄂᆞᆫ슬다밧你어오有잉우沉찜친香향향繡싀쉬

袖쓩싀袍빵판一힝이件견견○내노ᄒᆞᆫ게큰침옷향ᄒᆞᆫ빗블체이슥이매셔에ᄂᆞ슈要

요얀換횐환你녜니的딍디大대다紅흉훙織징지金김긴胷흉흉背븨븨○

네다ᄒᆞᆫ홍빗것과밧체고금고ᄉᆞ져로ᄒᆞᆫ벽ᄂᆞ고라붕我어오的딍디胷흉흉背븨븨

ᄒᆞᆫ背

증즘麼뭐마赶건간上썅샹你녜니的딩디繡식식袍뽀팦○더네 네背 슈背 노엇

미흔 초큰 리옷 오셰 你녜니 旣계지 要열얀 換환환 就찍직 換환환 ○ 밧네 고이 려믜

밧흣 고거 라든 곳 咱장자 們믄믄 好한한 弟뗴디 兄휭흥 何해허 必빙비 計계지

較걍쟌 這져저 些셔셔 ○ 두우 시리 이모 만음 거도 슬혼 計弟 較兄 흐이 리엇 오지 반 從

쯍층 今김긴 已이이 後햫후 咱장자 與유위 你녜니 論론룬 甚씸셔 麼뭐마 ○

무이 서제 슬로 의부 논터 흐우 리리 오너 와 就찍직 如유슈 一힝이 母무무 所수소 生

싱승 親친친 弟뗴디 兄휭흥 ○ 弟곳 兄一 곳母 치所 흐生 여親 有잉우 苦쿠쿠 同뚱둥

受씽수 有잉우 樂랍러 同뚱둥 享향향 ○ 지피 로로 밧옴 고이 즐잇 거거 옴든 이흔 잇가

로거 누든 리흔 면가 지 豈계치 不붕부 大때다 家갸쟈 有잉우 義이이 氣계치 麼

뭐마 ○ 이엇 시지 미대 아펵 니義 라氣

掌장장櫃귀귀的디디老랄랖哥거거 ○ 櫃ᄀᆞ옴아ᄂᆞᆫ 늘근 형아 你니니拿나나

好한할緞돤뒨子즈즈來레래我오어看칸컨 ○ 네 됴흔 비단을 가져오라 내 보쟈

這저저是시씨南난남京깅징來레래的디디眞진진正징징八바방絲스ᄉᆞ

好한할緞돤뒨子즈즈 ○ 이 南京셔 온 진짓 八絲 됴흔 비단이라 太태태爺여여是

씨시識시싱貨호훠的디디請칭칭看칸컨 ○ 太爺ᄂᆞᆫ 이 물화 아ᄂᆞᆫ 이라 쳥컨대 보라

你니니不부붕要얀열小샤셯看칸컨我오어 ○ 네 나를 업슈이 너기지 말라 我

어오不부붕是시씨那나너口쿠쿵外왜왜的디딩達다땅子즈중回휘휘回

휘휘 ○ 나ᄂᆞᆫ 口外엣 達子 回回 아니라 就직찡是시씨那나너達다땅子즈중回

휘휘回휘휘 ○ 임의셔더 達子 回回라도 如슈슈今긴깁也여여都두두識시싱貨

훠호了랴럏 ○ 이제 다 물화를 아ᄂᆞ니 你니니怎즘즘麼마뭐小샤셯看칸칸起

朴通事新釋諺解

계치 的 디딩 我 오어 朝 찰챵 鮮 션션 人 인인 呢 니녜 ○ 네 엇지 우리 朝鮮 사름을 업슈

이너 기 다 는 不 부뿡 是 시씽 這 져져 等 등딍 說 쉬숭 ○ 이리 아니 니라 시 늘 거 你

니녜 若 샹숲 不 부뿡 信 신신 服 부뿡 ○ 네 만일 밋지 아니 호거 든 再 재제 拿 나나 去

다 가 가져 가 비 뵈여 다 가 사 름 흐 여 곳 眞 假 를 알 리 라 了 량 ○ 무 흐 던 你 네 說

쉬 着 잘 쟝 別 빽벼 人 인인 看 칸칸 便 뻔변 見 견견 眞 진진 假 가갸 了 량 ○

쉬 賣 매매 的 디딩 價 가가 錢 쳔쳔 罷 빠바 ○ 네 나 로 라 곧 은 갑 슬 這 져저 緞 된된

子 즈즈 每 믜뮈 尺 치칭 紋 운운 銀 인인 五 우우 錢 쳔쳔 ○ 이 비 단 을 자 히 紋 銀 닷 돈

돈 식 을 거 시 니 這 져저 是 시씽 要 얀양 的 디딩 老 랄랄 實 시싱 價 가가 ○ 이 들 고 바

지 식 호 갑 시 라 你 니녜 來 래래 ○ 이 바 你 니녜 這 져저 暗 안암 花 화화 緞 된된 子

즈 즈 要 얀양 多 도더 少 샾샴 ○ 이 一 이잉 疋 피핑 ○ 네 이 민 무 늬 비 단 을 언 머 에 혼 필 을 혼 려

ᄒᆞᄂᆞ뇨 講쟝걍 定딩띵 了랴럏 一이힝 弁빙삥 買매매 你니녜 的디딍 ⊜ 닐러

뎡ᄒᆞ고 ᄒᆞᆫ번에 네거슬 사쟈 這져져 一이힝 疋피핑 暗안험 花화화 緞돤뒨 是시씽

兩량량 件견견 袍포뽀 料랴렬 ○ 이 ᄒᆞᆫ 필 스뎐 문비단은 이 두 ᄫᅥᆯ 큰 옷 ᄀᆞ옴이니 實시씽

價가갸 十시씽 二을싱 兩량량 ○ 실 갑시 열두 냥 기라 這져져 般번붠 說쉬숽 ⊙

이리 니ᄅᆞ면 便변뼌 都두두 依이이 了랴렬 你니녜 的디딍 要얀얗 價가갸 罷바빠

바빠 ○ 곳 다 너ᄯᆞᆯ라 갑대로 ᄒᆞ쟈 ᄂᆞᆫ 太태태 爺여여 甚셔씸 麼마뭐 銀인인 子즈조

○ 太爺ㅣ 므슴 은고야 是시씽 細시세 絲스ᄉᆞ 銀인인 子즈조 ○ 銀이 細絲ㅣ라 這

져져 麼마뭐 就작짱 請칭칭 兌뒤뛰 銀인인 罷바빠 ○ 이러면 곳 쳥컨대 은을 ᄃᆞᆯ라

小샨셜 鋪푸푸 賤젼쪈 賣매매 了랴렬 ⊜ 小鋪에셔 賤히 ᄑᆞ니 你니녜 太태태 爺

여더 下하햐 次츠ᄎᆞ 好한할 再재재 來래래 照잔쟝 顧구구 ○ 너 太爺ㅣ 훗번에 다ㅣ

시와 돌보미시 됴타

咱잡자們문믄到닾닾南난난城칭칭永융융寧닝닝寺스스裏리리 ○ 우리

南城永寧寺에 가 聽팅팅說숴숴佛부보法바바去큐큐罷바바 ○ 佛法 니ᄅᆞᄂᆞᆫ양

드르라 가자 聞운운說숴숴有잉우一이이箇거거得더더道닿닾的디디 ○ 朝

鮮션션和허허尙샹샹 ○ 朝鮮 드르니 ᄒᆞᆫ 得道ᄒᆞᆫ 法밯바名밍밍

做주주步부부虛휴쉬 ○ ㅣ法名을 步虛ㅣ라 부ᄅᆞ리 他타타曾층층到닾닾

南난난地디디方방방受쉬시過궈고名밍밍師스스 ○ 南녀 일 허즉

일홈난 스승의게 비호니 他타타師스스傳쀼부法밯바名밍밍石씨시屋우우 ○

뎌 스승의 法名은 石屋이라 傳쀤쳔與유위他타타衣이이鉢보보 ○ 衣鉢의게

뎐ᄒᆞ여 善션션能능능參참참禪쪈쳔打다다坐쭤조 ○ 參禪打坐ᄒᆞ기를 잘

ᄒᆞ더리 如유슈 今긴김 來레래 到닫당 這저져 永융윙 寧닝닝 寺스ᄉᆞ 裏리례
坐조쭤 了랼럏 方방방 丈쟝쨩 ○ 이제 永寧寺에 와 方丈에 안잣더니 新신신 近
긴낀 奉뽕뿡 皇황ᅘᅪᇰ 帝디뎨 聖싱싱 旨즈지 ○ 요ᄉᆞ이 皇帝 聖旨를 밧드러 着쟢쨯
他타터 講쟝강 經깅깅 說숴숴 法바봐 ○ 뎌로 ᄒᆞ여 講經 說法ᄒᆞᄂᆞ니라 他타터 說
숴숴 幾지계 箇거거 日시싀 子ᄌᆞ즈 呢니녀 ○ 뎌 니ᄅᆞ기를 몃 날을 ᄒᆞᆯᄂᆞ뇨 聽팅팅
說숴숴 只지즈 得더듸 三산삼 日시싀 三산삼 夜여여 就작짝 圓원원 滿만만
了랼럏 ○ 드르니 그저 三日三夜롤 ᄒᆞ여야 곳 圓滿ᄒᆞ닌 從충쭝 今긴김 日시싀 起치케
後후흫 日시싀 止즈지 ○ 오ᄂᆞᆯ브터 시작ᄒᆞ야 모릐 ᄀᆞ치ᄂᆞ니 到단당 處츄츄 人인신
民민민 一이잉 切쳐쳥 善션쎤 男난남 信신신 女뉴뉴 ○ 到處人民 一切善男信과
女ᄅᆞ 다 뎌긔 드라 가니 都두두 往왕왕 那나너 裏리례 聽팅팅 去취큐 ○ 這저져

朴通事新釋

的 딕디 眞 진진 是 씨시 善 쎤션 知 지 識 싱시 了 럏랴 ○ 이 진짓 善知識이라 那

너나 裏 례리 尋 씸신 去 큐취 ○ 어듸 가 어드리오 咱 짱자 們 믄믄 今 긴긴 日 싀시

就 찥직 同 뚱퉁 去 큐취 聽 팅팅 一 힝이 聽 팅팅 罷 빠바 ○ 우리 오놀 이믜셔 흔가지

로 가 듯쟈 你 니니 且 쳐쳐 停 띵팅 一 힝이 停 띵팅 ○ 네 아직 머믈라 我 어오 到 닿닫

衙 야야 門 믄믄 去 큐취 投 뜰투 了 럏랴 文 문운 書 슈슈 就 찥직 回 휘휘 來 래레

○ 내 衙門에 가 文書를 드리고 즉지 올 거시니 咱 쨩자 兩 량량 箇 거거 拏 나나 些 셔서

布 부부 施 시시 和 훠허 香 향향 蠟 랑라 去 큐취 禮 례리 拜 배배 他 터타 ○ 우리

둘이 져기 보시와 香과 쵸를 가져가 뎌의게 禮拜ᄒ고 好 향할 聽 팅팅 他 터타 說 숴쉬 些

셔서 因 힌인 果 궈고 何 허히 如 슈유 ○ 뎌의 因果 니르는 거슬 드ᄅ미 엇더ᄒ뇨

咱 쨩자 們 믄믄 到 닿단 拘 귱구 欄 린란 院 원원 裏 례리 看 컨칸 雜 짜자 技 끼기

去큐취罷빠바 ○ 우리 雜技 보라 拘欄院에 가쟈 怎즘즘麼뭐마得듸더進진진去

큐취呢녜니 ○ 엇지 드러가리오 這져져箇거거不부부難난난 ○ 이 어렵지 아니

ᄒᆞ다 一이힝箇거거人신인與유위他터타五우우箇거거錢쩐젼 ○ ᄒᆞᆫ 사ᄅᆞᆷ이

뎌를 다ᄉᆞᆺ 낫 돈을 주면 便뼌변放방방我어오們몬믄進진진去큐취了럏랴 ○

뭇 우리를 노하 드러가리라 裏례리頭뜰투也여여有잉우諸쥬쥬般번번唱

챵챵文문운詞ᄊᆞ스的딍디 ○ 안희 여러가지 文詞 부르ᄂᆞᆫ 이도 이시며 也여여有잉우

舞무우鎗챵챵弄롱롱棒빵방的딍디 ○ 鎗을 춤추며 막대 노롯ᄒᆞᄂᆞᆫ 이도 이시니

還환환有잉우把바바一이힝箇거거高각간桌좌조兒ᅀᅵᆼ을放방방定띵딩

○ 당시 롱ᄒᆞᆫ 노ᄑᆞᆫ 조ᄅᆞᆯ 다가 노코 脫퉁토下햐하衣이이裳쨩샹 ○ 옷 벗고 赤

칭치條턍댠條턍댠的딍디仰양앙面면면臥어오在째재桌좌조上쌍샹 ○

벌거케올올이랃 ᄌᆞ우희쟛바누언 拿나나 一이잉 箇거거 一이잉 托토탕 長챵쨩 碗

완뭔 口쿠큭 大다대 的디딩 紅홍훙 油우잉 畫화화 金긴김 棒방빵 子즈즈 ○

ᄒᆞ나흔발맛치길고사발맛치큰블 근칠ᄒᆞ고금으로그린막대롤가져 放방방 在재째 他타터

脚교갸 心신심 上상썅 轉줜쥰 ○ 더발ᄲᆞ당에노 하구을리고 脚교갸 背븨뷔 上

상썅 轉줜쥰 脚교갸 指즈짓 頭투뜰 上상썅 轉줜쥰 ○ 발등우희구올 리고발가락우

희구을 리다가 弔됴댠 下하햐 來레래 踢티틩 上상썅 去취큐 ○ 놀려오거 든차올려

美룽룽 的디딩 人인싄 眼얀얀 都두두 看칸컨 花화화 了랴랼 ○ 놀려사 ᄅᆞᆷ의눈

이다보와 밤의엿고 還환훤 有우잉 那나너 美룽룽 寶반밥 蓋개개 的디딩 ○ 또 寶

蓋농ᄒᆞᄂᆞᆫ이 도이시니 把바바 一이잉 箇거거 蠟라랑 嘴쥐쥐 帶대대 着져쨩 鬼

귀귀 臉련렴 兒을싐 ○ ᄒᆞᆫ암종다리로다 가광대ᄢᅴ오고 兩량량 翅ᄎᆞ츠 飛븨비 舞

우무 ○ 두ᄂᆞᆯ개로 춤추이고」他타터 的디딩 主쥬쥬 兒을ᅀᅵᆯ 一이힝 箇거거 手식싱
拿나나 着져쟣 五우우 色서승 小샤셯 旗치끼 ○ 뎌 븜재ᄒᆞᆫ 손에 五色 져근 旗를 가지
고」叫쟌걍 那나너 蠟라랑 嘴쥐쥐 啣현햠 着져쨯 ○ 뎌 암죵다리로 ᄒᆞ여 므러」飛
뵈비 到닾닿 那나너 邊변변 遞디뗴 與위유 他타터 ○ ᄂᆞ라 뎌 편에 가 뎌룰 주ᄂᆞ니」
那나너 箇거거 主쥬쥬 兒을ᅀᅵᆯ 又우잉 叫쟌걍 做주주 頑완완 雀쵸쟣 兒을ᅀᅵᆯ
的디딩 ○ 뎌 님자를 또 새놀리ᄂᆞᆫ이라 부르ᄂᆞᆫ이라」還환환 有우잉 那나너 諸쥬쥬 般
번붠 做주주 把바바 戲히히 的디딩 演연연 戲히히 法바방 的디딩 ○ 또 여러 가
지 노ᄅᆞᆺᄒᆞ며 환술 넉이ᄂᆞᆫ 이도 이션」好한함 看간건 得더듷 狠흔흔 裡리례 ○ 보기 ᄀᆞ장
됴터라」這져쳐 般번붠 ○ 이러ᄒᆞ면 我오어 沒무뭉 有우잉 零링링 錢쳔쪈 帶
대대 去취큐 使시ᅀᅵ 用융융 ○ 내 드래 돈 가져 가」ᄡᅳᆯ 거지 업스니」怎즘즘 麼마뭐 好

할함 呢녀니 ○ 엇디ᄒᆞ여야 됴ᄒᆞ리오 「不붕부 妨빙방 事ᄊᆞᄉᆞ ○ 일에 방해롭지 아니ᄒᆞ

다 「我어오 有일우 零링링 錢쪈쳔 ○ 내게 ᄃᆞ래 돈이 이시니 「你녀니 要얄얀 使

싱시 只징즈 管권권 問문운 我어오 討탈토 不붕부 拘규귀 多더도 少샾샤 ○ 네 ᄡᅳ고져 ᄒᆞ거든 그저 소리여 날ᄃᆞ

려 달라 ᄒᆞ여 多少ᄅᆞᆯ 거리세지 말고 「回휘휘 來래래 還환환 我어오 ○ 도라와 내게 갑ᄒᆞ라

夜여여 來래래 叫걀쟌 李레리 三삼산 ○ 어제 李三으로 ᄒᆞ여 「到닿닫 木뭉무 匠

쨩장 家갸갸 做주주 一잉이 口쿵쿠 櫃귀귀 子즈즈 ○ 木匠의 집의 가 ᄒᆞᆫ 櫃ᄅᆞᆯ 민ᄃᆞᆯ리

되 「說숴쉬 定띵딩 與유위 他터타 二싱을 兩량량 銀인인 子즈즈 ○ 날러 정ᄒᆞ

고 더로 두냥은 을 주엇더니 「誰쒸쉬 知징지 道땀닫 做주주 得등더 狠흔흔 不붕부

如슈유 式싱시 ○ 뉘 아더니 나민드롬이 ᄀᆞ장 법ᄃᆡ지 아니ᄒᆞ고 「油잉우 漆칭치 也여여

不붕부好핳한板반반子즈즈又읻우薄빱받 ○ 칠도 됴치 아니ᄒᆞᆫ고 널도 ᄯᅩ 엷고

槓꿩귀子즈즈上쌍샹銅뚱퉁事씌스件껸견都두두平삥핑常짱챵 ○ 槓에

퉁으로 ᄒᆞᆫ ᄉᆞ견이 다 平常ᄒᆞ고 兩량량箇거거鐍큥퀴錢숑슈一힝이箇거거釕렬랴

錔텹댜都두두不붕부厚햫후實씽시 ○ 두 비목과 ᄒᆞᆫ 결새 다 두텁지 못ᄒᆞ니 怎즘즘

麽뭐마能닁능句긍구堅견견固구구牢랗랖壯좡장呢녀니 ○ 엇지 능히 堅固

牢壯ᄒᆞ리오 這져져生승승活훵호看칸칸了럏랴 ○ 이 셩녕을 보매 眞진진令

링링人신인可커커恨흔흔可커커惱낲낲 ○ 진실로 사ᄅᆞᆷ으로ᄒᆞ여곰 恨홉고 노홉게

ᄒᆞ니 那너나廝슿스眞진진不붕부是씌시人신인 ○ 뎌 놈이 진실로 이 사ᄅᆞᆷ이 아니

로다 這져져槓꿩귀子즈즈多더도不붕부過궈고直찡지得득더一힝이兩

량량銀인인 ○ 이 槓만ᄒᆞ야 不過 ᄒᆞᆫ 냥 은이 밧니 必빙비定띵딩是씌시那너나廝

스숨 落랍로了럎랼我어오一잉이兩량량銀인인子즈즈了럎랼 ○ 일뎡 뎌놈
이내ᄒᆞᆫ냥은 을셔혓도다 我어오定딩딩要걒얖打다다這져져狗구구才채채一
잉이 頓둔둔 ○ 내일뎡이개ᄀᆞᄐᆞᆫ놈 을ᄒᆞᆫ지위치리라 相샹샹公궁궁饒샾얖了럎랼
他터타罷빠바 ○ 相公은뎌를 샤ᄒᆞ쇼셔 自ᄍᆞ즈古구구道땋닫 ○ 녜브터 니ᄅᆞ되
大대다人신인不붕부見견견小셯샾人신인過궈고 ○ 大人은小人 의허믈을보
지아니ᄒᆞᆫ 마ᄒᆞ니라
我어오到땋닫染염연房빵방裏례리染염연東둥둥西셰시去큐취 ○ 내 울
집의잡은것물 드리라가쟈 染염연家가쟈徐녜니來래레看컨칸生싱승活횡호
○ 물드리ᄂᆞᆫ이아이 바셩녕엣것보라 這져져杭항항州짐쥐綾링링子ᄌᆞ즈每뮈믜
疋핑피有잉우七칭치托탕토長쨩창 ○ 이杭州ㅅ綾이每疋 에닐곱발기리잇고 兩

량량 頭뚷투 有잉우 記계지 號향핳 ○두머리에 보람이 이시니 要양얀 染염연 柳

링리 黃황황 色싀서 的딩디 ○柳黃빗출 드리고져 ᄒ고 這져져 被삐븨 面면면 要

양얀 染염연 大때다 紅훙홍 的딩디 ○이 니블 거족은 다홍올 드리고져 ᄒ고 被삐븨

當당당 頭뚷투 要양얀 染염션 氷쉬쉬 綠룽루 的딩디 ○니블 기슨 水綠을 드리

고져 ᄒ고 這져져 十씽시 疋핑피 絹권권 ○이 열필 갑에셔 五우우 疋핑피 要양얀

染염연 南난난 紅훙홍 ○닷필은 연다홍을 드리고져 ᄒ고 五우우 疋핑피 染염연

氷쉬쉬 紅훙홍 ○닷필은 분홍을 드리고 這져져 綿면면 紬찧추 要양얀 染염연

鴉야야 靑칭칭 色싀서 ○이 綿紬란 야청빗 드리고 這져져 魚유유 白삐배 紬찧추

原원원 是씽시 婦뿡부 人신인 家갸쟈 大때다 襖앟오 裏리리 子즈즈 ○이옥

식 綿紬는 본디 婦人의 큰옷 안히니 要양얀 改개개 染염연 做주주 桃턍탈 紅훙홍 顔

안면 色 싀서 ○ 리고 고려 져桃 ᄒᆞᆫ紅 노빗 라츌 ᄃᆞ 這 져져 些 셔서 東 둥둥 西 셰시 徐

나니 共 궁궁 要 햠얀 多 더도 少 셜샾 染 염연 錢 쪈쳔 呢 니니 ○ 이세 녀네 더대 되거

드언 려미 ᄒᆞ물 ᄂᆞᆫ갑 다술 바 這 져져 疋 핑피 杭 항항 綾 링링 染 염연 錢 쪈쳔 五 우우

錢 쪈쳔 半 번반 ○ 물이 갑ᄒᆞᆫ 시필 닷杭 돈州 반ᄉᆞ 이綾 오에 ᄂᆞᆫ 五 우우 箇 거거 南 난난

紅 훙훙 絹 쥰쥰 每 뮈믜 一 이이 疋 핑피 染 염연 錢 쪈쳔 四 ᄉᆞ스 錢 쪈쳔 ○ 필닷

에연 물다 갑홍 시깁 너은 돈미 이ᄒᆞᆫ 오필 五 우우 箇 거거 氷 쉬쉬 紅 훙훙 絹 쥰쥰 每 뮈믜

疋 핑피 染 염연 錢 쪈쳔 三 삼산 錢 쪈쳔 ○ 에다 물ᄉᆞᆺ 갑분 시홍 서깁 돈은 이미 오필 這

거 鴉 야야 靑 칭칭 綿 면면 紬 쩍치 染 염연 錢 쪈쳔 六 루릭 錢 쪈쳔 ○ 쳥이 綿야

紬 ᄂᆞᆫ 이물 오갑 시 被 삐븨 面 면면 被 삐븨 當 당당 頭 투투 染 염연 錢 쪈쳔 八

바 錢 쪈쳔 ○ 너물 불갑 거시 족여 과돕 니돈 불이 깃니 슨 共 궁궁 該 개개 染 염연 錢

쳔쳔五우우兩량량四ᄉᆞ스錢쳔쳔半반뷘銀인인子즈ᄌᆞ○니대물되갑희시오

銀닷이냥로너다돈」반徐녜니把바바現현현成찡칭樣양양子즈즈來래레我

어오看칸칸○가네져現오成라ᄒᆞᆫ내樣보子쟌롤假갸갸如슈슈徐녜니染염연的

등디不붓부如슈슈這져져樣양양兒싱올上샹샹的등디顏한연色싀서○

子만엣일빗네파드ᄀᆞ린지거아시니이면樣徐녜니便변변替톄티我어오再재재染

염연○다네시ᄭᅩᆺ드나리를리ᄀᆞ라ᄅᆞ」차如슈슈今긴긴染염연錢쳔쳔都두두依

히이徐녜니○대이로제ᄒᆞ물려갑니ᄂᆞᆫ와다」네徐녜니說숴숴幾지지時ᄊᆞ스染

염연完완완○물네드날려으므라츠언료제我어오好핳핳拿나나銀인인子즈즈

來래레取츄츄○와내太銀즈을리가라지」고外왜왜後후후日ᅀᅵ시來래레取

츄츄罷빠바○ᄎᆞ글즈픠라와准쥰쥰的등디麼뭐마○ᄒᆞᆯ일다뎡」히徐녜니放

방방 心 심신 斷 뒨뒨 不 붕부 有 잉우 候 후우 的 딍듸 ○ 단네 고放 그心 름ᄒᆞ 이라 잇결
ᄒᆞ지 리아 라니
驛 잉이 站 쟘잔 人 신인 役 융이 們 믄몬 在 째재 那 너나 裏 례리 ○ 人驛 役站 들에
잇어 ᄂᆞ어 뇨더 怎 즘즘 麼 뭐마 沒 뭉무 有 잉우 一 힝이 箇 거거 聽 팅팅 事 씃스 的
딍디 ○ ᄒᆞ엇 리지 업ᄒᆞ ᄂᆞ나 뇨聽 事 驛 잉이 丞 찡칭 都 두두 到 담닷 那 너나 裏 례리
去 큐취 了 럏랴 ○ 되驛 갓丞 ᄂᆞ이 나다 어 小 샿샤 的 딍디 們 믄믄 都 두두 在 째재
這 져져 裏 례리 ○ 여小 기人 잇물 노이 라다 聽 팅팅 我 어오 吩 훈훈 咐 부부 ○ 맛내
르咐 라를 드 一 힝이 兩 량량 日 싛시 內 뉘뇌 使 싀시 臣 찐친 就 찍작 到 담닷 ○
이一 곳兩 올日 거內 시에 니使 臣 這 져져 牌 빼패 上 썅샹 開 캐캐 載 재재 的 딍디 ○
리이 쁘牌 인에 버 正 징징 副 부부 使 싀시 三 삼산 員 원원 從 쭝중 人 신인 六 룽루

名밍밍 ○ 正副使三員과 從人六名에 一힝이 應힝잉 供궁궁 給긔지 伺ᄉᆞᄉᆞ 候

흫후 人싄인 役윙이 却걓겨 都두두 預유위 備삐비 麽뭐마 ○ 一 伺應供給 候人

役을 다 預備ᄒᆞ엿ᄂᆞ냐 官권관 三삼산 員원원 ○ 官員에 三 應힝잉 給긔지 米

메미 三삼산 升싱싱 ○ 應給ᄒᆞᄂᆞᆫ 거ᄉᆞᆯ 서되와 麵면면 三삼산 斤긴긴 ○ 서 근ᄀᆞ

과 猪쥬쥬 肉ᅀᅮᆼ류 三삼산 斤긴긴 ○ 猪肉 서근과 雞계지 三삼산 隻징지 ○

ᄃᆞᆰ 세 마리와 鴨향야 三삼산 隻징지 ○ 올히 세 마리와 酒징작 兩량량 瓶삥핑 ○

술 두 병과 油읭우 鹽옌얀 醬쟝쟝 醋추추 茶짜차 各갈거 一힝이 斤긴긴 ○ 기름

과 소곰과 醬과 醋와 茶 ᄒᆞᆫ 근이오 從쭝중 人싄인 六륙루 名밍밍 ○ 從人 六名에

應힝잉 給긔지 米메미 三삼산 升싱싱 ○ 應給ᄒᆞᄂᆞᆫ 거ᄉᆞᆯ 서되와 麵면면 三삼산

斤긴긴 ○ 서 근과 羊양양 肉ᅀᅮᆼ류 三삼산 斤긴긴 ○ 羊肉 서근과 酒징작

一 힝이 瓶 삥핑 ○ 병술 관훈 酪 랍로 一 힝이 錠 쉰쉰 ⊖ 머리 야락 와훈 鹽 염얀 菜

채채 各 갑거 一 힝이 斤 긴긴 ○ 훈소 근곰 이파 나葉 各 」這 져져 些 서셔 食 씽시 物

롱우 都 두두 要 양얀 鮮 션션 明 밍망 不 붕부 可 커커 缺 큐퀴 少 샿샾 纔 채채 是

씽시 ○ 조미 라여 지러 아食 내物 케을 흠다 이鮮 올明 흐히 니 라고 」모 廚 쥬츄 子 즈즈 [illegible]

녜니 來 래레 ○ 아廚 이子 편 」快 쾌쾌 與 유위 我 어오 做 주주 飯 빤반 ○ 나걸 를리

주밥 고지 려여 」老 랑랖 爺 여여 做 주주 甚 씸셔 麼 뭐마 飯 빤반 ○ 므老 슴爺 밥ㅣ 올야

됴치 으 」做 주주 乾 건간 飯 빤반 吃 녜니 還 환환 是 씽시 水 쉬쉬 飯 빤반 ○ 飯乾

水을 飯지 올므 ᄒ라 라쬬 이 」熬 앞안 些 세셔 稀 히히 粥 쥼주 罷 빠바 ○ 근져 죽기 부블

라 你 녜니 把 바바 那 너나 白 뻬배 麵 면면 來 래레 ○ 가네 져더 다白 가麵 을 」[illegible]

재재 捏 녕녀 些 서서 匾 변변 食 씽시 預 유위 備 뻬비 我 어오 吃 킹치 罷 빠바 ○

내ᄉᆞ도 먹져 기기 ᄅᆞᆯ변 預備사 ᄒᆞ를비 라 저 喚 훤훤 驛 잉이 裏 례리 的 딍디 經 깅깅 丞 찡칭

來 래레 ◯ 驛에 불려오라 經丞을 驛 잉이 馬 마마 怎 즘즘 麽 뭐마 還 환환 不 붕부

見 견견 來 래레 呢 녜니 ◯ 驛馬ㅣ 옴을 보지 못ᄒᆞ엿다 시 소롱 ᄂᆞᆫ 來 래레 了 럏랴 ◯

오ᄂᆞ 다 請 칭칭 老 랗랖 爺 여여 驗 염연 馬 마마 ◯ 請老爺 ᄂᆞᆫ 몰 건 을 대 보 라 這 져져

馮 마마 都 뚜두 不 붕부 中 즁중 用 융용 ◯ 지이 아몰 너이 ᄒᆞ 다 범 주 明 밍밍 日

ᄉᆞᆯ 잉 三 심산 位 위위 老 랗랖 爺 여여 騎 끼치 坐 쭤조 的 띵디 ⊕ 老ᄂᆞ 爺일 ㅣ三 돌位

ᄂᆞᆫ거 要 햫야 三 삼산 四 씽ᄉᆞ 十 씽시 分 분분 壯 좡장 健 껸견 馮 마마 ◯ 세 필 강

을壯 ᄒᆞ健 ᄒᆞ고 ᄒᆞ 몰 六 룽루 名 밍밍 跟 근근 役 ᅌᅯᆼ이 騎 끼치 的 띵디 ◯ 六名 役 이 跟 돌

ᄂᆞᆫ거 便 삔변 略 략랴 次 ᄎᆞᆺ 些 셔셔 也 여여 罷 빠바 了 럏랴 ◯ 곳 져 거 금 기 슬 버 ᄒᆞ

여 ᄒᆞ 도 거 무 너 던 와 我 어오 騎 끼치 的 띵디 却 캬커 要 햫야 十 씽시 分 분븐 快 쾌패

馬 마마 ○ 내ᄐᆞᆫ거슨ᄯᅩᄀᆞ장 젼ᄆᆞᆯ올구ᄒᆞ노난 我 오어 好 한황 趕 간건 進 진진 京 깅깅
先 션션 報 반방 去 취큐 ○ 내셔울을미처나아가몬 져報ᄒᆞ라가기됴흐리란 使 시싱 臣
친찐 明 밍밍 日 시싱 到 닾당 這 져져 站 잔잡 ○ 使臣이너일이 站에다ᄃᆞ라 未 위위
必 비빙 住 쥬쥬 宿 수숑 ○ 머므러자기반 ᄃᆞᆺ지아니ᄒᆞ니 快 쾌쾌 預 위유 備 븨삐 好
한황 馬 마마 ○ ᄲᆞᆯ리됴흔ᄆᆞᆯ 을預備ᄒᆞ라 若 요얗 遲 치찌 悞 우우 了 랴령 ○ 만일 遲悞
ᄒᆞ거든 拿 나나 這 져져 管 권권 馬 마마 的 디딩 弔 닾뎡 起 치켸 來 레래 打 다다
○ 이ᄆᆞᆯᄀᆞ옴아ᄂᆞᆫ이 를잡아ᄃᆞᆯ고치라 這 져져 使 시싱 臣 친찐 往 왕왕 來 레래 限 현한
期 기끼 緊 긴긴 急 지깅 ○ 이使臣이往來긔 ᄒᆞᆫ이緊急ᄒᆞ여 一 이힝 日 시잉 三 산삼
站 잔잡 五 우우 站 잔잡 的 디딩 趲 잔잔 路 루루 ○ ᄒᆞᄅᆞ세站다ᄉᆞᆺ站 식길을죄오ᄂᆞ니
你 니녜 怎 즘즘 麼 마뭐 不 부봉 肯 큰킹 備 븨삐 好 한황 馬 마마 伺 ᄎᆞᄉᆞ 候 후흫

○ 네 엇지 즐겨 됴흔 몰을 예비ᄒᆞ여 伺候치 아니ᄒᆞᄂᆞ다 你 니니 們 문믄 打 다다 的 딍디

輕 킹깅 ○ 너희들이 기리 ᄒᆞ기를 輕히 ᄒᆞ기로 這 져져 廝 스스 所 수소 以 이이 不 붕부 怕

과파 ○ 이 놈이 이러모로 저허 아니ᄒᆞᄂᆞᆫ 他 터타 若 샾요 再 재재 不 붕부 倸 채채 好

할한 生 싱승 重 쭝중 重 쭝중 的 딍디 打 디다 ○ 네 만일 다시 그 수치 아니ᄒᆞ거든 ᄀᆞ장 듕히

라히 티 明 밍밍 日 싀시 雞 계지 鳴 밍밍 我 어오 便 뼌변 就 찍주 要 햪야 起 켸치

程 찡칭 了 럏랴 ○ ᄂᆡ일 ᄃᆞᆰ이 울면 내 곳 즉시 起程ᄒᆞ려 ᄒᆞᄂᆞ니 吩 분븐 咐 부부 廚 쭈ᄎᆔ

子 즈즈 ○ 廚子의게 吩咐ᄒᆞ여 茶 짜차 飯 빤반 也 여여 須 슈슈 早 잘잔 些 셔셔 辦

빤반 備 삐비 ○ 茶飯도 모로미 일즉이 辦備ᄒᆞ게 ᄒᆞ라 當 당당 直 찡지 的 딍디 點 뎜뎐

燈 등등 來 래레 ○ 當直ᄒᆞᄂᆞᆫ 이 등잔 블 혀 오라 我 어오 且 쳐쳐 安 언안 息 싱시 ○

내 쉬자와 직 老 랄랖 爺 여여 雞 계지 鳴 밍밍 了 럏랴 請 칭칭 起 켸치 來 래레 罷

빼베 ○ 老爺ㅣ아 돌이우디시 나청컨대 니러나라긴 馮마마 都두두 來래레 了럎랴 沒

몽무 有읻우 ○ 몰이다왓ᄂᆞ 밧업ᄂᆞ냐 快쾌쾌 背뷔븨 鞍헌안 子즈즈 ○ 셜리 안장

곤짓 一힝이 面면면 吽결쟈 廚쮸츄 子즈즈 送숭숭 飯빤반 ○ 一面으로 廚子로ᄒᆞ

보여 ○ 여밥을 보내곤 小셜샤 厮ᄿᆞ스 們문믄 也여여 一힝이 面면면 打다다 疊뎡뎌 背

뷔븨 包밮보 上썅샹 馮마마 ○ 아히놈들도一面으로 질짐을가혀몰을ᄐᆞ라

我어오 本분븐 待대대 要뽕얀 請칭칭 你녜니 去큐취 ○ 내본ᄃᆡᄒᆞ마 너를청ᄒᆞ라

가더 ○ 가려ᄒᆞ 더니ᄂᆞᆫ 你녜니 却걍겨 來래레 了럎랴 ○ 네ᄯᅩ오 ᄂᆞ다 我어오 今김긴 日

잉이 買매매 得듸더 一힝이 箇거거 小셜샤 厮ᄿᆞ스 ○ 내오ᄂᆞᆯᄒᆞᆫ아 히놈을사니 是

씽시 他터타 的듸디 爺여예 娘냥낭 立링리 的듸디 文문운 契계키 ○ 이녀 의爺

娘의셰온 문셔ㅣ라 你녜니 與유위 我어오 看권칸 一힝이 看권칸 錯촹초 也여여

不부붕錯초촣 ○ 네 나를 보와 주고려 그르지 아니가려 取츄츄來래레我어오

看칸칸 ○ 내 가 보져 오쟈라 某무무村춘춘住쥬쥬民민민人신인錢쳔쳔小샾

셤샨馬마마 ○ 某村에 사는 民人錢小馬ㅣ 今긴긴因힌인貧핀삔乏빵방無우무

以이이養양양贍션셤 ○ 이제 貧乏ᄒᆞ여 ᄡᅥ 養贍홈이 업ᄉᆞ믈 因ᄒᆞ여 情칭칭願원원

將쟝쟝親친친生싱승之즈즈子즈즈小셤샨名밍밍神신신奴뉴누現현현

年년년五우우歲쉬쉬 ○ 情願으로 親生ᄒᆞᆫ 아ᄃᆞᆯ 小名은 神奴ㅣ오 시방 나히 五歲엣 거슬 다

가 賣매매與유위某무무大다대官관권人인신宅저쪙下햐햐養양양活훠

훠호 ○ 아모 大官人의 집의 ᄒᆞ의 라 주어 養活ᄒᆞ게 ᄒᆞ되 當당당日싀시憑핑삥中쥬중言연옌

연연定띵띵身신신價갸갸銀인인五우우兩량량 ○ 當日에 中人을 憑ᄒᆞ여 身價

銀 닷냥을 ᄃᆞ려 定ᄒᆞ여 自쯔즈賣매매之즈즈後후흫 ○ 판 후로 부터 養양양大다

隨 쒸쉬 駕 갸갸 起 계치 身 신신 去 큐츄 ○ 내 ᄀᆞᆺ 隨駕ᄒᆞ여 起身ᄒᆞ여 가려ᄒᆞ니 怎 즘즘

麼 뭐마 這 져져 車 쳐쳐 輛 량량 還 훤환 不 붕부 曾 쯩층 收 싷식 拾 씽시 ○ 엇지

이 車輛을 당시롱 일즉 收拾지 아니ᄒᆞ엿ᄂᆞ뇨 快 쾌쾌 呌 걓쟢 那 너나 木 뭉무 匠 쨩쟝 來

래레 ○ 셜리 뎌 木匠을 블러와 就 찧직 買 매매 他 터타 些 셔셔 木 뭉무 料 럏랴 席

씽시 子 즈즈 ○ 이믜셔 더 木料와 삿글 사 整 징징 理 례리 起 킈키 來 래레 ○ 整理ᄒᆞ라

車 쳐쳐 輛 량량 都 두두 做 주주 妥 터토 當 당당 了 럏랴 麼 뭐마 ○ 車輛을 다 민들

기롤 妥當이 ᄒᆞ엿ᄂᆞ냐 還 훤환 少 셤샾 套 톻탚 繩 씽싱 ○ 당시롱 멜줄과 撒 상사 繩

씽싱 ○ 쓰을 줄과 籠 룽룽 頭 뚱투 ○ 바구레와 脚 걓교 索 상소 ○ 지달 바와 鞍

헌안 子 즈즈 ○ 기르마과 肚 두두 帶 대대 等 등등 類 류리 哩 레리 ○ 오랑 等類ㅣ 업

세라 這 져져 麼 뭐미 我 어오 給 긩지 你 녜니 銀 인인 子 즈즈 就 찧직 買 매미 去

심히 이븐 거시 맛당호되 怎즘즘麼뭐마沒뭉무有잉우中즁중保밤보人신인呢

녜니 ○ 엇지 즁인 보인이 업ᄂᆞ뇨 怕파파甚씸셔麼뭐마 ○ 므서시 저프리오 自쯔즈

古구구買매매人신인的딩디中즁중保밤보人신인只징즈管권권得등더

一힝이百빅버日싱시 ○ 녜로부터 사ᄅᆞᆷ 사ᄂᆞᆫ 듸 즁 보인은 그저 일빅 날을 ᄀᆞ음아ᄂᆞ니

要향얀他터타做주주甚씸셔麼뭐마 ○ 뎌ᄅᆞᆯ ᄒᆞ여 므슴ᄒᆞ리오 只징즈

把바바交쟌쟌契계키收싈식好함한了랼랴 ○ 네 그저 글월을 다가 잘 거두어 以

이이爲위위日싱시後흫후之징즈憑삥핑據규귀就찍주是씽시了랼랴 ○

ᄡᅥ 日後의 憑據를 삼으미 올ᄒᆞ니 有잉우何허허疑이이慮류뤼呢녜니 ○ 므슴 疑慮

홈이 이시리오

這져저一힝이兩량량日싱시內뉘늬 ○ 이 ᄒᆞᆫ 이틀 안희 我어오便뼌변要향얀

대다 成 쩡쳥 人 신인 任 심신 憑 삥핑 使 싱시 喚 훤훤 ○ 養大成人ᄒᆞ여 임의로부리되

倘 탕탕 有 잉우 疾 찡지 病 삥빙 死 ᄉᆞ스 亾 망왕 ○ 만일疾病死亾이잇거든 各 갑거

聽 팅팅 天 텬텬 命 밍밍 ○ 각각天命대로ᄒᆞ고 如 슈슈 神 씬신 奴 누누 ○ 만일神奴

ㅣ 有 잉우 來 래레 歷 링리 不 봉부 明 밍밍 ○ 來歷이不明ᄒᆞ거나 並 삥빙 遠 원원

近 낀긴 親 친친 戚 칭치 人 신인 等 등등 爭 징중 競 낑깅 ○ 다못遠近親戚人等이爭

競홈이잇거든 賣 매매 主 쥬쥬 一 힘이 面 면면 承 쩡챵 當 당당 ○ ᄒᆞᆫ님자ㅣ一面으로

承當ᄒᆞ고 不 봉부 干 건간 買 매매 主 슈쥬 之 징즈 事 씽스 ○ 산님자의게ᄂᆞᆫ간셥지아

닐일이라 恐 쿵콩 後 흫후 無 무우 憑 삥핑 ○ 後에의빙홈이업슬가저하 立 릉리 此

ᄎᆞ츠 爲 위위 照 쳘쟌 ○ 이룰셰워보람올삼노라 看 컨칸 這 져져 張 쟝쟝 賣 매매 契

계키 ○ 보나어장곡ᄂᆞᆫ글월이 甚 씸신 是 씽시 寫 셔셔 得 득더 妥 텨토 當 당당 ○

취큐 ○ 이러면 내 너롤 銀을 줄 거시니 곳 사라 가라 還 환환 有 우잉 鑼 로러 鍋 고궈 ○

도노고와 柳 류률 箱 샹샹 ○ 쇠과 灑 사사 子 즈즈 ○ 드레와 碗 완원 楪 뎌뎡 ○

사시 발와 접 匙 초씽 筯 쥬쮸 ○ 수와 져 馬 마마 杓 샤샬 ○ 나모게와 쥬 草 잔잘

鑵 리려 ○ 됴와 리 炊 취취 箒 주쥐 ○ 솔과 擦 차창 床 칭짱 兒 을싱 ○ 숙갈과 치

簸 보뷔 箕 기계 ○ 키와 篩 스싀 子 즈즈 ○ 얼이 밍와 馬 마마 尾 이뮈 羅 로러 ○

몸 쳬와 桌 조좌 子 즈즈 ○ 상과 盤 판편 子 즈즈 ○ 盤과 茶 차짜 盤 판편 ○ 찻반

과 燈 등뒁 臺 대때 ○ 燈와 臺 酒 직징 鍾 중쥥 ○ 잔과 酒 직징 甕 버병 ○ 쥬벼

옥와 銅 퉁뚱 杓 샨쌴 ○ 이 놋 쥬시게 니 這 져졋 些 셔셔 都 두두 收 식식 拾 시씽 全

촌쪈 備 비삐 着 져쨩 ○ 이 것들을 다 收拾ᄒᆞ여 全備케 ᄒᆞ고 還 환환 有 이잉 帳 쟝쟝 房

방빵 馮 마마 槽 찰짱 都 두두 牢 랄랑 壯 좡장 麽 마뭐 ○ 또 帳房과 물귀유ㅣ 다 牢壯ᄒᆞ

엿ᄂᆞ 你니녜 都두두 收식싸 拾씽시 了럏랴 ○ 네 다 收拾ᄒᆞ여 先션션 打다나

頭뚜틓 站잔잠 去ᆉ취 ○ 몬져 가 ᄒᆞ여 참 到단탕 那나너 裏리려 各거갇 自

즈쯔 省송싱 睡쉬쒸 些셔셔 ○ 을데 가 각각 자고 덜 좀 黑희흥 夜여여 好할항 生

승싱 用융융 心신심 照쟌쟝 看칸컨 ○ 밤에 장 用心ᄒᆞ여 보숣피라 我오어 隨쉬쒸

後후흫 慢만만 慢만만 的디딍 跟근근 着갸갸 去취큐 ○ 나ᄂᆞᆫ 隨後ᄒᆞ여 회여 駕ᄒᆞ

를돌와 가마 ○

趙잔쨩 爺여여 你니녜 幾지계 時스씨 來레래 的디딍 ○ 趙爺 네 언제 온다 ᄒᆞ뇨

昨조쪼 日시싀 來레래 的디딍 ○ 어제 와 노라 ○ 你니녜 是시씽 水쉬쉬 路루루

來레래 還환환 是시씽 旱한현 路루루 來레래 ○ 네 믈 길로 온다 ᄯᅩ 이 ᄆᆞᆺ 길로 온다

船찬쭨 上상쌍 來레래 的디딍 ○ ᄇᆡ로 노라 왓 今긴김 年년년 田텬뎐 禾호화

如슈슈何허허 ○올히田禾엇더ᄒᆞ뇨 田뎐뎐禾호호好할할 ○田禾됴핫더니
라 謝셔셔天텬텬地디디只즈즈願원원好할할收식식成칭칭就직직勾
구궁了랴럏 ○天地ᄭᅴ謝ᄒᆞᄂᆞ니다만원컨대ᄒᆞᆫ녁녁ᄒᆞ리로다 收成ᄒᆞ면ᄀᆞᆺ 聽팅팅的디딩
今긴김年년년氷쉬쉬賊직찡多도더 ○賊이ᄅᆞ니만을라ᄒᆞ희水ᄒᆞ니 此ᄎᆞᄎᆞ話
화화眞진진不부붕眞진진呢니녜 ○이말이진뎍지아니ᄒᆞ니ᄒᆞ나 我오어來
래레的디딩時스씽節져졍 ○내올에 看칸권見견견五우우六루룽箇거거
賊직찡船찬쭨 ○賊ᄇᆡ니이다엿 圍위위着져짤一이힝箇거거西시셰京
긩징來래레的디딩豆두듷船찬쭨 ○ᄒᆞᆫ西京으로셔오ᄂᆞᆫ콩시른ᄇᆡ를에워고 又우읭
把바바朝찰졀鮮션션地디뎨方방방來래레的디딩一이힝隻지징船찬쭨
○ᄯᅩ朝鮮ᄯᅡ흐로셔오ᄂᆞᆫᄒᆞᆫ隻ᄇᆡ를다가 都두두搶창창奪도뚱去취큐了랴럏 ○

가다 아사 가고 後흫후頭뜰투又잉우聽팅팅得듣더 ○ 후에 또 드르니 把바바那

너나船쮠촨上쌍샹的딍디人싄인打다다死숭스了럏랴幾계지箇거거 ○

뎌 ᄇᆡ에 사ᄅᆞᆷ을 다가 여러흘 쳐 죽엿다 ᄒᆞ더라 那너나丁딍딩爺여여你녜니幾계지時

씐스來래레 ○ 더 丁爺ㅣ아 네 언제 온다 我어오趕건간着짱져一힝이百븽버匹

핑피馬마마 ○ 내 一百匹 ᄆᆞᆯ을 모라 大대다前쪈쳔日싀시纔째채到닿닾的딍디

○ 굿그제 왓노라 馬마마都두두好항핳麼뭐마 ○ 믈이 다 됴ᄒᆞ냐 我어오來

래레時씌스節졓져到닿닾山산산海해해關관관上쌍샹 ○ 내 올 쌔에 山海關에

다ᄃᆞ라 被삐븨他터타抽칭추分분븐了럏랴幾계지箇거거去큐취 ○ 더의

게 여러흘 ᄲᆡ허가믈 닙고 到닿닾三삼산河ᅘᅥ허縣혠현 ○ 三河縣에 다ᄃᆞ라 又잉우

抽칭추分분븐了럏랴幾계지箇거거去큐취 ○ ᄯᅩ 여러흘 ᄲᆡ허 가고 瘦슝수倒

닫당的디딩到닿닿了랴럏 ○ 여위여것구러지 리것구러치고 又우잉不부붕見

견견了랴럏三산삼箇거거 ○ 또세흘 일코ㄴ 只즈즐有우잉五우우六류륙十

시씽箇거거馬마마 ○ 다만五六十 몰이잇더니 來레래到닫닿通퉁퉁州쥬즇賣

매매了랴럏多도더一이힝半반번 ○ 通州ㅣ와반 남아풀고ㄴ 來레래到닫닿這

져져城칭찡裏리레都두두賣매매了랴럏 ○ 이잣안희와 다프랏노라ㄴ 我오어不

부붕會휘휘講장강漢한한話화화 ○ 내漢말니롤줄 을아지못ᄒᆞ고ㄴ 又우잉不부붕

會휘휘做주주飯반빤 ○ 또밥지을줄을 아지못ᄒᆞ기로ㄴ 全좐쫜仗쟝짱着져쨩這

져져吳우우爺여여一이힝路루루服부뽕事스씅我오어來레래 ○ 이뎐 못혀

爺ㅣ一路에나를服 事홈을미덧노라ㄴ 眞진진是시씅遠원원行힝힝知지징馬마마

力리링日시잉久구깋見견견人인신心심심 ○ 진실로이멀리가 매몰힘을알고날

이오래매사ᄅᆞᆷ의ᄆᆞᄋᆞᆷ을보ᄂᆞ니라

我오어今긴김日시싀頭투뚤疼텅뚱腦낲남旋숸쉰○내오ᄂᆞᆯ마리알프고골치

어즐ᄒᆞ고身신신子즈즈顫젼젼的디딩受수쐬不부붕的디딩○몸이떨려견디

지몯ᄒᆞᄂᆞᆫ快쾌쾌去취큐請칭칭范반빱太태태醫이히來레래看칸컨一이힝

看칸컨○밧비가范太醫를請ᄒᆞ여와뵈라太태태醫이히來레래了랴럏○太醫

왓ᄂᆞ이다請칭칭到닾당屋우웋裏리례坐조쭤○請ᄒᆞ여집안헤안치라說샤셜

弟디뎨這저쳐幾지계日시싕有우임些셔셔頭투뚤疼텅뚱腦낲남熱셔엏

○小弟요ᄉᆞ이져기마리알프고골치더옴이잇더니夜여여來레래身신신上샹썅虛

쉬휴汗한현如유유流루릳氷쉬쉬一이힝般번붠○어제몸에虛汗이流水ᄒᆞᆫ가지

ᄀᆞᆺᄒᆞ여ᄂᆞᆫ一이힝夜여여不부붕得더듷半반붠點뎐뎜覺쟢걓睡쉬쒸○왼밤

을半點도 엳디 몯ᄒᆞ니 與위유我오어把바바脈믜믁息시싀看칸칸 一이힝看

권권 ○ 아나 主 脈 보고 려ᄂᆞᆫ 咳해해相샹샹公궁궁脈믜믁息시싀 ○ 애 相公 脈인

尺치칠脈믜믁較갸잗沉친핌 ○ 尺脈이 沉ᄒᆞ니 傷샹샹著쟉잗冷릉링物

우우起치치的디디樸박박子즈즈 ○ 冷物에 傷ᄒᆞ여 ᄇᆡ 樸이 니러 遭저저是시씨感

감간冒맙맙風봉봉寒한한之지즈症징징 ○ 이 風寒에 感冒ᄒᆞᆫ 症이로다 是시씨

小샤샹弟디디昨조조日시시在재재張쟈쟝少샤샹舍시시家가쟈慶킹킹

賀허허筵연연席시시上샹샹 ○ 올ᄒᆞ니 小弟 어제 張少卿의 집 慶賀 筵席에셔 被배비

好함한弟디디兄흥흥們믄믄勸권권我오어 ○ 모ᄃᆞᆫ 됴ᄒᆞᆫ 兄弟들의 勸홈을 닙어

多도도飲인인了랴럇些셔셔燒샾샾酒직직黃황황酒직직 ○ 燒酒와 黃酒를

만히 먹고 生싱승果귀고子즈즈也여여多도도吃치치了랴럇些셔셔 ○ 生果

실도만 히먹고 來래래 到닫담 家쟈갸 裏리례 就쥐찍 害해해 熱셔엳 ○집의 와곳

터원 把바바 一이힝 身신신 衣이이 服부뽁 都두두 脫토퇴 了랴렬 ○에원 몸옷

슬다 다버 가고 着쟈짶 丫야야 頭투뜰 們믄문 打다다 扇산션 ○마흐 히여 들부 로체

질노 흐라 엿 那나녀 般번븐 不부뿡 小샤셯 心신심 所소수 以이이 就직찍 把

반빨 了랴렬 這져져 症징징 候후흫 ○며매 리그 조리 심모 치로 아이 니症 흐候 여를 시把

흐다 엿 我오어 如유유 今긴김 先션션 與유위 你니녀 發바봥 散산산 ○내이

제散 몬게 져홀 녀써 롤시 發니 이이 用융융 香향향 蘇수수 飮인힘 ○맛香 당蘇 이飮

을지 슬란 你니녜 且쳐쳐 熬와왈 兩량량 服부뽁 吃치킹 ○네을 아달 직혀 두먹 복고

熱여셔 炕캉캉 上상쌍 熰우흫 着져쨮 出츄츙 些셔셔 汗한현 ○더에 온덥 게炕

흐삼 여내 져고 키 然안션 後후흫 再재재 用융융 藿호확 香향향 正징징 氣치취

散산산 ㊂ 그린 후에 藿香正氣散을 써 吃칭치 一이 兩량량 劑쪄지 便뼌변 無

무우 事씃스 了럏랴 ㊀ ᄒᆞᆫ 두 劑 먹으면 곳 無事ᄒᆞ리라 藥양요 方방방 上썅샹 寫셔셔

得등더 明밍밍 白뻥배 ㊀ 藥방문에 쓰기를 明白히 ᄒᆞ여 시니 水쉬쉬 用융융 二ᅀᅵᆯ을

盞잔잔 半번반 ㊀ 물은 두 잔 반을 쓰고 引인인 用융융 生ᄉᆡᆼ승 薑강장 三삼산 片

편편 棗잫잔 二ᅀᅵᆯ을 校뮈믜 ㊀ 引은 生薑 三片 棗 二 校를 ᄡᅳ거시니 煎젼젼 至지즈 七

칭치 分분븐 去큐취 滓재재 溫훈운 服뿡부 ㊁ 달혀 七分에 니르거든 滓를 ᄇᆞ리고 더온

으이 라로 ᄒᆞ면 如슈슈 此ᄎᆞ츠 調뗠댤 治찡치 ㊁ 이러ᄐᆞ시 調治ᄒᆞ면 貴귀귀 體톄티

自ᄍᆞ즈 然션산 漸쪔젼 漸쪔젼 的디 健꺤견 旺왕왕 了럏랴 ㊀ 貴體 自然히 漸

漸健旺ᄒᆞ리라

我어오 妳내너 妳내너 使싱시 喚훤훤 我어오 來래레 ㊀ 우리 妳妳 나ᄅᆞᆯ 부려와 ...

朴通事新釋諺解

問문운大대다娘냥냥好할할 ○ 大娘의 평안ᄒᆞᆷ을 뭇고 這저저海해해菜채채
乾건간魚유위肉루류脯부부 ○ 이 메육과 乾魚와 肉脯ᄂᆞᆫ 都두두是씨시我어오
家갸쟈太태태爺여여從쭝충朝챨챠鮮션션帶대대來래레的디디 ○ 이다
우리 집 太爺ㅣ 朝鮮으로셔 가져온 거시매 特떵터送숭숭與유위老랄랄太태태太태태
些셔셔箇거거 ○ 특별이 老太太의게 져기 보내니 不부부要얖얀嫌햠현少샾샾
경샨 ○ 저금을 혐의치 말라 ᄒᆞ더이다 女뉴뉴兒ᅀᅵᆼ을 ○ 女兒ㅣ 아 你녜니回휘휘去
큐취說숴쉬多더도謝셔셔你녜니妳내내妳내내費빙븨心심신了랖랖 ○
네 도라가 니르라 녜 妳妳 費心ᄒᆞᆷ을 多謝ᄒᆞ여라 這저저般번번稀히히罕헌한東둥둥
西세시 ○ 이 稀罕ᄒᆞᆫ 거ᄉᆞᆯ 特떵터爲위위我어오送숭숭來래레難난난得
등더難난난得등더 ○ 특별이 나를 위ᄒᆞ여 보내니 엇기 어렵다 엇기 어렵다 再재재有

일우 一잉이 件꺈견 ○ 또ᄒᆞᆫ 가 好함할 清칭칭 醬쟝쟝 今김긴 年년년 竟

깅깅 沒뭄무 處츄츄 尋씬신 ○ 됴흔 쟝을 올히 너므 一잉이 發빵바

送쑹숭 些셔셔 來래래 要꺙강 好할한 ○ 네 더보 내여 오 這져저 清

칭칭 醬쟝쟝 有임우 甚썸셔 麽뭐마 稀희히 罕헌한 呢녜니 ○ 므 이 고 稀罕

시홈 이 리 이 오 咳해해 ○ 女 兒 애 不 安 불 뉴 兒 셩 你 녀 曉 부 得 ○

못 아 ᄒᆞᆫ 네 다 아 지 常짱창 言연연 道땅단 ○ 니 常言에 르 되 人신인 離리리 鄉향향

賤쪈쪈 物웅우 離리리 鄉향향 貴귀귀 ○ 사ᄅᆞᆷ이 離鄉ᄒᆞ면 賤ᄒᆞ고 物이 離鄉ᄒᆞ면 貴ᄒᆞ다

ᄒᆞᆫ 況황황 那너나 朝짤찰 鮮션션 清칭칭 醬쟝쟝 最쥐쥐 是씨시 有임우 名

밍밍 的디 哩리리 ○ ᄒᆞ믈며 朝鮮 清醬은 ᄀᆞ장 有名ᄒᆞᆫ 거시라

姐저저 姐저저 我어오 自쯔즈 從쯍충 看컨칸 上쌍상 了럏랖 你녀니 ○ 시각

아내너를몸으로부터」飯빤반也여여好핳할生승승吃칭치不붕부下햐하 ○
밥도ᄀᆞ장먹지못ᄒᆞ노라」常쨩창言연연道땋닾 ○ 常言에니ᄅᆞ되」男난난兒싈을無
무우婦뿌부財째재無무우主쥬쥬 ○ ᄉᆞ나희지어미업스면지물이님재업고」婦뿌부
人신인無무우夫부부身신신無무우主쥬쥬 ○ 겨집이지아비업스면몸이님재업
다ᄒᆞ니」怎즘즘能넝능勾긑구成칭칭就쪟작了럏랴這져져因힌인緣연연
○ 엇지능히이因緣을일올이오咳해해你니니說숴쉬甚씸서麼뭐마話화화 ○
애네므슴말니르는다」我워오夫부부主쥬쥬若샤요知지지道땋닾去킈귀了
럏랴不부부得더더 ○ 우리지아비만일알면ᄉᆞ모에워나지못ᄒᆞ리라」你니니再재재來
래레休힣햐說숴쉬這져져般붠번不붕부曉햫햪事씅스的딩디話홰화 ○
네뇌여란이런일모로ᄂᆞᆫ말니ᄅᆞ지말라」咳해해姐져져姐져져我워오不부부想샹샹

你니녜這져저般번번無우무情칭찡 ○ 애각시아내 네 이리 無情호 줄을 싱각지 못호

여라 你니녜須슈슈念냔념我오어這져저秋칙칭月워웨紗사사窗창칭

一이이片편편心신심 ○ 네 모로미 내 이 秋月紗窗 一片心을 싱각호연 只즈징滅며멸

了랴럏我오어這져저心신심頭투뚷火호훠 ○ 그저 내 이 心頭火를 ᄡᅳ그면 便뼌변

強걍깡如슈유靈링링丹단단妙먀먚藥요얍 ○ 곳 靈丹妙藥에셔 나아 我오어

的디듸心신심病빙삥自즈쯔然연얀都두두消샾샾化화화了랴럏 ○ 내 心

病이 自然 다 ᄉᆞᆯ아디리라 怕파파沒무뭏有우잏滅며멸你니녜的디듸心신심火

호훠治치찌你니녜的디듸心신심病빙삥之즈즈時스씨麼마뭐 ○ 네 心火를

ᄡᅳ고 네 心病을 고칠 새 업ᄉᆞᆯ가 저프라 這저져麼마뭐說숴쉬 ○ 이리 니르면 多도

더 謝셔셔姐져져姐져져的디듸美미믜意이이了랴럏 ○ 각시의 아름다온 뜻을 多

辛

謝ᄒᆞ거니와 須슈슈 早잪장 些셔셔 約요향 箇거거 佳가갸 期키끼 纔채채 妙
먀몀 哩리례 ○ 모로미 일즉 佳期를 언약흠이 마치 妙ᄒᆞ니란 你니녜 且쳐쳐 休희흥 忙
망망 休희흥 心신심 焦쟢졒 ○ 네 아직 밧바 말고 ᄆᆞ움을 티오지 말라 自즈쯔 古구구
道닾땋 ○ 녜로부터 닐러시되 有위읻 緣면연 千천쳔 里리례 能능닝 相샹샹 會
휘홰 ○ 인연이 이시면 千里라도 능히 서르 못둣고 無우무 緣면연 對뒤뒤 面던뎐 不
부붕 相샹샹 逢풍뽕 ○ 인연이 업스면 ᄂᆞᆺ 츨ᄃᆡᄒᆞ여도 서르 만나디 못ᄒᆞ다 ᄒᆞᄂᆞᆫ 旣지비 兩
량량 心신심 相샹샹 照쟢쨯 也여여 是시씌 不부붕 難난난 的디딩 ○ 이믜 둘희
ᄆᆞ음이 서르 비최면 ᄯᅩ 어렵디 아니ᄒᆞᄂᆞᆫ 何허ᅘᅧ 必비빙 着쟢쨯 急지깅 呢니녜 ○ 엇지
着急히 굴리오
你니녜 們믄문 這저져 幾지계 箇거기 無우무 用융융 的디딩 小샾셯 厮스ᄉᆞ

○너희 이 여러 밧긔 업슨 아희 놈들이 一 이힝 日 싀싕 吃 치킹 了 랴럏 三 산삼 頓 둔둔

飯 반뽠 ○ ᄒᆞᄅᆞ 세 ᄢᅵ 밥 먹고 只 즈징 知 지징 道 닾땋 閑 현현 遊 우잏 浪 랑랑 蕩 당당

○ 그저 힘힘이 놀고 ᄀᆞ래 줄 만 아니 要 얖양 你 니니 們 믄믄 做 주주 甚 서씸 麽

마뭐 ○ 너희 들ᄒᆞ여 ᄆᆞᄉᆞᆷ ᄒᆞ리오 一 이힝 箇 거거 到 닾닿 那 나너 靴 훠훠 舖 푸푸 裏

리례 去 취큐 學 효향 生 승싱 活 호횅 ○ ᄒᆞ나흔 더 靴 조 에 가 셩녕 비호고 一 이힝 箇

거거 到 닾닿 帽 맢맣 舖 푸푸 裏 리례 去 취큐 學 효향 做 주주 買 매매 賣 매매 ○

ᄒᆞ나흔 帽 舖에 가 買 賣 ᄒᆞ기 비호고 那 나너 兩 량량 箇 거기 漢 한헌 子 즈즈 把 바바 那

나너 驢 류류 騾 로러 喂 위휘 好 할핲 了 랼럏 ○ 뎌 두 놈은 나귀와 노새를 다가 먹이기를

잘 ᄒᆞ여 帶 다대 十 시씽 兩 량량 銀 인인 子 즈즈 到 닾닿 東 둥둥 安 안언 州 직짇

去 취큐 放 방빙 黑 희흰 豆 두뚷 ○ 열 냥 은을 가지고 東安 州에 가 거믄 콩 에 노하 [illegible] 지증

便변뼌收슈식拾씽시車쳐쳐輛량량先션션載재재一잉이車쳐쳐去큐취

○곳 車輛을 收拾ᄒᆞ여 몬져 ᄒᆞᆫ 술위를 시르라 가고 這져져兩량량箇거거小샿셯廝

스슷 ○이 두 놈은 一잉이箇거거帶대대五우우兩량량銀인인子즈즈到닿닿

馬마마家갸쟈庄장장去큐취放방빙稈간간草찰찰 ○ᄒᆞ나ᄒᆞᆫ 닷 낭 은을 가지고

馬家庄에 가 조딥 헤노코 一잉이箇거거帶대대三산산兩량량銀인인子즈즈到닿닿

닿당西셰시山산산去큐취收슈식乾간간草찰찰 ○ᄒᆞ나ᄒᆞᆫ 두 낭 은을 가지고 西山

에 가 ᄆᆞ른 딥흘 거두되 你니녀們믄문都두두依이희着져쪄我오어幹간간辦

반빤去큐취罷바빠 ○너희들이 다 내 말대로 출호라 가라

咱자장貸대태些셔셔盤판펀纏쳔쪈 ○우리 져기 盤纏을 ᄭᅮ어 到닿당那나너

南난남海해해普푸푸陀로뎌落로랑伽캬꺄山산산去큐취 ○南海 普陀落

伽가山애 參참찬 拜배배 觀권권 世시시 音힘인 菩뿌푸 薩상사 眞진진 像썅상

○ 觀世音菩薩眞像애 參拜ᄒᆞᅀᆞᆸ고 這져져 菩뿌푸 薩상사 眞진진 乃내내 有읗우 靈

링링 有읗우 聖싱상 ○ 이 菩薩이 眞지 니 有靈有聖ᄒᆞ니 三 座쬬조 飾싱시 芙뿌부 蓉

용용 湛띰침 南남남 海해해 澄찡칭 淸칭칭 之징즈 氷빙 ○ 芙蓉으로 안ᄌᆞᆫ 되ᄂᆞᆫ

삭무며 시니 南海 澄淸ᄒᆞᆫ 물에 ᄌᆞᆷ겻고 身신신 嚴연연 瓔ᅙᅧᆼ 珞락로 居귀귀 普푸푸 陀

토더 空쿵쿵 翠취취 之징즈 山산산 ○ 몸애 瓔珞으로 莊嚴ᄒᆞ여 시니 普陀 空翠의 山애 居ᄒᆞ여

ᄒᆞ엿 도다 或휘 作짝조 童뚱둥 男난 或휘 化화화 童뚱둥 女뉴 ○ 或童

男女ㅣ 되고 或ㅣ 되면 或휘 現현현 質징 于유위 梵뽐판 王왕왕 帝디디 釋

시싱 ○ 或梵王帝釋에 顯質ᄒᆞ고 或휘 分분 身신신 于유위 居귀 士스 宰

재재 官관관 ○ 或居士宰官에 分身ᄒᆞ면 以이이 聲싱싱 察차 聲징싱 拯징징 慈

좃ᄌᆞ 悲비븨 於ᅙᅲ위 六륙뤅 道도ᇢ ○ 소리로 ᄢᅢ 소리ᄅᆞᆯ 좃 慈悲ᄅᆞᆯ 六道에 펀다 고 隨

쒸쉬 相샹샹 現현현 相샹샹 救굼구 苦쿠쿠 難난난 於ᅙᅲ위 三삼산 途뚜두 ○

相ᄋᆞᆯ 조차 相ᄋᆞᆯ 뵈아 苦難 올 三途에 救ᄒᆞᄂᆞᆫ ᄯᅩ다 起킈치 浮뿡부 屠뚜두 於ᅙᅲ위 泗ᄉᆞ스

水쉬쉬 之징즈 間간간 ○ 浮屠ᄅᆞᆯ 泗水ㅅ 소 이에 니ᄅᆞ혀고 結겷겨 草촿차 盧룽루

於ᅙᅲ위 香향향 山산산 之징즈 上썅샹 ○ 草盧ᄅᆞᆯ 香山우 희 지엇 ᄯᅩ다 執집지 楊양양

양양 柳륳류 於ᅙᅲ위 掌쟝장 內뉘ᄂᆡ 拂뽏보 病뼝빙 體톙티 於ᅙᅲ위 輕킹킹 安

헌안 ○ 楊柳ᄅᆞᆯ 손에 잡아 病體 ᄅᆞᆯ 輕安ᄒᆞᆫ 디 ᄯᅥᆯ치고 傾쿵킹 甘감간 露루루 於ᅙᅲ위 甁

뼝핑 中듕중 濟졔지 險험험 途뚜두 於ᅙᅲ위 飢긔지 渴컹커 ○ 甘露ᄅᆞᆯ 甁 中에 기우

려 險途ᄅᆞᆯ 飢渴에 구제ᄒᆞᄂᆞᆫ 도다 面면면 圓원원 璧빙비 月웛워 身신신 瑩ᅙᅧᆼ잉 瓊

쾽큥 瑰귀귀 ○ ᄂᆞᆺ ᄎᆞᆫ 璧月 ᄀᆞ치 두렷ᄒᆞ고 몸ᄋᆞᆫ 瓊瑰ㅣ ᄀᆞ치 ᄆᆞᆯ그며 齒싱ᄎᆞ 排빼패 柯거거

雪쉬쉥 眉믜위 秀슈식 垂취쮜 楊양양 ○ 너는 柯雪이 버럿는 돗ᄒᆞ고 눈섭은 垂楊이 셰
허난 돗ᄒᆞ도다 由우잉 是시씨 威위위 神신씬 莫모맣 測처칙 聖싱싱 德더득 難
난난 量량랑 ○ 일로 말ᄆᆡ암아 威神을 측냥치 못ᄒᆞ고 聖德을 혜아리기 어려온지라 故구구
得더득 人인신 天텬텬 之즈징 喜히히 鬼귀귀 神신씬 之즈징 歡훤훤 ○ 이러
모로ᄉᆞ 天의 깃거ᄒᆞᆷ과 鬼神의 즐김을 어더 萬완뫈 民민민 無우부 搔산샆 擾얍셤 之
즈징 憂위휭 百버븽 姓싱싱 有위잉 安안헌 祥샹샹 之즈징 慶킹깅 ○ 萬民이 擾
擾ᄒᆞ논 근심이 업고 百姓이 安祥ᄒᆞᆫ 慶이 잇도다 若쇼샵 人인신 有위잉 難난난 口
念난념 菩푸뿌 薩사상 之즈징 名밍밍 ○ 만일 사ᄅᆞᆷ이 어려온 이 잇거든 입에 菩薩의 일
홈을 念ᄒᆞ면 卽지징 救긷깋 拔바빵 衆츙즁 生승싱 之즈징 難난난 ○ 곳 衆의
難을 救ᄒᆞᄂᆞ니 似스쑿 這저쳐 等등믕 菩푸뿌 薩사상 不부붕 可키커 不부붕 去

취參참찬拜배배哩리리 ○이런 薩을 可히 치 아니치 몯홀 거시라 參拜 達저저

歷마력 咱자장 們문몬 一이힝 生승싱 作조장 事스씽 豈치케 無우무 罪쥐쬐

孼여얼 ○이러면 우리 一生에 일올 홈애 엇지 罪孼이 업스리오 這여어 該개개 一이힝

同퉁통 到닫도 那나너 南난남 海해해 去취츄 ○또 맛담이 훋가지로 뎌 南海예 가

燒샹샹 香향향 懺찬참 悔휘휘 纔채채 是시씨 ○이 燒香 懺悔홈이 마치 올타 爲위위

人신인 若샹쇼 不부부 及기기 早잔잔 修식식 行힝힝 善션션 果고귀 ○사

룸이 되여 만일 일즉이 修行善果치 아니후면 便변변 同퉁퉁 禽킨킴 獸식식 之즈지 類

뤼뤼 了랴랼 ○곳 禽獸의 類와 ᄀᆞᄐᆞ리라 自즈쯔 古구구 道닫땋 ○녜로부터 니ᄅᆞ시되

一이힝 針진짐 投투투 海해해 底디뎨 尚샹쌍 有우임 可커커 撈랖랑 日시심

○一針을 海底에 드리치매 오히려 可히 건질 날이 이시려니와 一이힝 失시싱 人인싄 身

신신 後흫후 萬완완 劫겹져 再재제 逢뽕풍 難난난 ○ 훈번 人身을 일흔 後ㅣ면 萬劫

이라도 다시 만나기 어렵다 ᄒᆞ니라

今김긴 日잉ᅀᅵ 到당다 衙야야 門문믄 上썅샹 直찡지 去큐츄 ○ 오ᄂᆞᆯ 衙門에 上

直ᄒᆞ라 가니 今김긴 晚완완 你녜니 把바바 我어오 的딩디 鋪푸푸 蓋개개 送

숭숭 去큐츄 ○ 오ᄂᆞᆯ 져녁의 네 내 니부자리를 다가 보내고 還환환 要향얀 把바바 那

녀나 箭젼잔 袋때대 裏례리 插찹차 十씽시 根근근 箭젼잔 ○ ᄯᅩ 뎌 살 동개에 다가

열 낫 살 곳고 弓궁궁 袋때대 裏례리 插창차 一힝이 張쟝쟝 弓궁궁 ○ 활 동개에

ᄒᆞᆫ 쟝 활 곳고 盔퀴퀴 甲갸가 一힝이 副봉부 腰향얀 刀당다 一힝이 口쿵쿠 ○

투구와 갑옷 ᄒᆞᆫ 불 환도 ᄒᆞ나ᄒᆞᆯ 都두두 一힝이 一힝이 打다다 點뎜뎐 全쭨쵼 備비븨

送숭숭 到당다 直찡지 房빵방 裏례리 去큐취 ○ 다 一一히 打點ᄒᆞ여 ᄀᆞ초와 直房에

보내고 其 끼키 餘 유위 的 딩디 小 셜샨 廝 슷스 們 문믄 在 쨰재 家 갸쟈 ○ 나그

믄아히들은 집의 이셔 不 봉부 許 휴쉬 到 당닫 街 걔개 上 썅샹 去 큐츄 閑 햔현 遊

임의 惹 여여 事 씽스 ○ 라街 월上 내에 믈가 허힘 치힘 말이 고노 好 항할 生 싱승 看 컨칸

守 심식 門 門 문믄 戶 흫후 要 형얀 緊 긴긴 ○ 기ᄀᆞ 를장 要門 緊戶 히보 ᄒᆞᄉᆞᆯ 라피 如 유슈

今 긴긴 賊 쯰즤 多 더도 ○ 적요 이ᄉᆞ 하이 니도 家 갸쟈 中 즁중 若 샿요 有 잉우 差

차차 失 싱시 ○ 失집 홈안 의에 이만 시일 면差 我 어오 回 휘휘 來 래레 定 띵딩 要 형얀

打 다다 的 딩디 ○ 정내 칠도 거라 시와 오일 若 샿요 無 무우 事 씽스 我 어오 必 빙비

賞 샹샹 你 녜니 們 문믄 ○ 시만 녀일 희일 롤이 샹업 줄스 거면 시내 니반 ᄃᆞ 你 녜니 們

믄문 都 두두 要 형얀 小 셜샨 心 심신 着 쨩져 ○ 심녀 ᄒᆞ희 라다 조

你 녜니 的 딩디 帽 맣맢 子 즈즈 那 너나 裏 레리 買 매마 來 래레 的 딩디 ○ 갓네

시어듸셔사온것고 是시씽 徐쉬슈 五우우 家쟈갸 做주주 的디딍 ○ 이徐五의집의

셔믿든거시라 這져져 帽맏망 樣양양 做주주 得디딍 平핑삥 常챵쨩 ○ 이갓모양

이믿둘기롤平常이ᄒᆞ엿다 帽맏망 頂딩딍 太태태 尖젼졈 了랴령 些셔셔 ○ 듸우

ㅣ디모ᄇᆡ고 氈쟌젼 子ᄌᆞ즈 也여여 麤추추 又우임 做주주 的디듸 鬆숭숭 ○

담도ᄀᆞᆯ고ᄉᆞ민들기롤섭섭이ᄒᆞ여시니 若쇼샿 着쟌쨩 了랴령 幾지계 遍변변 雨위유

定딩뎡 然얀션 要얀향 走주증 樣양양 了랴령 ○ 만일여러번비롤마즈면월졍모양

이흘긔리로다 徐쉬쓔 五우우 的디듸 徒투두 弟디뎨 李리례 大다대 ○ 徐五의제

시李大ㅣ 如슈유 今긴김 搬반뷘 在재째 法방밯 藏장짱 寺스ᄉᆞ 西시셰 邊변변

混혼훈 堂탕땅 間간갼 壁비빙 住쥬쮸 去취큐 了량령 ○ 이제法藏寺西邊混堂ᄉᆞ

이ᄇᆞ람에올마가사ᄂᆞ니라 那나너 廝스ᄉᆞ 十시씽 分분분 做주주 的디듸 好한항

朴通事新釋諺解

○뎌놈이 ᄀᆞ장 민들기를 잘ᄒᆞᄂᆞ니 你니녜 的디딍 帽마망 子즈즈 當당당 初추추

何허혀 不부봉 咱쟈겅 他타다 做주주 呢니녜 ○네 갓슬 當初에 엇

지 아니ᄒᆞᆫ다 我오ᅌ 如유슈 今긴김 與유위 你니녜 二을싕 兩량량 銀인인 子

즈즈 ○내 이제 너를 두냥 은을 줄거시니 拿나나 去취큐 咱쟈겅 李리례 大다때 做

주주 兩량량 頂딩딩 帽마망 子즈즈 ○가져가 李大ㅣ로 ᄒᆞ여 두 갓슬 민드ㅣ되 一이잉

頂딩딩 要얍요 雲윤윤 南난남 氈쟌젼 大다때 帽마망 ○ᄒᆞ나흔 雲南氈 큰 갓슬 ᄒᆞ

고 一이잉 頂딩딩 要얍요 陝션셤 西시세 趕간긴 來레래 的디듸 白배쀵 駝

토며 氈쟌젼 大다때 帽마망 ○ᄒᆞ나흔 陝西셔 미러온 白駝氈 큰 갓슬 ᄒᆞ되 款권권 式

시싱 要얍요 時스씽 樣양양 氈쟌젼 子즈즈 要얍요 匀윤윤 細시세 就직찍 是

시씽 了랴럄 ○款式은 時樣으로 ᄒᆞ고 담은 고로게 홈이 곳 올흐니라 李리례 大다때

的디딩帽맏망樣양양 ○ 李大ㅣ의 갓모양이 向향향來레래做주주得더듸好
항향不부붕會휘휘走주즇作조잡 ○ 向來에 민들기를 잘ᄒᆞ여 흘ᄀᆡ지 아니ᄒᆞ고 又
우잉不부붕怕파파雨위유淋린림的디딩 ○ 또 비에 젓기를 저퍼 아니ᄒᆞ니 那나너
厮스ᄉᆞ做주주的디딩生승싱活호훵 ○ 뎌 놈의 민든 셩녕이 比비비他타터師
스ᄉᆞ傅부부高간갈強챵걍十시씽倍븨뻬理리려 ○ 제 스승에 비기면 十倍나 나으
니라
一이힝箇거거放방방債재재財제쨰主쥬쥬 ○ ᄒᆞᆫ 빗주기ᄒᆞᄂᆞᆫ 財主ㅣ 混훈훈
名밍밍喚훤훤做주주李리례衣여여又차차 ○ 混名을 李衣又ㅣ라 부ᄅᆞ리 開
개개着져쟢一이힝座조쭤當당당鋪푸푸 ○ 一座當鋪를 열고 有우잉直지찡
錢쳔쪈的디딩物우뭉件건견來레래當당당 ○ 갑ᄲᅡᆫ 物件을 와 젼당ᄒᆞ리 이시면

便뻔변奪똫도了럏랴那너나物웋우打다다死쓰스那너나人신인○곳 그
믈건을 앗고 그 사ᄅᆞᆷ을 쳐 죽여 正징징房빵방背븨븨後훃후掘쿼궈一힝이箇거거
老랖랖大때다深씬신坑킹킹○正房 뒤희 ᄒᆞᆫ ᄀᆞ장 깁흔 지함을 픽고 便뻔변丟딭두
在째재那너나裏리리頭틓투○꼿뎌 속에 드리치더니 有읻우一힝이日싀싀
一힝이箇거거賣매매絹견견的듸디打다다他타타門믄믄口쿠쿠過궈고
去큐취○ᄒᆞᆯ론 ᄒᆞᆫ 깁 ᄑᆞᆯ리 이셔 제 門을 지나 가니 他타다就찍직誆쾅광到닫단家갸쟈
裏리리去큐취○제 꾀소겨 집의 가 把바바那너나絹견견都두두奪똫도
了럏랴○뎌 깁을 다 가다 앗고 也여여打다다死쓰스了럏랴撇펴퍼在째재坑킹킹
裏리리○ᄯᅩ 쳐 죽여 디함에 드리치고 又잉우一힝이日싀싀一힝이箇거거
婦뿌부人신인○ᄯᅩ ᄒᆞᆯ론 ᄒᆞᆫ 계집이 拿나나珍진진珠쥬쥬一힝이百븽버顆

퀴쿠 來 레래 當 당당 ○ 珍珠一百낫츨 가져와 뎐당ᄒ니 又 우일 奪 도뚱 了 략랼 也

여여 謀 무믕 死 스ᄾ 他 타터 ○ 또 앗고 또 ᄒ여 죽여 뎌를 撇 펴평 在 재째 那 나너

坑 킁킹 裏 리레 ○ 그 디함에 드리치고 用 융융 板 반반 蓋 개개 在 재째 上 샹썅 頭

듣류 ○ 널로 우희 덥고 屢 류류 屢 류류 的 디딩 如 유슈 此 츠츠 行 힝헝 凶 흉흉 作

잘조 惡 어할 ○ 作 조 惡 조 이리 行凶 ᄒ더라 他 타터 有 위일 兩 량량 箇 거거 婢 훈훈

家 자갸 ○ 두 계집 이더니 小 샨셩 老 랖랑 婆 포뽀 與 유위 大 다때 老 랖랑 婆

포뽀 商 샹샹 量 량량 說 쉬쉉 ○ 져근 계집이 큰 계집과의 논ᄒ여 니르되 我 오어 男 난남

兒 을ᅀᅵᆯ 做 주주 這 져져 般 번뷘 迷 미몌 天 텬텬 大 다때 罪 쥐쮜 的 디딩 事 스씃

○ 우리 ᄉ나희 이런 迷天大罪 엣 일을 ᄒ니 假 가갸 如 유슈 明 밍밍 日 시ᅀᅵᆼ 事 스씃 發

바봐 起 치켜 來 레래 ○ 만일 니일 일이 니러나면 帶 대대 累 리뤼 一 이힝 家 자갸 人

인신 都두두 死스ᄉᆞ 怎즘즘 的디딩 好할황 呢니녜 ○ 왼집사ᄅᆞᆷ이범으려다죽을거
시니엇지ᄒᆞ여야됴ᄒᆞ리오 大다때 老랖랖 婆포뽀 聽팅팅 見견견 那나너 般번번
說숴숴 ○ 큰계집이그리니ᄅᆞᆷ을듯고 勸권권 他타터 男난남 兒을싱 說숴숴 ○
제ᄉᆞ나희ᄅᆞᆯ말려니ᄅᆞ되 常창쨩 言연연 道다땀 ○ 常言에니ᄅᆞ되 若쇼샾 作조잪 非
븨비 理리례 必비빙 受슈씽 其키끼 殃양양 ○ 만일非理에노롯ᄉᆞᆯᄒᆞ면반ᄃᆞ시그앙화
ᄅᆞᆯ받ᄂᆞ다ᄒᆞᄂᆞ니 你니녜 做주주 這져져 般번번 不부붕 合허헝 理리례 的디딩 勾
구긍 當당당 ○ 네이런理에合디아닌일을ᄒᆞ다가 若쇼샾 官관권 府부부 知지징 道
단땀 了랴럏 ○ 만일官府ㅣ알면 必비빙 要얀얗 拿나나 你니녜 抵디데 償창쨩
怎즘즘 麽마뭐 好할황 呢니녜 ○ 반ᄃᆞ시너ᄅᆞᆯ자바죄에다혀샹명ᄒᆞ거시니엇디됴ᄒᆞ리
오 老랖랖 李리례 聽팅팅 了랴럏 恨흔흔 那나너 媳시싱 婦부뿌 ○ 老李듯고

그계집을믜여ᄒᆞ연也여여要양얗謀믕무死ᄉᆞ스他더다○또뎌롤ᄢᅵᄒᆞ여죽이려ᄒᆞ「那너나婦뿌부人신인便뺸변走증주到당닫衙야야門문믄裏례리告강갇了랼랴一힝이狀쫭좡○뎌계집이곳衙門에가狀을告ᄒᆞ니「立립리刻킈킈差채채幾게지箇거거皂짷잔隷례리○즉시여러皂隷를시겨「把바바老랄랄李례리鎖숴소着쨯져○老李를다가목을좀가「到당닫他더타家갸쟈後훟후坑킹킁裏례리○제집뒤함에가디「搜승수出츄츄幾게지箇거거血훻혀瀝링리瀝링리的딩디尸싀스首싷식來래레○여러피ᄲᅳᆺ듯ᄂᆞᆫ首를뒤어내고「尸又在째재櫃귀귀箱샹샹裏례리○또櫃와샹조속에셔「搜숭수出츄츄珠쥬쥬子즈즈絹권권疋핑피來래레○진쥬와絹疋을뒤어내고「就찍직把바바老랄랄李례리帶대대到당닫衙야야門문믄○즉시老李를다가衙門에잡아가「嚴연연

刑힝힝拷캎캎打다다問운운成칭칭死스스罪쥐쥐 ○ 嚴刑ᄒᆞ여셔 주어 무려死

罪를 일워 立리리時스씌處츄츄斬잔잠 ○ 즉시 處斬ᄒᆞ니라 有우잉一이잉箇

거거官관권人인신 ○ 이ᄒᆞᆫ 官人이 셔 就직찍娶츄츄了랴럏他타더的디딍大

대대小샨셜老랖랑婆포뽀 ○ 녀의 大小 곳 집을 娶ᄒᆞ고 把바바那나너箇셔여

大다대的디딍家쟈갸財채쩨盡진찐行힝힝帶대대去취큐 ○ 家財만 다 만흔 家財를

다 가 져 가 與유위他타더人인신享향향用융융 ○ 다른 사ᄅᆞᆷ을 주어 享用케 ᄒᆞ니

這져져正징징是시씽善션쎤惡어항到닾땋頭투뜰終중즁有우잉報반밤

○ 이 정히 善과 惡이 맛ᄎᆞᆷ내 갑흠이 이시되 다 只즈짖爭증징來레래早잔잠

與유위來레래遲치찡 ○ 다만 오미 일음과 다ᄃᆞ미 더듸믈 ᄃᆞ토ᄂᆞᆫ 이라 못 오

咳해해今긴김日이잉天텬텬氣치계冷릉링殺사삼人신인 ○ 애 오ᄂᆞᆯ 하ᄂᆞᆯ긔

운이 차 사ᄅᆞᆷ을 죽게ᄒᆞ니 腮새새頰겨경凍둥둥的디딍剌라랑剌라랑的디딍疼
등뎡哩리레 ○ 뺨이 ᄃᆞ라 쁠알힌다 街개걔上샹쌍泥니녜凍둥둥的디딍都두두
似스쓰狼랑랑牙야야一이힝般번붠 ○ 거리에 ᄌᆞᆫ흙 언 거시 다 일희 니 ᄀᆞᆺᄐᆞ니 牲
승싱口쿠큳怎즘즘麼마뭐當당당的디딍 ○ 즘싱이 엇지 當ᄒᆞ리오 到단댱鐵
텨텽匠장쨩鋪푸푸裏리레去취큐 ○ 鐵匠의 푸子에 가 打다다一이힝副부부
馬마마釘딩딩子즈즈來레래釘딩딩上샹쨩 ○ ᄒᆞᆫ 부 몯다갈 텨다가 박아 明밍밍
日시싕好할핳往왕왕通퉁퉁州주쥥接져졓官관권去취큐 ○ ᄂᆡ일 通州ㅣ 가
관원마ᄌᆞ라 가기됴케ᄒᆞ라 請칭칭官관권人인신吃치킹飯반빤 ○ 청권ᄃᆡ 官人은
밥을 먹으라 今긴김日시싕做주주的디딍甚서씸麼마뭐飯반빤 ○ 오ᄂᆞᆯ 므슴
밥을 지어ᄂᆞ뇨 乾간건飯반빤做주주成칭찡了랴렬 ○ 된밥도 지엇프 稀히히粥

주죵 也여여 熬오앞 着져쨯 哩리례 ○ 묽은 죽을 뿌엇다 도 再재재 有우임 甚시셤

麽마뭐 就직찍 飯반빤 的디딩 ○ 또 므슴 밥ᄒᆞ여 먹을 것 잇ᄂᆞ뇨 乾간건 羊양양 腿

퉈 子즈즈 煮쥬쥬 着져쨯 哩리례 ○ 므른 羊의 다리를 솖맛노라 好할항 好할항

○ 됴됴 타다 天텬텬 寒한현 湯탕탕 飯반빤 都두두 不부붕 可커커 冷릉릉 了

략령 ○ 하ᄂᆞᆯ이 치우니 湯과 밥을 다 可히 차게 못ᄒᆞ리라 你니늬 把바바 那나너 酒직징

壺후후 汕산산 乾간건 淨징찡 着져쨯 控쿵쿵 一이힘 控쿵쿵 ○ 네 뎌 술 병을 다

가부싀기를 乾淨ᄒᆞ고 히ᄒᆞ여 거후로 且쳐쳐 打다다 些셔셔 酒직징 來래레 吃치킹 幾

지계 杯비븨 解계개 寒한현 何허허 如유슈 ○ 또 저기 술 가져 와 려 잔 먹어 解寒홈이여

엇더ᄒᆞ뇨

孫순순 大다대 郎랑랑 那나너 厮스스 ○ 孫大郎이 뎌 놈 那나너 裏리례 ...

般번번 好황한 衣이이 服뿡부 好황한 鞍헌안 馬마마 ○ 흔어 衣디 服더 과런 됴됴
馬흔 로鞍 擺배배 樣양양 子즈즈 與유위 人인인 看컨칸 呢녜니 ○ 지모 어양 사을
뵈롬 는의 고게 聽텅팅 得등더 那너나 謊황황 精징징 ○ 주드 말르 ᄒᆞ니 는뎌 삐거 近
낀긴 來래레 在째재 一힝이 箇거거 財째채 主쥬쥬 人인인 家갸쟈 招쟣쟢 做
주주 了럏랴 女뉴뉴 婿세시 ○ 에요 셔ᄉᆞ 사이 회ᄒᆞᆫ 를財 삼主 으人 ᄂᆞᆫ家 他터타 如유유
今김긴 吃칭치 的딩디 穿춴춴 的딩디 ○ 파뎨 닙이 는제 거먹 시ᄂᆞᆫ 것 都두두 是
씽시 他터타 丈쨩쟝 人인인 家갸쟈 的딩디 ○ 의다 집이 거뎌 시의 라文 人 大때다
哥거거 你녜니 看컨칸 ○ 비큰 보형 라아 他터타 如유유 今김긴 氣계치 像썅샹
大때다 比비비 不붕부 當당당 先션션 了럏랴 ○ 當뎨 先이 에제 比氣 치像 곳이 ᄒᆞ거
니 妝장좡 模무무 做주주 樣양양 ○ 樣粧 ᄒᆞ模 여做 把바바 我어오 這져져 舊

작광 弟 디뗴 兄 훙휭 們 믄믄 都 두두 不 부붕 保 채채 了 랴럎 ○ 우리 弟兄들이 녯을

다가타휘수치 아니ᄒᆞ더리 他 타더 旣 지게 變 변변 了 랴럎 面 면면 目 무뭉 誰 쉬쒸

還 환현 保 채채 他 타더 ○ 뎨임의 面目을 變ᄒᆞ면 뉘 도로혀 뎌롤 그수ᄒᆞ리오 他 타더 敬

깅깅 我 오어 五 우우 分 본분 我 오어 便 변뺸 敬 깅깅 他 타더 十 시씅 分 본분 ○

뎨 날을 五分을 공경ᄒᆞ면 내 곳 뎌롤 十分을 공경ᄒᆞ고 他 타더 敬 깅깅 我 오어 一 이잉 分

본분 我 오어 只 즈즤 敬 깅깅 他 타더 五 우우 分 본분 ○ 뎨 나를 一分을 공경ᄒᆞ면 내 그

저 뎌를 五分을 공경ᄒᆞ려니와 如 유유 今 긴김 他 타더 不 부붕 理 리례 我 오어 ○ 이제

뎨 나를 ᄀᆞ수치 아니ᄒᆞ니 我 오어 又 우잉 理 리례 他 타더 做 주주 甚 셔쌈 麽 마뭐 ◎

내 도 뎌를 ᄀᆞ수ᄒᆞ여 므스슴ᄒᆞ리오

咱 자쨩 好 한황 悶 문믄 當 당땅 不 부붕 的 디딩 ○ 우리 ᄀᆞ장 힘힘ᄒᆞ여 당치 못ᄒᆞ니

大때다家갸자商샹샹量량량遊잉우山산산翫완원景깅깅去큐취罷빠바

○대되 의논ᄒᆞ여 遊山翫景ᄒᆞ라 가쟈 好황한好황한 ○됴타 됴타 我어오也여여這

져저般번번想샹샹着짷져 ○나도 이리 싱각ᄒᆞ엿노라 如유유今김긴正징징是

씽시秋칭치涼량량天텬텬氣켸치滿뭔만山산산紅훙홍葉영여正징징好

황한哩례리 ○이제 正히 이 秋凉天氣니 滿山紅葉이 正히 됴타 這져져離례리城쳥칭

三삼산十씽시里례리地떼디 ○이 城에셔 ᄯᅡ히 三十里ᄯᅥ힌 有잉우箇거거山

산산名밍밍爲위위田뗜텬盤뽠판山산산 ○ᄒᆞᆫ 山이 이시되 일훔올 田盤山이라 ᄒᆞ니

眞진진箇거거奇끼키妙먚먀 ○진실로 奇妙ᄒᆞ더라 那너나山산산有잉우上

쌍상盤뽠판中즁중盤뽠판下햐햐盤뽠판 ○뎌 山에 上盤 中盤 下盤이 이시매 又

잉우名밍밍三삼산盤뽠판山산산 ○ᄯᅩ 일훔을 三盤山이라 ᄒᆞ니 有잉우奇끼키

奇끼키 怪괘괘 怪괘괘 之즈즈 石씽시 ○ 奇奇怪怪ᄒᆞᆫ 돌도 이시며 有잉우 高강고

高강고 下햐햐 下햐햐 之즈즈 坡퓌포 ○ 高高下下ᄒᆞᆫ 더도 이시며 언 有잉우 重쭝중

重쭝중 重쭝중 疊뎡뎌 疊뎡뎌 之즈즈 奇끼키 峯봉봉 ○ 重重疊疊ᄒᆞᆫ 奇峯도 이시며

有잉우 灣환완 灣환완 曲큐취 曲큐취 之즈즈 澗간간 水쉬쉬 ㊂ 灣灣曲曲ᄒᆞᆫ 澗

水도 잇고 也여여 也여여 有잉우 村춘춘 庄좡장 廟먀먀 宇유위 ㊀ ᄯᅩ 村庄廟宇도 이시며

也여여 有잉우 山산산 禽킨킨 野여여 獸씩식 ○ ᄯᅩ 山禽野獸도 이시며 也여여

有잉우 蒼창창 松숭숭 翠취취 栢븽버 ○ ᄯᅩ 蒼松翠栢도 이시되 只즈즈 是씽시

崖애애 高강고 路루루 窄쩡재 ㊀ 다만 이 언덕이 놉고 길히 좁으니 往왕왕 來래레

遊잉우 人신인 難난난 走즉주 些셔셔 ○ 往來ᄒᆞᄂᆞᆫ 遊人이 든니기 어렵더라 山산산

頂딩딩 上쌍상 有잉우 一힝이 小셜샾 池찟치 ㊂ 山頂우희 ᄒᆞᆫ 져근 못이 이시니 滿

池치찌荷허허花화화香향향噴픈픈噴픈픈的디디令링링人신인可

거커愛애애 ○ 못에 ᄀᆞ득ᄒᆞᆫ 荷花ㅣ 香내 사ᄅᆞᆷ으로 ᄒᆞ여곰 ᄉᆞ랑홉게 ᄒᆞ더라 咱자짜們

믄믄 拄쥬쥬着저쟝拐괘괘杖쟝쟝 ○ 우리 집이 고장 且쳐쳐到닫단那나너

裏리레看칸컨看칸컨景깅깅致지징 ○ 또 더긔가 景致를 보아 解계개解계개

愁추쯔悶믄믄如유유何허허 ○ 愁悶을 플어 ᄒᆞ료

這저져幾지계日이ᅀᅵ怎즘즘的디디不부부見견견有유잉賣매매菜채채

子즈즈的디디過고궈去켜큐呢니녜 ○ 요ᄉᆞ이 엇지 ᄂᆞᄆᆞᆯ ᄑᆞᆯ리 디나가ᄂᆞ니 이시믈

보지 소 買매매些서서菜채채子즈즈後후향園원원裏리레好한향種

중즁 ○ 저기 ᄂᆞᄆᆞᆯ 삐를 사 뒷동산에 심으쟈 夜여여來래래收식식割거궈了랴렬麻

마마正징징當당당好한흥種중중菜채채哩리레 ○ 어제 삼을 거두어 비여시니 ᄠᅳ

히 갓당이ᄂᆞᆫ 믈 시믐이 됴타 種중중 甚씸셔 麽뭐마 菜채채 好ᄒᆞᇢ한 呢니너 ○ 므ᅀᆞᆷ

ᄂᆞᆫ 믈을 심거야 됴흐리오 蘿로로 蔔부봉 ○ 댓무우 蔓먼먼 菁징징 ○ 쉿무우 蒿

오위 苣규귀 ○ 부로 葵귀키 菜채채 ○ 아혹 白배ᄈᆡᆼ 菜채채 ○ 비치 赤치칭 根

근근 菜채채 ○ 시치 근 莞완원 荽쉬쉬 ○ 고싀 葱충충 ○ 파 蒜숸숸 ○ 마ᄂᆞᆯ

薤혜해 菜채채 ○ 부치 荊징깅 芥계개 ○ 형개 薄바밯 荷허허 ○ 박하 茼퉁뚱

蒿할핳 ○ 믈ᄡᅮᆨ 氷쉬쉬 蘿로러 蔔부봉 ○ 믈무우 한 댓 胡후훟 蘿로러 蔔부봉

○ 노ᄅᆞᆫ 댓무우 芋위유 頭투ᄐᆞᇢ ○ 토란 紫즈ᄌᆞ 蘇수수 都두두 好한항 種중중

的디듸 ○ 紫蘇를 다 치 믐이 됴 月 紫즈ᄌᆞ 蘇수수 這져져 廝스ᄉᆞ 最쥐쥐 有우ᅌᅵᇢ

用융융 ○ 紫蘇란 ᄀᆞ지거시 장ᄲᆞᆯ 디 아니ᄒ 把바바 那나너 葉여영 兒을ᅀᅵᆯ 摘지징

了랴려ᇢ ○ 더 다 迭 ... 把바바 針진짐 線션션 串춴춴 了랸럏 吊댜댱 在재째

一 힝디 壁 빙비 廂 썅샹 ○ 람하 구ᄂ 셕실 에로 두세 라여 ᄇ 一 힝이 冬 둥둥 好 할한

煎 젼젼 湯 탕당 吃 킹치 ○ 먹흐 기겨 또을 흐을 니달 혀 最 쥐쥐 能 능능 發 방바 散

산산 風 봉봉 寒 한한 的 딩디 ○ 發ㄱ 散장 ᄒ능 ᄂ히 니風 라寒 ᄒ올 永 쉬쉬 莽 끤킨 菜

채채 也 여여 好 할한 吃 킹치 了 럏랴 ○ 기미 됴나 흐리 니도 ᄒ먹 吽 켱쟈 丫 야야 頭

뜰투 去 큐취 拔 빠바 些 셔셔 來 래래 ○ 져丫 기頭 빠로 혀ᄒ 오여 라가 我 러오 們 문믄

好 할한 嘗 짱챵 新 신신 ○ 맛우 봄리 이새 되거 타슬 再 재재 吽 켱쟈 小 셤샨 厮 숭스

們 문믄 到 달닷 西 세시 園 원원 裏 레리 去 큐취 ○ 섯도 녁아 동희 산들 에로 가ᄒ 一여

種 즁중 些 셔셔 冬 둥둥 瓜 과과 ○ 화져 와기 동 西 세시 瓜 과과 ○ 과슈 박 甜

떰텬 瓜 과과 ○ 와츰 외 插 창차 葫 후후 ○ 박조 과로 稍 샹산 瓜 과과 ○ 외수 와세

黃 황황 瓜 과파 ○ 와외 茄 겨져 子 즈즈 等 등등 類 뤼릐 ○ 심가 으지 라들 을 家

쟈갸 下햐햐 吃치칭 不부붕 了랴럏 還환훤 好한황 賣매매 里리레 ○ 집의셔다

먹지못ᄒᆞ거든도로 여풀미됴ᄒᆞ니라 「你니녀 們믄문 把바바 菜채채 園원원 都두두

收식심 拾시씽 好화황 着져쨯 ○ 너희들이 菜園을 다가 다 收拾ᄒᆞ기를 잘ᄒᆞ고 不부붕

要얄열 懶란란 惰도더 ○ 게을리 말라 「古구구 人신인 道담댱 ⊜ 古人이 니르되

無우무 功궁궁 食시씽 祿루룽 寢친침 食시씽 不부붕 安안언 ○ 功이 업시 祿을

먹으면 寢食이 便안치 아니ᄒᆞ니라 「

如슈슈 今긴김 怎즘즘 麼마뭐 那나너 般번번 賊지찡 多도더 ⊖ 이제 엇지 뎌리

도적이 만흐뇨 「今긴김 年년년 天텬텬 旱한헌 田뎐뎐 禾호훠 不부붕 收식심 ⊖

올히 ᄒᆞᄂᆞᆯ이 ᄀᆞ므라 田禾를 거두지 못ᄒᆞ여시매 「因인인 此츠츠 上샹샹 賊지찡 多도더

了랴럏 ○ 이런 젼ᄎᆞ로 도적이 만ᄒᆞ니라 「使시싀 鉤구궁 子즈즈 的디딍 賊지찡 們믄믄

믄문 要궁궁 多더도 ○ 갈고리쓰는도적들이더옥만하〃 拿나낙 着쨩져 取츄츄 燈

듕등 兒ᅀᅵᆼ을 ○ 取燈을가지고 到닿닫 那너나 人신인 家갸쟈 裏레리 ○ 아모人家

에가 把바바 舌쎠셔 尖졈젼 濕씽시 破퍼포 窓창촹 戶후후 ○ 혀ᄭᅳᆺᄒᆞ로다가窓戶

를적셔ᄯᅮᆲ고 把바바 取츄츄 燈듕둥 點뎜뎐 上썅샹 火훠호 往왕왕 裏레리 照

졍쟈 ○ 取燈에다가불을혀안을향ᄒᆞ여비최여 看컨칸 有잉우 東둥둥 西세시 在쨰재

那너나 裏레리 ① 잡은거시아모뒤잇는줄을보아 不붕부 論룬론 竿건간 子즈즈

上썅샹 的듸디 積쮜귀 子즈즈 上썅샹 的듸디 物뭉우 件껸견 ○ 화엣거시나궤

엣物件을혜지아니ᄒᆞ교 便뺸변 把바바 鉤끙구 子즈즈 鉤끙구 出츄츄 來래레 拿

나나 去큐취 ○ 곳갈고리로그려내여가져가ᄂᆞ니라 這저져 廝스스 們문믄 只징즈

是씽시 小셩샹 毛맏말 賊찍적 ○ 이놈들은그저이고모도적이니 不붕부 比비비

得등더強걍챵盜닾닾○強盜에比치못흘거시라還환환有읻읻法황바兒싀을

容융융易이이隄듸디防빵방的듸디○당시롱법이이셔提防흐기쉬오니라把

바바那너나綿면면布부부簾렴련子즈즈在째재窗창창戶후후裏려리面

면면幔먼만上썅샹○綿布발올窗안희치고다가把바바釘딩딩子즈즈釘딩딩

住쥬쥬○못스로박고把바바門믄문上썅샹釘了럏랴鉧댶닾扣쿠쿠上썅샹

了럏랴○門에걸새를다가걸고把바바指즈즈頭투투大대다的듸디長챵창

鐵텨려釘딩딩○손가락즐기에간쇠못스로다가插차차在째재門문믄拴쏸쏸

孔쿵쿵裏려리○門빗장굼게쓰즈라這져져般번번隄듸디防빵방的듸디緊

긴긴愼씬신○이리隄防흐기롤緊愼이흐면他더타怎즘즘麼뭐마得듸더能능능

勾궁구偷틓투了럏랴東둥둥西셰시去큐취呢녜니○엇지시러곰능히잡은

거슬 도적ᄒᆞ여 가리오

你녜니 那너나 裏려리 去큐취 ○ 네 어듸 가ᄂᆞᆫ다 店뎜뎐 裏려리 買메매 段뒨돤

子즈즈 去큐취 ○ 店에 비단 샤라 가닌 咱짜자 兩량량 箇거거 一히이 同뚱퉁 去

큐취 ○ 우리 둘히 ᄒᆞᆫ가지로 가쟈 掌쟝쟝 櫃귀귀 的디디 你녜니 這져져 鋪푸푸 裏

려리 有일우 四ᄉᆞ스 季계기 花화화 的디디 段뒨돤 子즈즈 麼뭐마 ○ 櫃ᄀᆞ음아

ᄂᆞᆫ 이아 네 이 푸조에 四季花 문ᄒᆞᆫ 비단 이 잇ᄂᆞ냐 你녜니 要얗양 甚씸시 麼뭐마 顏얀연

色싀서 的디디 ○ 네 므슴 빗체 치를 ᄒᆞ려 ᄒᆞᄂᆞᆫ다 要얗양 南난난 京깅징 來래레 的

디디 鴉야야 靑칭칭 色싀서 月웡워 白뼁배 色싀서 這져져 兩량량 樣양양 段

뒨돤 子즈즈 ○ 南京으로셔 온 야쳥빗과 남빗 이 두가지 비단을 ᄒᆞ려 ᄒᆞ노라 [illegible]야야 子즈즈

說숴숴 都두두 有일우 ○ 즈름이 니ᄅᆞ되 다 이셰라 干건간 你녜니 甚씸셔 麼뭐마

事씐스 ○ 네게므숨일이간셥ᄒᆞ뇨 沒뭉무 有읻우 你녜니 怕파파 買매매 不붕부

成찡칭 麽뭐마 ○ 네업다사지못홀가저프랴 你녜니 們믄믄 不붕부 要햪얀 說

쉉쉬 閑햔현 話화화 ○ 너희들은힘힘ᄒᆞᆫ말을니ᄅᆞ지말고 要햪얀 買매미 緞뛴돤 子

즈즈 就쬥작 請칭칭 下햐햐 馬마마 來래레 看컨칸 ○ 비단을사려ᄒᆞ거든곳쳥컨대

믈ᄂᆞ려와보라 我어오 說숴쉬 與유위 你녜니 不붕부 要햪얀 哄훙훙 弄룽룽 我

어오 ○ 내너ᄃᆞ려니ᄅᆞᄂᆞ니나ᄅᆞᆯ소기지말라 你녜니 放방방 心심신 ○ 네放心ᄒᆞ라

小셯샤 舖푸푸 從쭝충 不붕부 敢감간 哄훙훙 人신인 的딩디 ○ 小舖ㅣ본ᄃᆡ敢

히사ᄅᆞᆷ을소기지못ᄒᆞ노라 伙훠호 計계지 們문믄 把바바 那너나 廚쮸츄 開캐캐

了럏랴 ○ 동모들아장을열고더 揀견간 高갛간 的딩디 與유위 官권관 人신인

看컨칸 ○ 놉흔이ᄅᆞᆯᄀᆞᆯᄒᆡ야官人을주어보게ᄒᆞ라 這저져 緞뛴돤 子즈즈 多더도 少

셩샨 價갸가 錢쪈쳔 ○ 이비단이갑시엇마나ᄒᆞ뇨 鴉야야 靑칭칭 色싀서 四ᄉᆞ스

季계기 花화화 的딩디 六루릭 兩량량 銀인인 子즈즈 一힝이 定핑피 ○ 야쳥

빗四季花문에ᄂᆞᆫ엿냥은에ᄒᆞᆫ필이오 月웨웕 白뼁배 色싀서 的딩디 四ᄉᆞ스 兩량량

銀인인 子즈즈 一힝이 定핑피 ○ 납빗체ᄂᆞᆫ넉낭은에ᄒᆞᆫ필이라 你녜니 休힘후 胡

후ᄒᆞᆫ 討탈탈 價갸가 錢쪈쳔 ○ 네간대로갑슬ᄭᅬ오지말라 討탈탈 的딩디 是씽시

虛휴쉬 價갸가 還햰환 的딩디 是씽시 實싱시 價갸가 ○ ᄭᅬ오ᄂᆞᆫ거슨이거즛갑시

오갑ᄂᆞᆫ거시아이실ᄒᆞᆫ갑시니 相샹샹 公궁궁 你녜니 與유위 多더도 少셩샨 ○ 公相

아네엇머롤줄다 這져져 箇거거 緞뒨돤 子즈즈 中즁중 中즁중 的딩디 ○ 비이

단이즁품에새시니 你녜니 再재재 揀간견 頂딩딩 高갈갇 的딩디 我어오 看권칸

○ 네다시웃듬노픈거슬골ᄒᆡ여나롤뵈라 小셩샨 舖푸푸 沒몽무 有잉위 再재재 高

간광 的디딍 了랴럏 ○ 小舖에 다시 픈 거시 업세라노 如슈슈 此츠츠 說숴숴 ○ 이리

니로면 這져져 鵓야야 青칭칭 的디딍 五우우 兩량량 銀인인 子즈즈 ○ 이

야쳥빗츤 닷냥 은에 ᄒᆞ고 月워웨 白배뻬 的디딍 三산삼 兩량량 銀인인 子즈즈

如슈슈 何허해 ○ 남빗츤 석냥 은에 홈이 엇더ᄒᆞ뇨 那나너 般번번 差차차 遠원원

着져쟢 裡리례 ○ 그러면 ᄡᅳ미 머니 請칭칭 添텬텬 些셔셔 ○ 쳥컨대 져기 더ᄒᆞ라

咱자장 這져져 裏리례 沒무뭉 有우잉 牙야야 子즈즈 ○ 우리 여긔 즈름이 업스니

省숭싱 些셔셔 牙야야 錢쳔쪈 不부붕 好할황 麼마뭐 ○ 즈름갑슬 덜미 됴치 아니

ᄒᆞ냐 這져져 麼마뭐 說숴숴 ○ 이리 니르면 再재재 加갸갸 你니녀 五우우 錢

쳔쪈 銀인인 罷바빠 ○ 다시 네게 닷돈 은을 더홈이 무던ᄒᆞ다 旣지계 如슈슈 此츠츠

却거걓 少샾셯 賣매매 了랴럏 五우우 錢쳔쪈 一이잉 疋피핑 ○ 이믜 이러면 ᄯᅩ

닷돈을 흔필에 지위곡니 只즈징 圖투뚜 箇거거 下햐햐 次츠츠 主쥬쥬 顧구구 罷

바빠 ○ 다만 후에 단골홈을 구흐노라

大다때 哥거거 煩반빤 你니녀 代대때 我오어 寫서셔 一이힝 張쟝쟝 租주주

房방빵 契키계 ○ 큰형아 네게 비느니 나를 フ르차 흔장 집세 내는 글월을 쓰고려 你니녀

如유유 今긴김 要얀영 搬반뻔 到닷탐 那나너 裏리례 去취큐 ○ 네 이제 올마 어

뎌 가고져 흐눈다 我오어 往왕왕 羊양양 市시씽 前쳔쪈 頭투뚷 甎젼쥔 塔타탕

衚후후 衕둥뚱 去취큐 ○ 내 羊져 지압 벽탑 플에 가 賃넌님 一이힝 所소수 房방빵

子즈즁 ○ 흔 집을 셰내여 今긴김 日시싱 早잔장 起치계 纏채째 收식싱 拾시씽

完완훤 了랴령 ○ 오늘 아춤에 굿 收拾흐여 뭇차시니 明밍밍 日시싱 就직찡 搬반뻔

○ 니일 곳 올무리라 這저져 租주주 房방빵 契키계 寫서셔 了랴령 ○ 이 셰집 내

는글월 배다 我 오어 念 난념 你 니녀 聽 팅링 ○ 내네 늬드 어르 든라 京 징깅 都 두두

城 칭찡 四 스쓰 牌 패빼 樓 루릏 下 하햐 民 민민 人 인싄 朱 쥬쥬 玉 위융 ○ 京都

城四牌樓아릭 民人朱玉이 「今 긴김 租 주주 到 단닿 本 본뿐 坊 방방 流 신쒸 名 밍밍

下 하햐 住 쥬쮸 房 방빵 一 이힝 所 소수 ○ 이뎌 제사 本든 坊집 流흔 가곳 의을 名셰 下내

되 「許 지계 開 개개 正 징징 房 방빵 幾 지계 間 간갼 ○ 혜房 오이 니현 正간 「西 시세

房 방빵 幾 지계 間 간갼 ○ 西현 房간 「이 東 둥뚱 房 방빵 幾 지계 間 간갼 ○ 東房

이간 현 「廳 팅링 房 방빵 幾 지계 間 간갼 ○ 대현 청간 이 「書 슈슈 房 방빵 幾 지계

間 간갼 ○ 書현 房간 이 「暖 난눤 閣 거겅 幾 지계 間 간갼 ○ 暖현 閣간 이 「花 화화

廳 팅링 幾 지계 間 간갼 ○ 花현 廳간 이 「捲 편편 蓬 풍뿡 幾 지계 間 간갼 ○ 우산

각현 이간 「佛 보뽕 堂 당땅 幾 지계 間 간갼 ○ 佛현 堂간 이 「庫 쿠쿠 房 방빵 幾 지계

間갼갼 ○ 庫房 현 간이 馬마마 房빵방 幾계지 間갼갼 ○ 馬房 현 간이 廚쮸츄

房빵방 幾계지 間갼갼 ○ 廚房 현 간이 周쥐직 圍위위 鋪푸푸 面면면 幾계지

十씽시 間갼갼 ○ 周圍鋪面 十間이오 門문믄 窗창촹 炕캉캉 壁비비 俱귀귀

全쮠쵼 ○ 門窗炕壁이 다 ᄀ잣고 井징징 一힝이 眼얀얀 ○ 우믈 ᄒ나 空쿵쿵 地

뗴디 幾계지 畝무무 ○ 空地 畝를 幾 議이이 定띵딩 每믜믜 月웨웨 房빵방 租

주주 銀인인 二싱을 兩량량 ○ 每月에 집세 銀 두 兩을 議定ᄒ여 按헌안 月웨웨 交

걍갸 納낭나 不붕부 致징지 短뒨둰 少셩샤 ○ 돌을 조차 交納ᄒ여 ㅅ더러치매 니르지 아니

리니 라게 ᄒ 恐쿵쿵 後훟후 無무우 憑삥핑 立링리 此츠츠 為위위 照쟣쟈 ○

後에 의빙홈이 업슬가 저허 이를 세워 보람을 삼노라 ○ 你니니 道닾단 我오어 這져쳐 箇

거거 租주주 帖텨텨 ○ 네 니르라 내 이 세내는 글월 이 寫셔셔 得더더 妥토터 當당당

不부붕 妥토퉈 當당당 ○ 쁜거시妥當ᄒᆞᆫ가妥當치아니ᄒᆞᆫ가

每믜뮈 日ᅀᅵᅀᅵᇹ 下햐하 雨위유 房방빵 子즈즈 都두두 漏루릏 了랴럏 ○ 每日

예비와집이다시너 必비삥 定딩띵 是시씨 房방빵 上샹쌍 生승싱 出츄츙 那나너

些셔셔 草찬참 ○ 반드시집우희 把바바 雨위유 水쉬쉬 阻주주 住쥬쥬

○ 비ᄉᆞ믈이막아머므러 다가 都두두 流리릏 不부붕 下하햐 來레래 ○ 다흘러ᄂᆞ

리지못ᄒᆞ니 所소수 以이이 越워웡 漏루릏 了란럏 ○ 그러모로더옥시너 係니녜

兩량량 箇거거 小샾셯 厮스ᄉᆞ 慢만만 慢만만 的디딩 上샹쌍 去취큐 ○ 너희

두아ᄒᆡ 올라가 희 把바바 那나너 房방빵 上샹쌍 的디딩 草찬참 ○ 집우희

풀을 다가 細시세 細시세 的디딩 拔바빵 乾간건 淨징찡 了랴럏 ○ 낫낫치 ᄲᅢ히기

를 乾淨히 ᄒᆞ고 看칸권 那나너 瓦와외 若요ᅀᅣᇰ 有우ᅌᅵᇢ 破포퍼 的디딩 ○ 보와 더디와

ᄭᆡ야진 것 잇거든 就(찍직)換(환환)幾(기지)箇(거거)新(신신)的(디디) ○ 곳 여러 새 거슬 밧고라 你(니니)上(쌍샹)去(큐취)却(캬키)要(햫얀)慢(만만)慢(만만)的(디디)走(즈주) ○ 네 올라가되 날회여 ᄃᆞᆫ니라 또 那(너나)瓦(와와)被(삐븨)水(쉬쉬)浸(짐진)多(더도)時(씃스)不(붕부)堅(견견)實(씻시) ○ 뎌 디새 믈에 젓기를 오래ᄒᆞ여 堅實치 못ᄒᆞ니 不(붕부)要(햫얀)[打](땅다)破(풔포)了(려랴)纔(째채)好(할할) ○ ᄇᆞᆯ바 ᄭᆡ이지 말아야 마치 됴ᄒᆞ리라 那(녀나)瓦(와와)有(일우)破(풔포)的(디디)麼(뭐마) ○ 뎌 디새 ᄭᆡ야진 거시 잇ᄂᆞ냐 多(더도)有(일우)破(풔포)的(디디) ○ ᄭᆡ야진 거시 만히 잇다 都(두두)是(씃시)你(녜니)這(져져)兩(량량)箇(거거)小(셯샾)畜(춯추)生(싱승) ○ 다 이 너희 이 두 져근 즘ᄉᆡᆼ들이 每(믜믜)日(ᅀᅵ)偷(틍투)空(쿵쿵)便(뱬변)上(쌍샹)去(큐취)拿(나나)雀(잪쵸)兒(ᅀᅵᆯ) ○ 每日 ᄃᆡ를 타 곳 올라가 새를 잡노라 把(바바)瓦(와와)都(두두)弄(룽룽)破(풔포)了(려랴) ○ 디새

를다가다ᄇᆞᆯ 화새이니 」把바바 你녜니 這져저 忤우우 逆잉이 種중중 該개개 殺

샹사 的딍디 ○ 너이 忤逆ᄒᆞᆫ 씨ᄅᆞᆯ 다가 죽염즉ᄒᆞ다 」你녜니 們문믄 如유유 今김긴 十

씽시 歲쉬쉬 年년년 紀계기 了럎랸 ○ 너희 이제 열ᄉᆞᆯ 나히라 」也여여 該개개 學

햫효 些셔셔 好황할 ○ ᄯᅩ 뎌기 착ᄒᆞᆫ 일을 ᄇᆡ홈즉ᄒᆞ거늘 」還환환 只짊즈 管권권 淘

퉁탄 氣치치 ○ 당시롱 그저 ᄉᆞ리여 저조례ᄒᆞ고 」終즁중 日싕시 貪탐탄 頑환완 耍

솨솨 ○ 終日토록 놀기를 탐ᄒᆞ고 」學햫효 裏례리 也여여 不붕부 肯킁큰 去큐취 ○

學데도 즐겨 가ᄌᆞ 아니ᄒᆞ니 」是씽시 不붕부 長쟝장 進진진 的딩디 ○ 이 長進치 몯ᄒᆞᆯ

거시로다 苦구구 人신인 道땋단 ○ 古人이 니ᄅᆞ되 」家갸쟈 富부부 小샿샤 兒ᅀᆞᆯ올

嬌겸갼 ○ 집이 가ᅌᆞᆷ열면 아희 ᄒᆞ견양ᄒᆞᆫ다ᄒᆞ니 」這져저 也여여 我어오 平빙핑 日

싕싀 姑구구 息싕시 之지즈 愛해애 ○ 이 ᄯᅩ 내 平日에 姑息之愛로 」失싕시 于유위

教(쟌걍)訓(흔훈)了(랼럏) ○ 教訓홈을 일홈이로다

我(오어)問(운문)你(니녜)些(셔셔)字(즈쯔)様(양양) ○ 내 너ᄃᆞ려 저기 字 様을 무르리라

縫(붕뽕)衣(이히)裳(샹쨩)的(디딍)縫(붕뽕)字(즈쯔)怎(즘즘)麽(마뭐)寫(셔셔) ○ 衣裳 호다ᄒᆞᄂᆞᆫ 縫字를 어이 ᄡᅳᄂᆞ뇨

這(져텨)箇(거거)字(즈쯔)不(부붕)難(난난)寫(셔셔) ○ 이 字ᄂᆞᆫ ᄡᅳ기 어렵지 아니ᄒᆞ니

紐(부늉)絲(스ᄉᆞ)傍(팡빵)加(갸갸)箇(거거)逢(풍뽕)字(즈쯔) ○ 실ᄉᆞ 변에 逢字ᄒᆞ여시니

那(나너)箇(겨거)逢(풍뽕)字(즈쯔) ○ 뎌 逢字ᄂᆞᆫ 久(구김)字(즈쯔)

底(디뎨)下(햐햐)手(식싱)字(즈쯔)加(갸갸)箇(거거)走(주즘)字(즈쯔)的(디딍)便(변뺸)

是(시씽) ○ 久字 아리 手字ᄒᆞ고 走字ᄒᆞᆫ 거시 곳이라

替(티톄)代(대때)的(디딍)代(대때)字(즈쯔)怎(즘즘)麽(마뭐)寫(셔셔) ○ 替代ᄒᆞ다ᄒᆞᄂᆞᆫ 代字를 어이 ᄡᅳᄂᆞ뇨

代(대ᄄᆡ)字(즈쯔) ○ 代字ᄂᆞᆫ

是(시씽)立(리링)人(인신)傍(팡빵)加(갸갸)箇(거거)弋(이잉)字(즈쯔)便(변뺸)

是씽시 ○이立人변에弋字ᄒᆞᆫ거시곳이라 拖터토字쯔즈怎즘즘的디디寫셔셔
○이拖字를어ᄡᅥᄂᆞᆫ요 剔팅티手싱수傍빵팡上썅샹邊변변着짷잔箇거거人
신인字쯔즈下햐하邊변변着짷잔箇거거也여여字쯔즈便뼌변是씽시 ○
쥐슈변에우희人字ᄒᆞ고아리也字ᄒᆞᆫ거시곳이라 却캬커字쯔즈怎즘즘麽뭐마寫셔셔
○이却字를이ᄡᅥᄂᆞᆫ요 去큐취字쯔즈傍빵팡着짷잔半빈반箇거거耳싱을字
쯔즈便뼌변是씽시 ○去字변에반耳字ᄒᆞᆫ거시곳이라 劉릳루字쯔즈怎즘즘麽
뭐마寫셔셔 ○이劉字를어ᄡᅥᄂᆞᆫ요 卯맏마字쯔즈頭틀투下햐하着짷잔金김긴
字쯔즈右임우邊변변加갸갸箇거거側징저刀닫다便뼌변是씽시 ○卯字
머리아리金字ᄒᆞ고올ᄒᆞᆫ편에션칼도리ᄒᆞᆫ거시곳이라 錯찹초字쯔즈怎즘즘麽뭐마寫
셔셔 ○이錯字를어ᄡᅥᄂᆞᆫ요 金김긴字쯔즈傍빵팡着짷잔箇거거昔싱시字쯔즈

便 뼌변 是 씽시 ○ 흔金 거字 시변 곳에 이昔 라字 宋 숭숭 字 쯔즈 怎 즘즘 麼 뭐마 寫
셔셔 ○ 이宋 벗字 는를 요어 賣 뱅밧 盖 개개 頭 뜰투 下 햐하 着 쨯쟌 箇 거거 木 뭉무
字 쯔즈 便 뼌변 是 씽시 ○ 흔갓 거머 시리 곳아 이리 라木 字 笠 링리 字 쯔즈 怎 즘즘
麼 뭐마 寫 셔셔 ○ 이笠 벗字 는를 요어 竹 쥬주 字 쯔즈 頭 뜰투 下 햐하 着 쨯쟌 箇
거거 立 링리 字 쯔즈 便 뼌변 是 씽시 ○ 흔대 거쥭 시아 곳리 이立 라字 滿 먼만 字 쯔즈
怎 즘즘 麼 뭐마 寫 셔셔 ○ 이滿 벗字 는를 요어 三 삼산 點 뎜뎐 水 쉬쉬 傍 빵팡 着
쨯쟌 箇 거거 草 참찬 頭 뜰투 底 뎨디 下 햐하 着 쨯쟌 箇 거거 雨 유위 字 쯔즈 便
뼌변 是 씽시 ○ 리삼 甬슈 字변 흔에 거草 시頭 곳흐 이고 라아 待 때대 字 쯔즈 怎 즘즘 的
딍디 寫 셔셔 ○ 이待 벗字 는를 요어 雙 상솽 立 링리 人 신인 傍 빵팡 着 쨯쟌 箇 거거
寺 스스 字 쯔즈 便 뼌변 是 씽시 ○ 흔중 거인 시변 곳에 이寺 라字 思 스스 字 쯔즈 怎

즘즘 麽마뭐 寫셔셔 ○ 思字를 어이 벗ᄂᆞᆫ뇨 那나너 思스ᄉᆞ 字즈쯔 ○ 思字ᄂᆞᆫ 田
뎐뗜 字즈쯔 下햐하 着쟈쟝 箇거거 心신신 字즈쯔 便변뼌 是시시 ○ 田字 아래
心字ᄒᆞᆫ 거시 곳이라 你니녜 知지징 道닾댱 麽마뭐 ○ 네 아ᄂᆞᆫ다 字즈쯔 之즈즈 形
힝행 勢시싀 狠흔흔 多도더 大다대 槩개개 如유슈 此츠ᄎᆞ ○ 字의 形勢 ᄀᆞ장 만ᄒᆞ
니 大槩 ᄃᆞ이 憑핑삥 你니녜 問운문 多도더 少샾ᄉᆞᇢ ○ 네 대로 아무 만무러도
却커캬 考칸캉 不부봉 倒닾당 我오어 哩리려 ○ 도리어 나를 지우지 못ᄒᆞ리라
我오어 要얀얗 往왕왕 你니녜 莊장장 頭투뜰 家쟈갸 去츄큐 ○ 내 네 장 집의 놈
가고져 ᄒᆞ되 不부봉 得더듷 工궁궁 夫부부 去츄큐 不부봉 得더듷 ○ 工夫를 엇
디 못ᄒᆞ여 가디 몯ᄒᆞ노라 你니녜 每믜뮈 日시싀 做주주 甚셔씸 麽마뭐 ○ 네 每日에
무엇ᄒᆞᄂᆞ뇨 我오어 每믜뮈 日시싀 纔채째 聽팅팅 明밍밍 鐘중즁 一이흥 聲

싱싱 響향향 ○ 내날마다게요明鍾혼소리를듯고 便변뼌 上샹샹 馬마마 跟근근 老
랑랑 爺여여 ○ 꼿몰爺를다토라고老亡 直지찡 到닫당 點뎜뎜 燈등등 時스씽 分
본븐 纔재째 下하햐 馬마마 ○ 잇곳블믈에새다닷리난게곳을셰뉵 幾지게 曾층쯩
得더듸 閑현햔 呢니녀 ○ 언제일즉한가흠을어드리오는 徐니녀 說숴쉐 的디듸 是
시씽 ○ 네미니올라타ᄃᆞᆫ 每믜뮈 日시싀 東둥둥 走주즇 西시셰 走주즇 不부붕 得
더등 片편편 時스씽 歇혀혐 息시싱 ○ 每日에돌로듯고셔 ᄃᆞ라片時도쉬믈엇지못로
ᄒᆞᆫ 但단댠 是시씽 徐니녀 還환환 不붕 知지징 那나녀 鄕향향 村춘춘 裏
리례 的디딍 好한함 處츄츄 哩리례 ○ 다만네도로 도묘흔곳을아지혀못ᄒᆞᆫ鄕村에 논쏘에
다ᄂᆞᆫ 到닫당 那나너 稻닫땅 熟수쑿 的디듸 時스씽 候후훃 ○ 더벼에니다을 ᅄᅢ에다ᄃᆞᆫ
라ᄂᆞᆫ 蟹해ᅘᆡ 正징징 肥븨쀵 魚위유 正징징 美믜뮈 ○ 게정히슬디고 기정히아ᄅᆞᆷ고

朴通事新釋

다온」제 終중즁日싀싱裏리례或휘휭對뒤뒤客커컹飲인힘酒직징吟인힘

詩시싱 ○ 終日토록或客을對ᄒ여술먹고詩를읇고면 或휘휭着쟈쨩碁치끼彈탄땬

琴킨낀遣견견興힝힝 ○ 或바독두며거믄고를타興을보내너」 眞진진箇거거無

우무 一이흥時스씽不부붕是시씽樂러랍境깅깅 ○ 진실로一時도樂境아닌거시

업스너」 徐너녜若쇼샾到닾닿那나너裏리례住쥬쮸幾지계時스씽 ○ 네만

일더긔가여러배를머믈면」 只즈징怕파파還환훤不부붕肯큰큉回회휘來레래

哩리례 ○ 다만저프건대도로혀즐겨도라오지아닐가ᄒ노라 [illegible]

這저져客커컹位위위收수싱拾시씽的디딍好화홯不부붕整징징齊치쪠

○ 이客位收拾기를ᄀ장整齊히못ᄒ여시니」 灑새섀些셔셔水쉬쉬 ○ 저기물샤리고

把바바笤탄땊箒주쭇來레래掃산삼乾간건淨징찡着져쨯 ○ 낫비가져[illegible]

블기를乾淨히ᄒᆞ고 將장쟝花화화氈젼쟌鋪푸푸在째재炕캉강上샹샹 ○ 花氈
가져다가캉에ᄭᆞᆯ고 兩량량傍빵팡放방방幾계지張장쟝椅이이子즈즈 ○ 두편
에여러교의를노코 當당당中즁중掛과과一힝이軸쭉주大대다畫화화 ○ 當中
ᄒᆞ여ᄒᆞᆫ軸큰그림을걸고 將장쟝鏤룽루金김긴香향향爐루루擺배배上샹샹燒
병샨些셔셔餅빙빙子즈즈香향향 ○ 鏤金香爐를다가버려져기餅子香을픠오고 那
너나書슈슈案현안上샹샹把바바幾계지套탕탈書슈슈擺배배着쨩저 ○
더書案우희여러질척을다가버리라 這져져般뷘번陳찐친設봉셔妥터토當당당
○ 이리陳設ᄒᆞ기를妥當히ᄒᆞ면 來래레的듸디客킁커人신인們문믄也여여道
댱닾我어오收싱삭拾씽시得뒁더精징징緻찡지 ○ 오ᄂᆞᆫ客ᄉᆞ들도내收拾기를精
緻히ᄒᆞ엿다나를거시니 豈계치不붕부有읭우趣츄취呢녜니 ○ 엇지맛잇지아니ᄒᆞ

ᄂᆞ라

老랄랄年년년兄훙훙○老年아你녀니的더디俸뽕봉滿뭔만了럏랼不

붕부曾쯩층○냐네못녹ᄒᆞ봉엿이ᄂᆞ찻냔ᄂᆞ這져져五우우月워워內뉘늬便변변

滿뭔만了럏랼○ᄎᆞ이ᄂᆞ五니月라에ᄀᆞᆺ接쪙져任심신的디디官권관有위우

了럏랼麼뭐마○이교잇디ᄂᆞ홀냐만원吏레리部뿌부已이이選쉰숸出츄츄

來래레了럏랼○내吏엿部ᄂᆞㅣ니이라믜ᄲᅡ你녜니的디디陞싱싱文운운得

더더了럏랼麼뭐마○롤네어ᄃᆞᆺ덧논논문다셔我어오在째재任심신幾계지年

년년並빙빙沒무무有위우不부부了럏랼的디디事스스件견견○에내이任

ᄆᆞᆺ연지지못여ᄒᆞ러일히이로업되ᄂᆞᆫ다又위우沒무무有위우過귀고犯빤반○過ᄯᅩ

스犯니이업爲위위甚씸셔麼뭐마不부부得더더呢녀니○ᄒᆞ무여시엇슬지위

못ᄒᆞ리오 既지계 是시씌 這져저 般번뻔 ○이믜 이러면 那나너 幾지계 日시싀

你니녀 又우위 說쉬숴 首식싱 領링링 官관권 纔채째 做주주 稿갈간 呈칭찡

堂탕땅 ○져즘ᄢᅴ 네ᄉᆞ도 니ᄅᆞ되 首領官이 ᄀᆞᆺ 초흘 민그라 당샹ᄭᅴ 드리니 堂탕땅 上샹썅 還

환쀤 不부붕 曾층쯩 畫화홰 押야향 哩리례 ○堂上이 당시롱 일즉 슈례 두지 아니ᄒᆞ엿

다ᄒᆞ더니 這져저 是시씌 大다때 前쳔쪈 日시싀 的디듸 話화홰 ○이ᄂᆞᆫ 이 굿그제

말이라 昨조좌 日시싀 衙야야 門믄문 書슈슈 辦반빤 已이이 將쟝쟝 文운문

書슈슈 送숭숭 來레래 了랴럏 ○어지 衙門셔 반이 이미 文書를 다가 보내엿더라 這

져저 麽마뭐 看칸컨 起치킈 來레래 ○이리 볼양이면 到다됴 底디뎨 是시씌 你

니녀 的디듸 職지짓 分븐뿐 好한핳 福부봉 氣치킈 好한핳 ○나죵내 네 職分이 됴

코 福氣 됴타 一이힝 步부뿌 高간강 如슈슈 一이힝 步부뿌 ○ᄒᆞᆫ 거름에 ᄒᆞᆫ 거름이

노프니 似 我 這般雜職微員 陞
轉極難 ○우리 ᄀᆞᄐᆞᆫ 이 雜職微員은 陞轉ᄒᆞ기 극히 어려워 滿了
랴 一任 還不知等到何年纔
得補用哩 ○ᄒᆞᆫ 벼ᄉᆞᆯ이 太면 당시롱 어ᄂᆡ 히예 다ᄃᆞ라 마치 補用
홈을 어들 줄을 아지 못ᄒᆞᄂᆞ니라 你休這般說 ○네 이리 니
ᄅᆞ지 말라 時來鐵也爭光 ○ᄯᅢ 오면 쇠도 빗출ᄃᆞ토고
運去黃金失色 ○運이 가면 黃金이 빗출일ᄂᆞᆫ다 ᄒᆞ니
라
那一日在李指揮家 ○뎌 ᄒᆞᆫ 날 李指揮
집의셔 打雙陸時節 ○雙陸 칠 ᄯᅢ에 王千

戶후후 打다다 背븨븨 後흫후 來래리 ○ 王手戶 흐로셔 와 뒤 扯쳐처 了랼랴

我오어 一이힝 把바바 小샤샵 刀닾닿 子즈즈 去취큐 ○ 내 혼 져근 칼을 쌔혀

他타터 前쳔쳔 日시싀 輸슈슈 與위유 我오어 的디디 猪쥬쥬 頭투틓 也

여여 不부붕 肯큰킹 買매매 ○ 뎌 그젓긔 내게 진 돗희 머리도 즐겨 사지 아니흐니 我오어

正징징 恨흔흔 他타터 不부붕 過고져 ○ 내 정히 뎌룰 뮈워 견디지 못흐더니 昨조쪼

日시싀 那나너 廝스스 恰캬갸 到닫담 我오어 家쟈갸 來레래 ○ 어제 뎌 놈이 마

치 왓거늘 내 집의 我오어 特터등 地디뗘 把바바 酒주짐 灌관권 的디듸 他타턓

爛란란 醉쥐쥐 ○ 내 부러 술을 다가 뎌의게 부어 爛醉케 흐니 他타터 便변뼌 眼얀얀

花화화 ○ 뎨 곳 눈이 밤븨여 不부붕 辨변뼌 東둥둥 西시싀 不부붕 省싱싱 人

인신 事스씽 ○ 東西를 분변치 못흐고 人事를 아지 못흐여 倒닷담 在재쨰 床촹짱 上

상샹 便변뼌 打다다 鼾한헌 睡쉬쒸 ○ 床우희것구러져곳 코고오고자거늘 我오어

就직찍 把바바 他타터 的디듸 小샤셜 刀닾닿 子즈즈 拔바빠 了랴렿 來레래

○ 내이믜셔더의져근 칼을다가쌔혀고 又우잉 把바바 筆비빙 來레래 在재째 他

타터 面면면 上샹샹 畫화홰 黑희흥 了랴렿 ○ 또붓스로다가더의 面上에그려검게ᄒᆞ

엿더 니 他타터 酒직짐 醒싱싱 了랴렿 起치켸 來레래 不부붕 覺쟈걓 ○ 뎌 술

이셔야니러나 셔돗지못ᄒᆞ고 就직찍 那나녀 般번뷘 去취큐 了랴렿 ○ 이믜 그린 셔 재

가 니 路루루 上샹썅 人인싄 看칸컨 見견견 必비빙 定딩뎡 要야얀 笑샤셤 話

화홰 他타터 ○ 길희사ᄅᆞᆷ이보고반ᄃᆞ 시더ᄅᆞᆯ우어시리라

這져져 孩해해 兒을싕 幾지계 箇거거 月워웕 了랴렿 ○ 이아희몃ᄃᆞᆯ 이나ᄒᆞ뇨

九구긓 箇거거 月워웕 了랴렿 ○ 아홉ᄃᆞᆯ 이라 不부붕 到닾당 一이잉 生승싕

日싀 哩례리 ○ 훈生日이다 지못ᄒᆞ엿다 듯 會회휘 爬빠파 麼마뭐 ○ 길줄 을아

ᄂᆞᆫ 會회휘 爬빠파 了럏랼 ○ 길줄올아 ᄂᆞ니라 這져져 妳내내 娘냥냥 好핳한

不부붕 精징징 細시셰 ○ 이젓어미ᄀᆞ장 精細치못ᄒᆞ다 這져져 孩해해 子즈ᄌᆞ 眼

얀얀 脂즈징 流루륳 下햐햐 來래레 也여여 不부붕 擦차창 ○ 이아희눈 곱이흘려

ᄂᆞ리되 씻기 지아니ᄒᆞᄂᆞ니 我오어 替티톄 他타터 擦차창 淨징찡 了랼럏 罷바빠 ○

내더물ᄆᆞᄅᆞ차 벗겨조히ᄒᆞ쟈 孩해해 兒을ᅀᅵᆯ 會회휘 學효햫 唱창챵 喏여셔 了랼럏

麼마뭐 ○ 아히읍홀 줄올아ᄂᆞ냐 會회휘 學효햫 亭팅뎡 亭팅뎡 了랼럏 麼마뭐

○ 징징이질홀 줄아ᄂᆞ냐 却거캏 纔채째 會회휘 學효햫 立리링 的디듸 腰얀햫

兒올ᅀᅵᆯ 軟쉰원 休휘힝 弄룽룽 他타터 ○ 굿셜줄올아되허리부 르니며롤ᄅᆞᆯ호지말라

不부붕 妨방방 事스씅 我오어 試스싀 一이힗 試스싀 ○ 해롭지아니 ᄒᆞ니내시험

ᄒᆞ쟈」休휭휘跌뗭뎌了럏랴他터타○뎌ᄅᆞᆯ구르치지말라」那너나一힝이日싱ᅀᅵ

踢킹치了럏랴一힝이跌뗭뎌○뎌ᄒᆞᆫ날ᄒᆞᆫ번구러짐을넘어」額읭여頭뜰투上

쌍샹跌뗭뎌破풔포了럏랴○니마우히구러져하야지너」娘냥냥子즈즈見견견

了럏랴好핳한生싱승聒좡고譟삼산難난난聽팅팅哩례리○娘子ㅣ보고ᄀᆞ

장짓게여듯기어렵더라」你녜니說쉉숴的딩디是씽시○네니ᄅᆞ미올타」你녜니好

핳한生싱승用융융心심신看컨칸守싱식着쨯져○네ᄀᆞ장用心ᄒᆞ여보ᄉᆞᆲ히라」

若샿쇼不붕부用융융心짐신收싷식拾씽시他터타○만일用心ᄒᆞ여뎌ᄅᆞᆯ收拾

지아니ᄒᆞ면」便뼌변是씽시你녜니的딩디不붕부是씽시了럏랴○곳이네올

치아니니라」過궈고了럏랴一힝이生싱승日싀ᅀᅵ便뼌변會훼휘學햫효那

너노步뿌부兒싀을○ᄒᆞᆫ生日이지나면곳거ᄅᆞᆷ옴길줄을알거시니」我어오好핳한做

一 황이 雙 상쌍 小 셯샾 繡 심수 鞋 혜혜 與 유위 他 터타 賀 헿허 一 힘이 賀

헿허 ○ 내 ᄒᆞᆫ 쌍 져근 슈신을 뮌ᄃᆞ라 저 믈 주어 하례홈이 됴타 라

姐 져져 姐 져져 來 래레 咱 잫자 們 문믄 下 햐하 一 힘이 盤 뿬판 雙 뿡쌍 碁 끼치

罷 빠바 ○ 각시아 오라 우리 ᄒᆞᆫ 판 ᄡᆞᆼ츄 사ᄋᆞ 흐쟈 我 어오 生 싱승 活 활호 忙 망망 那 너나

能 넝능 閑 햔현 耍 솨솨 ○ 내 셩녕이 밧브니 엇지 능히 한가히 놀리오 你 녜니 做 주주

甚 씸셔 麼 뭐마 生 싱승 活 활호 ○ 네 므슴 셩녕을 ᄒᆞᄂᆞ다 我 어오 做 주주 絮 갸갸

灑 샤사 哩 례리 ○ 내 그 絮 노라를 咱 찹자 們 문믄 人 신인 生 싱승 在 쨰재 世

시실 ○ 우리 사ᄅᆞᆷ이 세샹에 이셔 今 긴긴 日 ᅀᅵᆷ이 死 ᄉᆞᆺ스 明 밍밍 日 ᅀᅵᆷ이 死 ᄉᆞᆺ스

都 두두 是 씽시 定 띵딩 不 붕부 得 득더 的 딩디 ○ 오ᄂᆞᆯ 죽을동 ᄂᆡ일 죽을동 다 定치 못ᄒᆞᆯ

ᄒᆞ니 做 주주 些 셔셔 好 황할 事 씃스 結 켱겨 箇 거거 好 황할 因 힌인 緣 연연

○져기됴흔일을ᄒᆞ여 됴흔因緣을ᄆᆡᄌᆞᆷ이 豈치키不부불是시씡好한항呢니녜○
엇지아됴치 아니ᄒᆞ랴 怪괘패哉재재○괴이ᄒᆞ다 纔채째十시씽五우우歲쉬쉬
的디딍女뉴뉴孩해해兒을싕○곳十五歲에 女孩兒ㅣ 說쉬숳這져져般번뷘
作조잡怪패괘的디딍言연연語위유○이런괴이ᄒᆞᆫ 말을니ᄅᆞᄂᆞ다 你니녜怎즘즘
麽마뭐這져져般번뷘說쉬숳○네엇디이리 니ᄅᆞᄂᆞ다 常창쨩言연연道닫닿
○常言에니ᄅᆞ되 人인신死스ᄉᆞ不부붕在재째老랖랖少샾셯○사ᄅᆞᆷ의 죽기老의
少에잇지아 니타ᄒᆞ니라 雖쉬쉬然연얀這져쳐般번뷘講쟝걍○비록이리 니ᄅᆞ나
你니녜且쳐쳐來래래咱자장們믄문下하햐一이힝盤판뿬罷바빠○네 아
직오라우리 ᄒᆞᆫ판두쟈 罷바빠罷바빠○두어 두어 且쳐쳐拿나나過고궈碁치끼
來레래下하햐一이힝盤판뿬○아직바독가져 와ᄒᆞᆫ판두쟈 我오어先션션着

잡쟈 ○ 내몬저두쟈 你 니니 怎 즘즘 麼 뭐마 先 션션 着 짭쟈 呢 니니 ○ 녜엇디몬
져두리오 咱 장자 賭 두두 些 셔셔 甚 씸셔 麼 뭐마 ○ 우리므서슬더느료 我 어오 輸
슈슈 了 럏랴 再 재재 不 붕부 敢 감간 違 위위 姐 져져 姐 져져 的 딍디 言 연연 語
위휴 ○ 내지면ᄯᅩ감히각시의말을어긔롯지못ᄒᆞ고 姐 져져 姐 져져 若 샿쇼 輸 슈슈 了
럏랴 也 여여 再 재재 不 붕부 要 영얀 違 위위 了 럏랴 我 어오 的 딍디 言 연연 語
위유 如 슈슈 何 혀허 ○ 각시만일져도ᄯᅩ내말을어긔롯지말미엇더ᄒᆞ뇨 不 붕부 要 영얀
聒 괌고 譟 상산 了 럏랴 快 쾌쾌 些 셔셔 下 햐하 罷 빠바 ○ 짓궤지말고샐리두라
是 씽시 了 럏랴 ○ 올타 旣 계지 說 숴쉬 定 띵딩 了 럏랴 不 붕부 要 양얀 改 개개
口 큭쿠 ○ 이의닐러定ᄒᆞ여시니변기치마쟈 咱 장자 們 믄문 先 션션 小 셤샤 人 신인
而 싱을 後 흫후 君 균균 子 즈즈 好 항한 ○ 우리몬져는小人이오후에는君子로옴이됴

ᄒᆞ니라

鄭 징쪙 哥 꺼거 你 니녜 來 레래 ○ 鄭哥ㅣ아 이바 咱 잔장 們 믄믄 在 재째 這 져져

草 찬참 地 디띠 上 샹쌍 學 효햫 摔 쇄좡 校 갸걒 罷 바빠 ○ 우리 이 草地에셔 ᄡᅵ름ᄒᆞ

기ᄒᆞ 비쟈 咳 해ᄒᆡ 你 니녜 這 져져 矬 초쵀 漢 한헌 那 나녀 裏 리례 能 능넝 抵 디뎨

當 당당 的 디딩 我 오어 ○ 애 너 이 킈 저근 놈이 어듸 능히 나를 抵當ᄒᆞ리오 你 니녜 不

부봉 要 얀옆 誇 콰콰 口 쿠킇 ○ 네 자랑 말고 咱 자장 兩 량량 箇 거거 交 갼걒 手

식싱 便 변뼌 見 견견 高 갇갈 低 디뎨 ○ 우리 둘히 交手ᄒᆞ면 곳 高低를 보리라 誰 쉬쒸

吃 치킹 蘿 로러 蔔 부뿡 打 다다 噎 애여 咈 보뽕 ○ 뉘 무우 먹고 트림ᄒᆞ엿ᄂᆞ뇨 氣

치계 息 시싱 臭 취칭 的 디딩 了 랸령 不 부붕 的 디딩 ○ 내음이 더러워 견듸지 못ᄒᆞ니

敢 간감 是 시씃 這 져져 矬 초쵀 漢 한헌 吃 치킹 來 레래 ○ 이 킈 져근 놈이 먹은 듯ᄒᆞ

다 咳 해해 百 빙배 忙 망망 裏 리리 說 숴쉬 甚 씸셔 麼 마마 閑 현현 話 화화 呢

늬니 ○ 애 밧븐듸 므슴 힘힘ᄒᆞᆫ 말을 니ᄅᆞᄂᆞᆫ다 咱 잠자 兩 량량 箇 거거 捽 중쇄 ○ 우리

둘히 ᄡᅵ름ᄒᆞ되 大 대다 家 가쟈 休 힝후 打 다다 臉 련련 ○ 大家ㅣ ᄲᅡᆷ 치지 말고 好 항한

的 딩디 捽 중쇄 ○ 됴히 됴히 ᄡᅵ름ᄒᆞ쟈 咳 해해 到 당단 底 듸디 是 씨시 你

늬니 這 져저 矬 쬐초 漢 헌한 倒 당단 了 럎랴 ○ 애 나 죵내 너 이 킈 커근 놈이 것구러지거

다 我 어오 原 원원 說 숴쉬 你 늬니 那 너나 裏 뢰리 敵 띵디 的 등디 我 어오 過

궈고 哩 례리 ○ 내 본듸 닐ᄋᆞ니 네 엇지 나ᄅᆞᆯ 듸젹ᄒᆞ리오

你 늬니 到 당단 那 너나 裏 리리 去 큐취 ○ 네 어듸 가ᄂᆞᆫ다 我 어오 只 징즈 到 당단

這 져저 裏 례리 來 래레 ○ 내 그저 여긔 오노라 雨 유위 纔 째채 晴 찡칭 了 럎랴 街

걔개 上 썅샹 有 잉우 路 루루 好 항한 走 쯩주 麼 뭐마 ○ 비 굿 개여시니 거리에 길히 이

셔ᄃᆞᆫ니기됴터니 那나너裏리레好핲향走주즇 ○ 어ᄃᆡᄃᆞᆫ니기됴흐리오 一이힝

路루루稀히히泥니녜眞진진有익임沒무뭉脚교걓背븨뷔滲신심哩리레

○ 왼길죤흙이진실로발등이ᄲᅢ질깁희잇더라 那나너般반븬你니녜的디듸靴훠훼

子즈즈怎즘즘麼마뭐還환환是시씨乾간건的디듸 ○ 그러면네靴ㅣ엇디도로

혀몰라느노 我오어慢만만慢만만兒을싈沿연연着져쟣人인싄家쟈갸房

방빵簷연염底디데下햐햐 ○ 내날회여入家쳠하롤조차 揀견갼着져쟣道도땅

兒을싈走주즇來레래的디듸 ○ 길흘골힉여왓노라 你니녜看칸컨那나너騎

치끼馬마마的디듸官관권人인싄們믄문 ○ 네보라더몰툰官人들이 衣이히服

부뿡上샹썅都두두汚우후的디듸是시씨泥니녜 ○ 衣服에다더레인거시히즌흙

이라 你니녜還환환要얀얗到도담那나너裏리레去취큐 ○ 네도어되가려흐는

我어오 還환환 要햫얖 到닿닿 別뼝볘 處츄츄 去큐취 ○내 ᄯᅩ 다ᄅᆞᆫ 듸 가려 ᄒᆞᄂᆞ니

有잉우 些셔셔 緊긴긴 要햫얖 勾긓구 當당당 ○져기 緊要ᄒᆞᆫ 일이 잇노라 這쳐져

麼뭐마 拿나나 我어오 的듸디 雨유위 衣히이 雨유위 靴훠훠 來래레 ○이러면 내 유삼과 준휘를 가져와

與유위 你녜니 換환환 穿쳔쳔 了럏랴 去큐취 罷빠바 ○너를 주어 밧고와 닙고 가게 ᄒᆞ쟈

你녜니 今김긴 年년년 怎즘즘 麼뭐마 不붕부 到닿닿 京깅징 城찡칭 去큐취 ○네 올희 엇디 京城에 가디 아니ᄒᆞ엿ᄂᆞ뇨

路루루 上쌍상 盤뺜판 纏쪈쳔 艱간견 難난난 怎즘즘 麼뭐마 去큐취 呢녜니 ○길헤 盤纏이 艱難ᄒᆞ니 엇지 가리오

你녜니 也여여 却갸커 為위위 甚씸서 麼뭐마 不붕부 去큐취 呢녜니 ○너ᄂᆞᆫ ᄯᅩ 엇디ᄒᆞ여 가지 아니ᄒᆞ

我어오 也여여 沒몽무 甚씸서 麼뭐마 幹건간 的듸디 勾긓구

엿ᄂᆞᆫ다

朴通事諺解 二 五十七

當○나도 아모란 흘 일 업고 也沒有盤纏○盤纏이 업소니 所以不曾去○이러모로 일즉 가지 못ᄒᆞ엿노라

那年時牢子們試走的你可曾看見麼○뎌 년에 牢子들희 ᄃᆞ롬질 시기ᄂᆞᆫ 거슬 네 일즉 보왓ᄂᆞ냐

我不曾看見○내 일즉 보지 못ᄒᆞ엿노라 那裏試走的○어ᄃᆡ셔 ᄃᆞ롬질 시기더뇨 在六十里裏庄店裏走的○六十里 庄店에셔 ᄃᆞ롬질ᄒᆞ니

坐西湖景涼殿裏皇上在西湖景涼殿裏坐○皇上이 西湖景涼殿에셔 안자 보시더라 那時誰先走的看○그 ᄯᆡ에 뉘 몬져 ᄃᆞ라왓더뇨

是一個走來呢○그ᄃᆡ에 뉘 몬져 ᄃᆞ라왓더뇨 是一箇

細시셰長챵쨩身신신子즈즈團퇀뚼欒롼뢴面면면的디딍 ○ 이 ᄒᆞᆫ 킈 힐힐ᄒᆞ고
ᄂᆞᆺ치 ᄃᆞ렷ᄒᆞᆫ 原원원是시씨箇거거南난남方방빙人신인 ○ 본디 南方 사ᄅᆞᆷ이니 南
名밍밍喚훤훤許쉬휴痩수숳兒을싱 ○ 일홈을 許痩兒ㅣ라 부르ᄂᆞ니 他타더先
션션走주즘來레래 ○ 뎌 몬져 ᄃᆞ라왓더라 是시씨誰쉬쒸家쟈갸的디딍牢랄랄
子즈즈呢니녀 ○ 이 뉘 집 牢子ㅣ러뇨 是시씨跟근근隨쉬쒸張장쨩總중중兵
빙빙使시싱喚훤훤的디딍牢랄랄子즈즈 ○ 이 張總兵을 ᄯᆞ라 使喚ᄒᆞᄂᆞᆫ 牢子ㅣ러라
那나녀日시싱皇황횡上샹썅賞샹샹了랴럏他타더一이힁百버븽兩량량
銀인힌子즈즈四스ᄉᆞ疋피핑內니뉘府부부大다때緞돤뛴 ○ 그날 皇上이 뎌
를 一百兩銀과 네 疋 內府大緞을 賞주더라 萬완완千쳔쳔人신인裏리리頭투뚜 ○
萬千人 즁에 頭투뚜一이힁箇거거走주즘得더듸了랴럏偌셔여多도더賞

샹샹賜스ᄉᆞ○웃듬으로도고만 흔샹ᄉᆞ롤어드니眞진진是시씨皇황황恩은은浩
한향蕩당땅好한할不부봉榮융윙耀얀열○진실로皇恩이浩蕩ᄒᆞ 혼지라ᄀᆞ장榮耀ᄒᆞ
더라
今긴김日시싀幾지계○오ᄂᆞᆯ이 몃츌고今긴김日시싀是시씨臘라랑月워웕
二을싈十시씽五우우日시싀○오ᄂᆞᆯ이이臘月 二十五日이라咳해해一이잉件
견견新신신衣이이服부봉也여여沒무몽有우잉怎즘즘的디딍好할할嚒
녀녀○매ᄒᆞᆫ볼새옷도업스니 엇지ᄒᆞ여야됴ᄒᆞᆯ리오把바바曆리링頭투듷來래래我
오어看칸컨○칙녁가져오 리내보쟈這져져月워웕是시씨大다때盡진찐是
시씽小샾셩盡진찐○이ᄃᆞᆯ이커그므ᄂᆞ 나져거그므나這져져的디딍是시씽
大다때盡진찐還환환有우잉五우우箇거거日시싀子즈즈哩리릐○이거

그ᄆᆞ니 당시롱 닷새 잇ᄂᆞ니라 家갸쟈 裏례리 有잉우 五우우 六륭륙 箇거거 婦뿌부
人신인 做주주 活홯호 裁째채 的딩디 縫뽕봉 的딩디 ○ 집의 다엿 계집이 이셔 셩
녕ᄒᆞ여 ᄆᆞᄅᆞ거나 짓거니ᄒᆞ면 怎즘즘 麼뭐마 就찧쥐 趕건간 不봉부 出츙츄 一힝이
套탕탚 衣히이 服뽕부 來래레 呢녜니 ○ 엇지 ᄭᅩᆺᄒᆞᆫ 불 옷슬 밋처 치어내지 못ᄒᆞ리오
角걓교 安헌안 亢강강 食씽시 氏뗴디 房빵방 益힝이 ○ 角은 安ᄒᆞ고 亢은 食ᄒᆞ고
氏房은 益ᄒᆞ고 斗듷두 美뮈믜 牛닣누 休힣후 虛휴쉬 得듷더 粮량량 ○ 斗ᄂᆞᆫ 美ᄒᆞ
고 牛ᄂᆞᆫ 休ᄒᆞ고 虛ᄂᆞᆫ 得粮ᄒᆞ고 壁빙비 翼잉이 獲횅휘 財째채 奎퀴퀴 得듷더 寶방봐
○ 壁翼은 獲財ᄒᆞ고 奎ᄂᆞᆫ 得寶ᄒᆞ고 婁릏루 增징증 軫친진 久긯구 鬼귀귀 迎잉잉
祥썅샹 ○ 婁ᄂᆞᆫ 增ᄒᆞ고 軫은 久ᄒᆞ고 鬼ᄂᆞᆫ 迎祥ᄒᆞᄂᆞ 今김긴 日잉싀 是씽시 乙힝이 丑
칙추 斗듷두 星싱싱 日잉싀 ○ 오ᄂᆞᆯ이 이 乙丑 斗星日이니 却캏커 是씽시 箇거거

好핳한日싀리子즈즈 ○ 날이됴이 흔 生쥬쥬得더득飮인힘食시씽便

변뼌好핳한裁채째衣이이 ○ 飮食을主ᄒᆞ니 옷ᄆᆞᄅᆞ기도ᄒᆞ니 곳 這져져油잉위綠

루룽的디딍裁채째做주주袍판팦子즈즈 ○ 이 油綠으로 옷ᄆᆞᆫ라 ᄆᆞᆫ들라 큰고 袞

현현靑칭칭的디딍裁채째做주주襖파파子즈즈 ○ 혀 쳥빗 몰라 ᄆᆞᆫ들고 등거ᄅᆡ

魚위유白배뽕的디딍裁채째做주주綿면면襖안핳 ○ 옥 옷 식 몰라 빗 ᄆᆞᆫ들고 ᄒᆞᆺ드

되 就작쨩着잔짱幾지계箇거거婦부뿌人인인們문믄下하햐手싱식縫

봉뽕罷바빠 ○ 즉시 여러 계집 들로 ᄒᆞ여 손 부더 짓게 ᄒᆞ고 好핳한着잔짱他타터們

문믄上샹쌍緊긴긴赶간건活호훵 ○ ᄀᆞ장 ᄇᆞᆯ이 들로 ᄒᆞ여 급히 밋처 셩녕ᄒᆞ면 這져져

還환훤怕파파沒무몽有워잉新신신衣이이服부뿌過거귀年년년麽마뮈

○ 이도로혀 새옷스로 過年 홀 거시 업슬가 저프라

朴팔팦通퉁퉁事씃스新신신釋싱시諺연연解걔계卷궨권二싱을終즁중

朴通事新釋

乙卯仲秋

本院重刊

朴解 人

龍门早掛黃金榜
玉殿先呼第一人

朴팡팔通퉁퉁事씽스新신신釋싱시諺연연解걔게卷권권三산산把바바這져져

今긴긴日싀ᅀᅵ天텬텬氣키치炎연연熱셔여○오ᄂᆞᆯ天氣더위ᄒᆞ니把바바這져져

簾련련子즈즈捲쥔쥔起키치窗촹촹户후후支즈즈起키치○이ᄇᆞᆯ다

窗을거더라窓을괴오고○這져져蜖잉잉子즈즈這져져麼뭐마多

怎즘즘麼뭐마這져져蜖잉잉子즈즈來래레趕

呢니니○이리엇지ᄒᆞᄂᆞ뇨拿나나蜖잉잉拂부봉子즈즈來래레趕

了리리○건건起키치○가리다ᄒᆞ다채고가再재재拿나나把바바扇션샨子

○또다시가져다주고치니라熟셔여的디디

我오어○我로더못ᄒᆞ여當차라這져져廝쓰쓰後후후偏편편

來래레與유위我오오○유유혀當치라這져져廝쓰쓰後후후偏편편

當당당不부부白ᄇᆡ디的디디○못ᄒᆞ여當차라這져져廝쓰쓰後후후偏편편迸

着져져水쉬쉬窪와와子즈즈○이웃집뒤히가편벽히田텬텬鷄

偏편편又이우又平평잔的디디話화고誤샴산○또어우러러지편히벼닷히

三1a

-249-

你 네니 這 텨져 孩 해해 子 즈즈 們 문믄 怎 즘즘 麼 뭐마 這 텨져 般 번번 遭 잘잘
害 해해 我 어오 ○ 이너 리이 나아 를히 보들 채이 누엇 뇨지 一 횡이 壁 방비 廂 샹샹 名
갈거 自 쯔즈 頑 완완 去 큐취 不 봉부 好 할한 麼 뭐마 ○ 각호 놀편 라구 가서 미의 됴각
흐치 나아 ㄴ니 若 약요 再 재재 鬧 낭난 我 어오 我 어오 就 찡작 打 다다 了 럎랸 ○
세만 면일 내다 곳시 치게 리게 란들 好 할한 孩 해해 子 즈즈 ○ 히도 아혼 아 你 네니 兩
량량 箇 거거 帶 대대 着 쨩져 小 형샨 兄 흥흉 弟 때뎨 ○ 아녀 으희 를둘 두이 리어 끄린
到 랑닷 那 녀나 後 황후 河 허허 裡 례리 洗 세시 箇 거거 澡 짱잔 去 큐취 ○ 버뒷
흐에 라목 간욕 洗 세시 完 원완 了 량랸 ○ 거씻 드기 못 就 찡작 在 째재 柳 릭루 樹
쓔슈 下 햐하 涼 량량 快 괘쾌 一 횡이 會 휘휘 兒 싱을 回 휘휘 來 래레 ○ 드끗 나비
논모 이아 흐리 며이 도셔 라흐 오지 교위 ㄴ서 不 봉부 要 럏얀 只 짓즈 管 권권 磨 뭐모 ㅅ

인신了관념 ○ 그비저기ᄉᆞ끼리이여지사말ᄅᆞᆷ라의ㄴ

我어오家갸쟈裡례리老랄란鼠슈슈多뎌도得듸더狠흔흔 ○ 의우쥐리ㄱ직

흐장닌만怎즘즘麼뭐마好항한呢니니 ○ 아엇됴지흐흐료여你녜니家가자裡

례리沒몽무有임악猫망만兒싱올麼뭐마 ○ 엽비ᄂᆞ집나의ㄴ피我어오家가쟈

裡례리沒몽무有잉우 ○ 업우세리라집ㄴ의庫쿠쿠房빵방裡례리放방방的디

당디米몌미都두두被삐빅他터타吃칭치去큐취了랼랴好항한些셔셔 ○

제庫먹에으둔미쌀만을코다積쥐쥐子즈즈裡례리裝장좡的디당衣이이服뿡부

也여여被삐빅他터타咬얄얀破퍼포了럎랖好항한些셔셔 ○ 너積흔속衣에

거服시도만제흐쳐니브ㄴ린狠흔흔的디당我어오沒몽무法봐바兒싱을治칭치

他터타 ○ 스믜릴오法띄이내업뎌세를리다ㄴ那너나箇기거拿나나藍람란子즈즈

盛 찡칭 着 쨯져 猫 맣맘 的 딍디 不 봉부 是 씽시 賣 매매 的 딍디 麽 뭐마 ○ 드더

나라 이치 꼴가 리져 아괴 니담 간으 果 겨고 然 션안 是 씽시 賣 매매 猫 맣맘 的 딍디 ○

풀 票 리 然 토이 다괴 你 네니 拿 나나 猫 맣맘 來 래레 我 워오 看 칸간 ○ 져비 오피 라가

자버 ㄴ보 我 어오 買 매매 一 힝이 箇 기거 ○ 홀내 사ᄒᆞ 지니 我 허오 要 혈얀 這 져져

有 일우 花 화화 兒 싱을 白 的 딍디 母 무무 猫 맣맘 ○ 로내 사이 려어 ᄒᆞᄅᆞᆼ 니암 ㄴ괴 你

네나 要 혈얀 多 더도 少 썋샾 錢 쪈쳔 賣 매매 呢 녜니 ○ 꼴네 려언 ᄒᆞ머 는돈 단에 要

혈얀 一 힝이 百 빙버 錢 쪈쳔 ○ 드一 려百 ᄒᆞ돈 노을 라바 你 네니 賣 매매 白 的 딍디 價

가가 錢 쪈쳔 老 랄랖 實 쓍시 說 숴숴 ○ 식네 이꼴 니갑 ᄅᆞ슬 리고 ㄴ지 又 일우 不 봉부

是 씽시 大 때다 買 매매 賣 매매 ○ 이또 이이 니큰 니흥 ㄴ셩 甚 씸서 麽 뭐마

謊 황황 價 갸가 錢 쪈쳔 ○ 슬무 쐬슴 오거 리즛 오갑 ㄴ 一 힝이 百 빙버 錢 쪈쳔 短 뒨된

一이 箇거 也여 不부 賣매 ○ 一百돈에 ᄒᆞ나히 업시

你니 怎즘 麽마 這져 麽마 硬잉 頭투 硬잉 腦낟 怎즘 麽마 的디

呢니 ○ 비ᄂᆞ니 一이 箇거 鋪푸 兒ᅀᆞᆯ 넘거든 이리 ᄒᆞ더니 ᄒᆞ는가

就직 直지 的디 這져 些셔 錢쳔 ○ 이 돈 맛디 시리 ᄆᆞᄅᆞ면 ᄒᆞ니

你니 這져 混훈 要ᅀᅣᆯ 錢쳔 的디 王왕 八바 ○ 이 ᄒᆞ야 ᄂᆞᆷ 업시 사

你니 賣매 就직 賣매 不부 賣매 就직 拿나 ○ ᄒᆞ야 ᄂᆞᆫ 라라 자탈

了랴 去큐 ○ 니 ᄒᆞ려 거든 ᄀᆞ고 가져 가디 你니 不부 賣매 買매

便변 罷바 ○ 거비든 사 지 말 아 니 ᄒᆞ 러 錢쳔 是씨 你니 的디

物우 是씨 我오 的디 ○ 物돈은 은이 이 내 것 것 이 라 오 你니 爲위

甚씸 麽마 罵마 人인 ○ 네 므ᄉᆞᆷ ᄒᆞ라 다시 你니 무 ᄉᆞ

七十六

권권 勤 릉러 請 칭큰 不 봉부 賣 매매 ○ 고비 ᄭᅩ그 지저 아ᄉᆞ 니리 ᄒᆞ여 니보 _채 不 봉부

如 유유 換 걍갸 着 쟝져 屁 피피 眼 한얀 家 갸쟈 裡 례리 坐 쬐즈 着 쟙져 去 그츄

罷 빠바 ○ 시핏 라ᄀᆞᆼ 갈클 만치 ᄉᆞᆺ고 지집 의못 ᄒᆞ안 단자 你 니니 這 져져 不 봉부 知 징지

理 례리 的 듸디 ○ 르비 는이 거도 사리 _모 你 니니 再 재새 罵 마마 我 어오 也 여여

罵 마마 了 럎랴 ○ 나며 도다 욕시 ᄒᆞ요 리ᄒᆞ 런면 常 챵창 言 연연 道 댱닾 ○ 예常 니言

되르 風 봉봉 不 봉부 來 레레 樹 쓔슈 不 봉부 搖 열얀 ○ 니브 면람 남이 기부 흔지 더아

니기 ᄭᅵ지 _아 雨 유위 不 봉부 來 래리 河 허허 不 봉부 漲 쟝쟝 ○ 니비 면오 물지 이아

다님 ᄒᆞ지 니아 라니 ᄒᆞᆫ

蛟 룐균 子 ᄌᆞ즈 咬 얖얀 的 듸디 當 댱당 不 봉부 的 듸디 ○ 치모 못ᄒᆡ ᄒᆞ므 니러 _當

猴 헤허 子 ᄌᆞ즈 你 니니 與 유위 我 어오 買 매매 幾 기지 丈 쟝쟝 夏 햐하 布 부부

來래레○아희아네가블위ᄒᆞ이이너빌뇌룰사와做수주一황이頂딩딩蚊운운帳
장장掛과과着쟢져睡쉬쉬纔쌔새好핲하○ᄒᆞᆫ볼모긔帳ᄋᆞᆯᄆᆡᆼᄃᆞ라치고자야바치됴
흐니라這져져床쫭촹也이녀不봉부穩훈운○이싱이샹쳔안치아니ᄒᆞ니把
바바磚젼젼墊뎐뎐好핲하着쟢져○벽오로다가괴오게ᄒᆞ고把바바這
窓창창糊후후紙즈지都두두貼텨텨了럎랸○이窓에ᄇᆞ른죠희룰이가나믜치고
一황이發방바把바바冷릉링布부부糊후후了럎랸○홈쐬일믠뵈로다가브르
면又위의凉랑량快쾌쾌○또서늘ᄒᆞ고蚊운운子조즈也여여畢빙비竟
깅깅少샹샤些셰셰○모긔도져그니라竟你녜니家갸샤裏레리不봉부有
잉우菖샹창蒲뿌푸麼뭐마○네집의菖蒲업지미니ᄂᆞᆫ擲징재些셔셔葉영여
子조즈送송송我허오○져기넘흘서계보어여리니要양야他타타做주주甚

셤셔 麽 뭐마 ○ 호텨 려를 호호 는여 다무 엇 我 어오 要 햪얀 用 융융 他 타타 做 주주

席 씨시 子 즈즈 鋪 푸푸 着 챵져 睡 쉬쉬 ○ 라니 펴텨 고로 자버 고자 쳐리 호를 느믿 난드

跳 뗘댤 蚤 잫잔 也 여여 不 부부 敢 감간 近 긴긴 ○ 가벼 ㄴ곡 못이 호도 느敢 니히 라갓

這 져져 麽 뭐마 最 쥐쥐 好 항한 ○ 장이 됴터 剩기 ㄱ 我 어오 只 즈즈 知 지지 道 닾닾

땅다 蒲 뿌푸 根 근근 解 계계 酒 직작 還 환환 好 할한 做 주주 醋 추추 ○ 만내 창다

민포 늘를 기희 노글 흔을 줄세 만오 알고 됴또 醋 竟 깅깅 不 부부 曉 햪햪 得 더더 藥 여여

兒 싫을 有 일와 這 져져 用 융융 處 츄츄 ○ 논모 술솜 을버 이남 지히 낫이 호날 엿삿 더잇

ㄴ 你 니니 這 져져 一 힘이 說 쉏숴 ○ 르비 를이 因 힌인 호번 어니 我 어오 如

슈슈 수 김기 也 여여 添 텯텬 了 럏랴 些 셔셔 識 싀시 見 견견 了 럏랴 ○ 쎄써 쓰인

더더 호기 도識 다見 을

你니니那너나告갇고狀쫭좡的디디事씽스情찡칭 ○ 네 告狀을 닐오되 却

커갛當 쭝충完훤완結겨겨了럏랴麼뭐마 ⊕ ᄒᆞ여 일 누죽 나 完結 堂땅당上

쌍샹官권관府부부懸뼨편着쨯져理례리自쯔즈然연연合형허斷된뒨的

디등 ○ 自然 堂上官府ㅣ 理로 단ᄒᆞ면 只즈짖白ㅣ파파那나녀冤원원家

가자們믄믄打다다關관관節졍져頰빤반人인신說워숴情칭칭理리례 ○

그몯 저들 冤家ㅣ 情을 니ᄅᆞ고 ᄒᆞ야 가지 聞문문 得더듸 內니뉘 中중 즁 ᄒᆞ고

有우일 一이흠 兩량량 箇거거 鄉향향 宦환환 ○ 드두 鄉宦ᄂᆞ니 그이 에셔 중

受쓰 他타터 錢쳔쳔 財채째 替티테 他타터 說숴쉬 情칭찡 ○ 뎌의 錢을 밧

고 情을 니ᄅᆞ며 ᄀᆞ로 차 所소수 以이이 擋당당 住쥬쥬 了랴럏 還환환 不부부

큰 肯킁 發발 落로랴 ○ 이러 자 모로 發落 먹 디 이 니 바 당 ᄒᆞ시 고 롱 還환환 將

일우 該개개 管권권 的디디 書슈슈 辦빤반 們믄믄 也여여 受씩수 了랴랴 些셔셔
서셔 錢쪈쳔 財째채 ○ 이또 셔마 저옴 기아 錢는 財셔 를반 밧들 고도 把바바 我어오 的
듸디 這껴저 案언안 文문운 卷꿘권 丢딍두 在째재 一힝이 邊볜변 ○ 來내 文이
에卷 드을 리다 터가 두호 교편 不봉부 肯컹큰 田휘휘 官권관 辦빤반 理례리 ○ 겨즐
최회 아공 니호 호여 니辦 理 不봉부 知징지 到댱도 幾계지 時씨스 纔째재 得듕더
了럏랸 局끢귀 哩례리 ○ 라아 맛지 치못 퍈게 나리 들어 어너 드때 라에 오다 는 如유슈
수 김긴 是씨시 財째채 帛뽕버 世씨사 界개계 ○ 帛이 世재 界는 라이 財 徐녜니
若샹쇼 不봉부 與유유 他터타 一힝이 文문운 錢쪈쳔 ○ 호비 낫은 돈일 울더 주를
호지 됴아 니 徐녜니 道땅닾 是씨시 有잉우 理례리 的디디 事씨스 件껸견 ○
는비 있 이루 라되 호의 여理 도잇 他터타 偏편편 不봉부 與유위 徐녜니 辦빤반 ○

뎨편벽히너를위ᄒᆞ여서도지이너ᄒᆞ고你니니若샤요多도더與위유他타터些시셔
財ᄎᆡ재物우ᄋᆞ○네혀만일너를주면便변뺀是시씨沒무모理리레的디
다ᄃᆞ事스씨情칭찡○이곳이理라도업ᄉᆞ니也여여罷바밤做주주有우위理리
어지도미되거시니理이我오어料랸량你니니那나너件견견官관관
네혀官이리니ᄒᆞ건댄不부봉使시싱幾지계箇거거錢쳔쳔幹간
간단辦반빤是시씨不부봉濟지졔事스씨的디더○여러도니가면지을버셔이
일을ᄒᆞ지못ᄒᆞᆯ일이라오常장쨩言연연道도당○常言에닐오되衙야야門문은處츄
츄츄ᄒᆞ여向향향南남난開캐캐○衙門이南으로向ᄒᆞ여여리시니곳곳마다有우위
理리레無우무錢쳔쳔休휘힝入유ᅀᅵᆼ來래러○理이도돈이업거든드러오디말라ᄒᆞ니라

我 어오 有 잏우 差 채채 使 싱시 出 츄츄 去 큐취 了 럎랴 ○ 이내 여差 나使 가니 這

져져 些 셔셔 皮 삐피 衣 이이 一 잉이 夏 햐햐 天 텬텬 沒 뭏무 有 잏우 收 싷우 拾

씽시 ○ 衩이 拾갓 홈옷 이술 업호 더녀 니름 을 把 바바 我 어오 的 딩디 銀 인인 鼠 슈쉬

皮 삐피 襖 핳아 上 썅상 的 딩디 貂 댱댠 鼠 슈쉬 袖 씽싹 ○ 옷내 세銀 올鼠 런皮 죤갓

를피 다소 기매 紫 쯩츠 紵 쥬쥬 的 딩디 無 뭏우 一 잉이 根 곤근 風 웅봉 毛 맘맘 了

령랸 怎 즘즘 麼 뭐마 好 핳호 ○ 스좀 니에 엇뎌 지어 ᄒᆞ호 여낫 아긴 됴털 ᄒᆞ기 됴업 咳 해헤

可 커커 惜 싱시 了 령랸 ○ 올애 사맛 가 這 져져 是 씽시 誰 쒸쉬 的 딩디 不 붕부

是 씽시 ○ 뉘이 그거 름시 고이 我 어오 臨 림린 去 큐취 時 씽스 節 졍져 也 여여 曾

쯩층 尋 새찌 三 삼산 囑 쥼쥬 付 부부 ○ 내 즉과 여 三를 臨 부ᄒᆞ ᄒᆞ여 여쑈 把 바바

潮 짱챠 晾 낭낭 放 빵방 些 셔셔 在 짜재 衣 이이 箱 샹샹 裡 레리 ○ 가쇼 개 셔를

에기 녀옷 고상 조 到닿단 六륙루 月웨위 裡레리 取츄츄 出츄츄 來래레 晒새새

幾계지 次츠츠 ○ 여六 러月 번에 볏다 쬐돗 라거 ᄒᆞ든 여가 시셔 너내 여 你녜니 們믄믄

若샹쇼 依이이 我어오 這져져 般븐번 用융융 心심신 收십식 拾씽시 ○ 희디

단일 心ᄒᆞ 여내 收대 拾로 ᄒᆞ이 더리 면用 虫쯍충 子즈즈 怎즘즘 麽뭐마 得듷더 蛀쥬쥬

呢녜니 ○ 어좀 시이 리잇 오지 ᄃᆞ답 這져져 也여여 是씽시 壞괘괘 不봉부 得듷더

虫쯍충 子즈즈 ○ 치이 못ᄯᅩ 홀좀 거을 시허 ᄂᆞ를 都두두 是씽시 你녜니 的듸디 不

봉부 是씽시 裡레리 ○ 르다 니이 라네 그 你녜니 聽팅딩 我어오 說쉉쉬 ○ 드비

더르 러라 ᄠᅡ내 不봉부 要얗얀 煩뻔반 惱낳난 了럏랴 ○ 말서 라그 러 你녜니 的

둥디 身신신 子즈즈 安헌안 樂랗러 就찧쥐 是씽시 福봉뷰 了럏랴 ○ 이네 安몸

福樂ᄒᆞ 이면 니곳 라이 古구구 人신인 說쉉쉬 ○ 니뵛 ᄅᆞ사 되롬 이 休힣휘 道떵도

七十九

黃황황金김긴貴귀귀安한안樂랍려直찡지錢쪈쳔多뎌도 ○ 黃金을 귀타 니ᄅᆞ지 말라 安樂ᄒᆞᆷ이 갑ᄉᆞ미 만타 ᄒᆞ니라

不부봉知지징那나너裡리례來래래的디듸這져뎌些셔셔蚰임무蜒연연 ○ 아지 못게라 어ᄃᆡ로셔 온 지차린지 我어오見견견了럎랴好호한惡어합心

신심 ○ 내 보매 ᄆᆞ장 아니꼬오ᄂᆞᆫ 快쾌래把바바茗뗭탄箒집주來래레掃삼삼去

큐취了럎랴 ○ 빗가 비ᄡᅳ러ᄂᆞᆺ 븨리가 고져다 再재재拿나나兩량량根근근安

한안息심시香향향來래레燒샾털一이흥燒샾봉 ○ 또 두 조ᄅᆞ 安息 香을 가져 외픠

오라我어으如유유今긴김且쳐쳐不부봉吃치캉飯빤뵌 ○ 내 직제 밤이 을 머아

지거 시아 날 너等등등一이찡會휘휘兒을잉吃치캉罷바빠 ○ ᄒᆞᆫ다 려 위 먹 으기

리라呌잔ᅸ廚ᄌᆞ츄子즈즈把바바我어오的디듸飯반빤菜채채 ○ 廚子로 ᄒᆞ

여너법반찬을다가 且쳐처 慢만만 些셔서 收싈수 拾씽시 ○ 이직날호며 收拾ᄒᆞ게ᄒᆞ며

고 上뎌 겅쟝 小샹샨 厮ᄉᆞ스 們문믄 ○ 아희놈들 ᄒᆞ여 上 且쳐처 熬앟앞 些셔서

芽야야 茶쨔차 來래래 我어오 吃칑치 罷빠바 ○ 이직 져기 ᄒᆞ여 芽茶 달혀 오게 ᄒᆞ다 내를

자먹

長쟝쟝 老랗랖 徐톄니 的딍디 佛뿡부 像썅샹 塑수수 了럏랴 麽뭐마 ○ 長老

ㅣ야 비佛像을 믿드란 누냐 我허오 曾쯩층 塑수수 了럏랴 三삼산 尊준준 佛뿡부

○ 내 일즉 三尊佛을 믿드란 正징징 要얗얀 裝장좡 金김긴 開캐캐 光광황 ○ 正히

금올 려ᄒᆞ 빗내 더려니 上 不봉부 料럏랖 前쪈현 月윙워 三삼산 更경깅 前쪈쳔 後

후흥 被삐븨 賊쯩지 進진진 來래래 ○ 更혜 아리 은ᄒᆞ 지여 아도 넌적 그이 적드 셔러 三완

把바바 我어오 二싱을 三삼산 年년년 化화화 來래래 的딍디 布부부 施싱시

朴通事諺解 三 八

金김긴銀인인○서버호二金三銀斤을비다려가온보盡진진行헝힝都두두偷

틍투去큐취了럎랴○여다가도거적ᄒᆞ如유유今긴김沒몸무奈내내何허허

○일이업제썬훨要향얀往왕왕江강쟝南남난地뎨디方방방花화화些서셔

布부부施시시去큐취○시江를南빌셔라흘가향고ᄒᆞ려여ᄒᆞ려니기ᄂᆞ보惟위위有

임우禱닿단告강갇諸쥬쥬佛뽀보菩뿌푸薩사사○薩오니직비諸ᄂᆞ佛니菩保

범받佑임우我어오完훤완了럎랴這져져願원원心심신便변변死스스也

여여無무우怨훤원了럎랴○ᄒᆞ나면를곳保족佑여ᄒᆞ도여怨이喜願이心업을스몯리게

라長쟝쟝老랗랖○ㅣ長안老徐미니沿연인路루루上쌍샹好할핳生승승

去큐취罷빠바○히게가길리히됴當당당時씽스唐땅당三삼산藏짱장師

씽스傅부부○我그師다傅에ㅣ唐三往왕왕西세시天텬텬去큐취取츄츄經

的듸디時씌스節졍져 ○ 西天을 향ᄒᆞ여 經 가지라 갈 제 有잉우十씽시萬완관

八바바千쳔쳔里려리程찡칭途뚜투 ○ 十萬八千里 길히 이시니 經깅깅多더도

少샾샾風봉봉寒핸한暑슈슈熱셔여 ○ 언머 風寒暑熱을 디내며 受쒸수多더도

少샾샾日싀시炙징지風봉봉吹취취 ○ 언머 볃 쬐고 ᄇᆞ람 불믈 바드며 過궈고多더도

少샾샾惡합어山산산險현현水쉬쉬 ○ 언머 惡山險水를 디내며 見견견多더도

少샾샾恠꽤괘物웋우妖얗얀精징징 ○ 언머 恠物妖精을 보아 ᄒᆞ며 撞쫭좡

多더도少샾샾猛멍믕虎후후毒두두虫춍춍 ○ 언머 猛虎毒虫을 만나시리오 起

증주了럏랴好핳한幾게지年년년受쒸수盡쩐진千쳔쳔辛신신萬완완苦

쿠쿠 ○ 여러 ᄒᆡ를 ᄃᆞᆫ녀 千辛萬苦를 바다 다ᄒᆞ고 纔쩨채到닿단得듷더西셰시天텬텬

取츄츄了럏랴經깅깅回휘휘來래레 ○ 제 西天에 니르러 經을 가지고 도라 완 度

朴通事新釋諺解 三 九

뚜두脫퇄토衆즁중生싱승纔째재能능능成쪙셩佛뿛불 ○ 脫衆生ᄒᆞ을여濟度

요능히成佛ᄒᆞ엿ᄂᆞ니 老랗랖師싱스傳뿌부你녜니也여여休힣후忙항망 ○

老師傳도바ᄅᆞ말ㅣ고아너 慢만만慢만만的듸더到닿도江걍쟝南난난 ○ 호날

여江南에가 沿연연門문믄化화화些셔셔布부부施싀시廻휘휘來래래 ○

집마다비러도져기라와보시 願원원滿만만功궁궁成쪙청 ○ 功願이이ㅊ일고련

以과後흫후你녜니也여여要얗얀得득더證징징正징징果궈고哩례리

○ 오란後을後에어드녀리도과 果

咱잠一이箇거거泥녜니水쉬쉬匠쨩쟝待뙈대量량량箇거거小셤샤工궁궁 ○

來래래 ○ 조훈역미을장불이려와완두好핳할救짇수拾씽시這져져炕캉캉 ○

도하이拾ᄒᆞ자강을 你녜니有임우泥녜니鏝뭔만子즈즈麼뭐마 ○ 흙네손게

이잇ᄂᆞ난 我 어오 沒 몽무 有 잉우 這 져져 傢 갸쟈 伙 훠호 ○ 네게 이 연장이 업스면

做 주주 甚 썸셔 麽 뭐마 泥 녜니 水 쉬쉬 匠 쨩장 ○ 므슴 커장인 쳐ᄒᆞ리오 這 져져

是 씨시 死 ᄉᆞ스 炕 캉캉 這 져져 是 씨시 燒 샾샨 柴 쨰채 火 훠호 炕 캉캉 都 두두

不 붕부 好 함할 ○ 이ᄂᆞᆫ 불 못 씻ᄂᆞᆫ 캉이오 이ᄂᆞᆫ 불 씻ᄂᆞᆫ 캉이니 다 됴치 아니ᄒᆞ난 你 녜니 只

짗즈 與 유위 我 어오 改 개개 做 주주 煤 뭐믜 火 훠호 炕 캉캉 ○ 네 그ᄧᅥ나 를 셕탄 픠

오ᄂᆞᆫ 캉을 고처 민드라 주되 炕 캉캉 前 쳔쳔 做 주주 一 흥이 箇 거거 煤 뭐믜 爐 루루

好 함할 燒 샾샨 煤 뭐믜 ○ 캉 앏픠 ᄒᆞᆫ 煤爐를 민드라 녁탄 픠오기 됴케 ᄒᆞ라 炕 캉캉 面

면면 磚 줜줜 都 두두 有 잉우 麽 뭐마 ○ 캉면 벽이 다 잇ᄂᆞ냐 都 두두 有 잉우 ○ 잇다

다 這 져뎌 麽 뭐마 快 쾌쾌 買 매미 石 씨시 灰 휘휘 麻 마마 刀 당도 去 큐취 ○

이러면 밧비 회와 삼 ᄢᅦ울을 사라 가라 伙 훠호 計 계지 們 문믄 ○ 동모들아 先 션션 掘

罷뻐바 土투투 打다다 兩량랑 擔담단 水쉬쉬 來래레 好할핳 和훠허 泥니니 ○

몬져흙을퍼고두짐물을 기러와질흙을니기되 ⌐把바바 那너나 麻마마 刀닿도 拌뻔번

勻윤윤 着짤져 ○ 더삼새올올다가 무려고로게ᄒᆞ고 ⌐我어오 們믄문 且쳐쳐 把

바빠 準쥰쥰 線션션 掛과과 好할핳 了랼랴 ○ 우리도드림줄을국 가걸기를잘ᄒᆞ자 ⌐

這져저 一히이 邊변변 無우우 處츄츄 拴솬솬 線션션 ○ 이ᄒᆞᆫ편은실 밀곳이업스

니 ⌐那너나 裏례리 打다다 一히이 箇거거 橛쮜궈 子즈즈 拴솬솬 罷빠바 ○

거긔ᄒᆞᆫ말뚝 을박고ᄆᆡ라 ⌐這져저 炕캉캉 我어오 要얗얀 朝쨯챤 南난난 做주주 ○

이캉을내남향 ᄒᆞ여민들고 ⌐西시시 邊변변 打다다 一히이 箇거거 爐루루 子즈즈

○ 셔편에ᄒᆞᆫ로를 민들려ᄒᆞ노라 ⌐這져저 炕캉캉 面면면 上썅샹 灰훼휘 泥녜니

○ 이캉면 에회를 恁즘즘 麽뭐마 抹뭐마 得듸더 不붕부 平핑핑 正징징 呢니니

○이엇 못지 ᄒᆞ밧 엿기 ᄂᆞ를 뇨平 ㄴ把비바 泥녜니 鏝뭔만 來래레 再재재 抹뭥마

光광광 些셔셔 ○쓰흙 서손 번으 번로 이다 ᄒᆞ가 라다 ㄴ지 你녜니 一힁이 般붠번 重쭝

手싈쒸 做주주 生싱승 活훵호 ○놀비 려호 ᄒᆞ가 셩지 녕로 이손 ㄴ올 這져저 樣양

做주주 的디 平뼝핑 常짱창 ○常이 이리 ᄒᆞ민 여들 시기 니를 ㄴ平 不부 可

情칭시 了럏랴 我어오 的디 工궁궁 錢쪈젼 麼뭐마 ○앗네 갑工 지錢 아이

라ᄂᆞ ㄴᄒᆞ 害해해 我어오 到닿도 處츄츄 做주주 生싱승 活훵호 ○디에 마내 다간

ᄒᆞ텅 되녕 ㄴ을 從쭝충 來래레 不부 曾쯩층 見견견 你녜니 這져저 般붠번 仔

줏즈 細셰시 ○ᄒᆞ본 믈듸 보일 지즉 못디 ᄒᆞ이 여런 노仔 라細 ㄴ你녜니 說쉬 甚씸시 麼

뭐마 話홰화 ○니네 ᄅᆞ두 ᄂᆞᆫ습 다말 ㄴ常짱창 言연연 道땋도 ○니常 ᄅᆞ言 된에 拙쭤

匠쨩쟝 人신인 巧캬캬 主쥬 人신인 ○主拙 人ᄒᆞᆫ 이匠 라人 ᄒᆞ이 니오 라ᄯᅡ ᄒᆞᆫ

我어오 這쟈져 疥개계 瘡창촹 痒양양 得더듸 當당당 不부부 的디디 ○ 이내

當齐瘡 치 못이 ᄒᆞᄀᆞ 니러 위 ⌐你네니 有잇우 長장창 指지즈 甲갸갸 替톄티 我어오

抓잘좌 一이흥 抓잘좌 ○ 나비 를긴 ᄀᆞ손 ᄅᆞ톱 차이 클잇 그거 란든 滿만만 指지즈 甲갸

가걍 疙그긍 膿낭낭 和허훠 膿농농 水쉬쉬 您즘즘 麼뭐마 好함할 呢니네 ○

고손 롬톱 이에 엇ᄀᆞ 지드 됴ᄒᆞ 흐티 리뎡 오이 와 ⌐你녜니 只즈즈 與위유 我어오 掐갸캬

一이핑 遍변변 擺빠바 ○ 번네 지그 녀저 주나 고틀 려ᄒᆞ 我어오 那나니 幾지계 日

이심 着쟐쟈 小샾샤 廝스스 們문믄 ○ 희벼 들져 로뎍 ᄒᆞ의 여아 掐갸캬 一이홍 會

훠휘 兒잇을 狠흔흔 好할핲 ○ ᄀᆞᄒᆞ 장지 됴위 러지 니기 ⌐니 不부부 想샹샹 那나너

廝스스 打다다 頭두두 起키치 來래레 ○ 심싱 이각 조지 오아 다닌 간그 把바바 瘡

창창 都두두 撓낲낲 破포푀 了랼랴 ○ 瘡취 을히 다여 가보 다리 긁너 越위웨 疼등등

白ᄯᅵ 뎡디 當당당 不부부 得더더 ○ 더옥 알디 당치 몯ᄒᆞ여리라 你니니 到닾댶 那나나
鼓구구 樓룽루 北븨비 邊변변 王옹왕 家갸쟈 藥얍요 舖푸푸 裏리리 ○ 네 뎌비
鼓樓 北편 王家의 藥舖에 가 買매매 齊계계 藥얍요 來래레 擦채차 上샹샹 ○ 창齊
藥을 사다가 ᄇᆞ르면 不부부 過궈고 一이 兩량량 遍변변 管권권 情칭칭 就찍직
好할한 了렬랴 ○ ᄒᆞᆫ 두 번에 지나디 몯ᄒᆞ여셔 즉시 됴ᄒᆞ리라 我오오 不부부 認
싄인 得더더 ○ 내 아지 못ᄒᆞ노라 這져져 藥얍요 舖푸푸 有잉우 招쨘쟌 牌빼패
沒뭉무 有잉우 ○ 뎌 藥舖에 招牌 잇ᄂᆞᆫ가 업ᄂᆞᆫ가 那너나 藥얍요 舖푸푸 門문믄 首
싷ᄉᆛ 櫃뀌귀 子즈즈 上샹샹 ○ 뎌 藥舖 門 앏케 櫃 우희 放방방 着쨩져 一이이 箇거거
三삼산 脚갸교 鐵텨텨 蝦햐허 蟆마마 白ᄇᆡ 的디디 便뼌변 是씨시 了렬랴 ○ 세 ᄒᆞᆫ
발 가진 쇠 두텁이 노ᄒᆞᆫ 거시 곳 이라 買매매 了렬랴 來래레 ○ 사 와 火훠호 盆뿐픈 上

샹쌍 添뎐텸 些셔셔 炭탄탄 火호훠 ○ 화로에 숫불을 더ᄒᆞ고 撓낲낭 破포풔 了
랸럏 這져져 瘡챵창 ○ 이 瘡을 긁텨 희여ᄇᆞ리고 把바바 那나너 藥요얗 搽차쨔 上
샹쌍 ○ 그 약을다가 ᄇᆞᄅᆞ고 向향향 火호훠 烤칸캉 一이힝 會휘휘 便변뼌 不부붕
痒양양 痒양양 了랸럏 ○ 불을 향ᄒᆞ여 ᄒᆞᆫ지위 ᄶᅬ면 곳 ᄀᆞ렵지 아니ᄒᆞ리라 這져져 所
소수 謂위위 ○ 이 니ᄅᆞᆫ 바 休희흫 尋신씸 海해해 上샹쌍 方방빵 ○ 海上方을 ᄎᆞᆺ지
말란 自즈쯔 有우잉 神신씬 仙션션 藥요얗 ○ ᄌᆞ연이 神仙藥이 잇다 ᄒᆞᆷ이로다
這져져 七치칳 月워웛 十시씹 五우우 日싀싕 是시씨 中중즁 元원원 節져졓
○ 이 七月十五日은 이 中元節이라 慶킹깅 壽식씽 寺스승 裡리례 做주주 盂위유
蘭란란 勝싱싱 會휘휘 ○ 慶壽寺에셔 盂蘭勝會ᄅᆞᆯ ᄒᆞᆫ다 ᄒᆞᄂᆞ니 我오어 們믄문 也여여
隨쉬쒸 喜시히 去큐큐 罷바빠 ○ 우리도 구경ᄒᆞ라 가쟈 那나너 壇단딴 主쥬쥬

是씽시朝챠잔鮮션년師ᄉᆞ스傅부부 ○ 鮮그師傅主ㅣ 는디 ... 十가 ᄒᆞ

身신신材쩨체白삐배淨쩡징顔얀연面면면 ○ 츌휴ᄒᆞ킈 ᄂᆞᆺ에 ᄉᆞ희온조聰

明밍밍智지지慧휘휘過귀고人신인 ○ 聰明ᄒᆞ며智慧ㅣ 디나 ... 念

的디 등디聲싱싱音힌인響향햔亮량량 ○ 響亮ᄒᆞᆫ 소리 ... 各거기樣양양經

깅깅卷권련皆개게通퉁퉁 ○ 다各樣經卷을 ... 眞친진是씽시一 ᄒᆞᆫ이箇

거거有잉우德ᄃᆡ ᄂᆞᆼ行힝힝的디 ᄃᆡ和ᄒᆡ ᄒᆡ尙쌍상 ○ 行진실로 德잇ᄂᆞᆫ 중이 이ᄒᆞᆫ 德이라

說ᄡᅯ 탄的디 ᄃᆡ是씽시目무무連련련尊준준者져져救걸구母무무經깅깅

○ 尊者의 救母經이니 這저져些셔셔聽팅팅講걍쟝的디 ᄃᆡ僧

승승尼니니道ᄐᆞᆼ다俗숑쉬善션션男남난信신신女뉴뉴 ○ 僧尼講道ᄒᆞᄂᆞᆫ俗

信女ㅣ 不부知지其기數수 ○ 不知其數ㅣ 其人신인人신인盡

쪈진盤뻔판雙상솽足죻주 ○ 발사 을롭 시마 리다 고다 두箇거거 箇거거 擎낑킹

拳꿘퀀合헝허掌쟝장 ○ 낫 掌치 ᄒᆞ 더 拳 니 肉뉘닉 中즁즁 有임우 一힝이

箇거거 人신인 只징즈 管권권 打다다 叫햐햐 欠켠켠 ○ 그물 이듯 그의 저흔 소사

用흥이 다하 간회 一항이 會휘휘 兒싱을 倚히이 着쟢쟈 欄란란 干간간 便삔변

打나다 頓둔둔 睡쉐쉬 覺쟐쟌 了럎럎 ○ 혀후 꼿지 조위 오欄 더구 니을 시 不부붕

知ᄆᆞᆫ지 怎즘즘 昔싱승 吃흘치 了럎랴 一힝이 跌뎌디 ○ 잇이 다지 ᄒᆞ 시게 ᄒᆞ라

믈번 닙구 이러 지 把바바 鼻삐비 子즈즈 跌뎌 破포퍼 了럎 ○ 가구 구를 리다

보져 디하 나여 那나너 講장강 主쥬쥬 便변변 呷산 到단당 跟근근 前쳔쳔 來

대러 說쉬쉬 道땅단 ○ 허덕 오講 라主 ᄒᆞㅣ 여굿 니볼 리러 엄회 徐니니 聽팅팅 我오

說쉬쉬 ○ 녀나 ᄆᆞ다 ᄂᆞ다 這져져 佛봉보 法법비 最쥐쥐 尊존준 最쥐쥐 貴

귀ᄒᆡ 行 붕부 叫 기귀 不 붕부 信 신신 ○ 장이 貴佛 ᄒᆞ法 니이 可ᄆᆞ 히싱 밋尊 지ᄒᆞ 아고 니ᄀᆞ
기치 시못 란ᄒᆞᆫ 因 힌인 你 녜니 貪 탐탐 嗔 ᄆᆞ친 친천 癡 칭치 三 삼신 毒 똑두 不 붕부 離
례리 於 휴위 身 신신 ○ 녀네 나貪 지嗔 이癡 ᄂᆞᆫ 븐毒 因이 ᄒᆞ몸 인에 不 붕부 信 신신 佛
뿡보 法 밟빙 不 붕부 尊 존준 三 삼산 寶 밤보 ○ 교佛 三法 寶올 를信 尊치 ᄒᆡ아 아니 니ᄒᆞ
선ᄒᆞ 因 힌인 此 충ᄎᆞ 立 쌍상 今 김긴 日 ᅀᅵᇙ이 現 혠현 報 밤보 ○ 로이 오란 눈젼 現ᄎᆞ
니報 라ᄒᆞ ᄂᆞ 你 녜니 如 슈슈 今 김긴 到 당단 家 갸자 ○ 집비 의이 간제 誠 썽ᄎᆡ ᄂᆞ心
심신 懺 참찬 悔 휘휘 改 개개 往 왕왕 修 싣수 來 래레 去 큐취 羅 ᄂᆞ바 ○ 으誠 로心
修懺 來悔 ᄒᆞᄒᆞ 라여 기故 란往 那 너나 人 신인 聽 텅텅 見 견견 師 싱스 傳 부부 這 뎌뎌
般 븬번 說 숭쉬 ○ 이그 리사 ᄂᆡ롬 ᄃᆞ이 믈師 듯傳 고ᄅᆡ 便 뻔변 發 빵바 跳 뗠툐 起 켸치
來 래레 道 땅도 ○ 려곳 나급 니피 ᄅᆞ뛰 되여 니 甚 씸시 麽 뭐마 是 씽시 佛 뿡보 法

十四

황하 ○ 이엇디 佛法 ᄒᆞᆯ고 罷 마마 了 랴랴 幾 계지 句 귀귀 就 쌓직 走 증주 出 츄츄

去 큐취 了 랴랴 ○ 곳 어드러 가거니 ᄯᅩᆫ 師 ᄉᆞ스 傅 부부 道 땋닾 我 어오 與 유위

他 타다 無 우우 緣 연연 也 여여 ○ 師傅ㅣ 니ᄅᆞ되 내 너ᄃᆞ려 더부러 인연이 업ᄉᆞ니 正

징징 是 씨시 衆 즁중 生 ᄉᆞᆼ승 難 난난 化 화화 了 랴랴 ○ 正히 衆生을 化ᄒᆞ기 어렵도다

這 져져 幾 계지 日 ᅀᅵ 我 어오 家 갸쟈 裡 례리 有 잏우 人 신인 回 휘휘 去 큐취

○ 요ᄉᆞ이 우리 집의 사ᄅᆞᆷ이 가리 이시니 先 션션 生 ᄉᆞᆼ승 你 니니 與 유위 我 어오

寫 셔셔 一 힝이 封 봉봉 書 슈슈 稍 샇산 去 큐취 你 니니 如 유슈 ○ 先生아 나를

ᄒᆞᆫ 봉 글월 ᄡᅥ 주어 보내ᄂᆞᆫ 이 미 엇더ᄒᆞ뇨 我 어오 寫 셔셔 了 랴랴 ○ 내 ᄡᅥ다 你 니니

聽 팅팅 我 어오 念 냠넨 ○ 네 드르라 내 닐그마 愚 유위 男 남난 山 산산 童 뚱뚱 頓 둔둔

首 쇽식 百 빙비 拜 배배 ○ 愚男 山童은 頓首 百拜ᄒᆞ야 稟 빈빈 父 부부 親 친친

毋(무무)親(친친)起(치키)居(귀규)萬(완원)安(안현) ○ 父親母親의 稟ᄒᆞᄂᆞ니 起居萬安ᄒᆞ
신가 男(난남)在(재째)都(두두)城(칭찡) ○ 아ᄒᆡ 都城에 이셔 托(토탕)賴(래래)父(부뿌)
毋(무무)福(부봉)蔭(인힘) ○ 父母의 福蔭을 닙어 身(신신)子(즈ᄌᆞ)粗(주쭈)安(안현)無
(우무) 須(슈슈)憂(우우)念(난념) ○ 몸이 여기 편안ᄒᆞ니 모롬이 憂念치 마ᄅᆞ쇼셔 男(난남)自
(즈쯔) 拜(배배)別(베뻬)之(즈즈)後(후흫) ○ 아ᄒᆡ 拜別ᄒᆞᆫ 後로부터 想(샹샹)念(난념)之
(즈장) 心(신심)無(우무)日(시싀)能(능능)忘(왕망) ○ ᄉᆡᆼ각ᄒᆞᄂᆞᆫ ᄆᆞᄋᆞᆷ이 니즐 날이 업소이다
前(천젼)者(저저)姐(저져)夫(부부)回(휘휘)時(스씨) ○ 젼에 姐夫ㅣ 도라갈 제 托(토탕)
以(이이)段(돤뙨)疋(피핑)送(숭숭)與(위유)父(부뿌)親(친친)使(시싀)用(융융) ○ 段疋
로 ᄡᅥ 부려 父親의 보내여 ᄡᅳ게 ᄒᆞ엿더니 至(ᄌᆞ장)今(긴김)未(위위)見(견견)回(휘휘)書(슈슈)
○ 至今 回書를 보지 못ᄒᆞ니 不(부붕)知(지징)收(식싱)到(도당)否(부봉) ○ 아지 못게라 바

ᄒᆞ드 신신 가가 몯 如 슈슈 有 잉우 便 뼌편 人 신인 來 래레 京 깅징 ○ ᄉᆞ만 이일 셔便

잇울 거오 드리 望 망왕 即 징지 示 씽스 明 밍민 以 이이 慰 위위 君 싱을 念 념냔 ○

아벅 히라 념건 녀대 를즉 위시 로示 ᄒᆞ明 쇼ᄒᆞ 셔여 뻐 兹 즈즈 者 져져 又 잉우 特 뜽터 寄

계기 茶 짜차 色 싀서 段 뚠돤 子 즈즈 二 싱을 疋 핑피 ○ 차이 혈제 비또 취특 비별 단이

과두 필 藍 람란 綾 링링 二 싱을 疋 핑피 裡 려리 紬 쭝추 四 ᄉᆞ스 疋 핑피 ○ 綾藍

단두 비필 필과 을안 부녀 뎌흘 비 與 유위 父 뿌부 親 친친 母 무무 親 친친 幷 뼝빙 兄

훙훙 弟 뗴디 佛 뿡부 童 뚱퉁 穿 춴춴 用 융융 ○ ᄋᆞ父 佛親 童母 을親 주과 어다 님못 게아

이ᄒᆞ 다ᄂᆞ 男 남난 在 째재 京 깅징 所 수소 幹 건간 之 즈즈 事 씽스 已 이이 經 깅깅

完 훤완 備 비븨 ○ ᄂᆞ마 임히 의셔 完울 備이 ᄒᆞ셔 여所 시幹 되事 但 딴단 尚 쌍샹 未 미위

領 링링 憑 뼁핑 ○ 領다 치만 몯오 ᄒᆞ히 어려 시文 니憑 을 約 얍요 待 때대 月 웡워 餘 食

十五

유위 便뼌변 可커커 起키치 程찡칭 ○ 더개月餘를기드리면 곳가히起程홀거시니 倘

탕탕 或횡훠 邀햫햔 天텬텬 之짛즈 倖힝힝 ○ 만일히놈더 倖을닙어든 得득더 以이이

衣히이 錦김긴 還쾐환 鄕향향 ○ 시러곰ᄇᆡ衣 錦還鄕ᄒᆞ여 拜배ᄇᆡ 見현현 父뿌부

母무무 光광광 耀얗얀 門문믄 閭류뤼 ○ 父母ᄭᅴ拜見ᄒᆞ고 門閭를光耀ᄒᆞ면 則즉저

男남난 之짛즈 心심신 願원원 已이이 足죻주 ○ 곳아희心願이 足홀거시니 伏

뿡무 望왕왕 父뿌부 母무무 大따다 人인인 善쎤션 保발반 起키치 居규귀 ○

伏望父母大人은 善保起居ᄒᆞ쇼셔 并삥빙 請칭칭 近긴긴 安연안 ○ 아오로요 ᄉᆞ이문안

을請ᄒᆞ ᄂᆞ이다 謹긴긴 稟빈빈 ○ 삼가稟ᄒᆞ ᄂᆞ이다 愚유위 男남난 山산산 童뚱둥

頓둔둔 首솩식 百빙버 拜배배 具귀귀 ○ 愚男山童은頓首 百拜具ᄒᆞᄂᆞ이다

我어오 要얗얀 蓋개개 三삼산 間간간 書슈슈 房빵방 ○ 내세간書房 을짓고져ᄒᆞ노

ᄂᆞ 니 木 몽무 匠 쨩쟝 你 녜니 來 래레 咱 쟝자 與 유위 你 녜니 商 샹샹 量 량량 ○

너 木 와 匠 헤 아 아 이 리 바 쟈 내 相 샹상 公 궁궁 吩 분븐 咐 부부 怎 즘즘 麽 뭐마 盖 개개

○ 더 相 지 公 으 은 려 吩 ᄒᆞ 咐 ᄂᆞ ᄒᆞ 뇨 라 ᄂᆞ 엿 要 얖얏 播 펀펀 蓬 뿡픙 樣 양양 ○ 곽우 양산

저으 ᄒᆞ로 노ᄒᆞ 라고 ᄂᆞ 做 주주 的 듸디 木 몽무 料 럎랴 都 두두 有 일우 麽 뭐마 ○ 을지

잇지 ᄂᆞ목 나이 ᄂᆞ다 這 져뎌 檁 린린 ○ 과이 ᄂᆞ 납 檩 량량 ○ 와므 ᄂᆞ 르 椽 줜쳔 ○ 와혀

柱 쥬쥬 ○ 괴기 ᄂᆞ 동 短 된뒨 柱 쥬쥬 ○ 와短 ᄂᆞ 柱 門 문믄 框 광광 ○ 굴문 과열 門

문은 扇 션산 ○ 과문 ᄂᆞ 빡 吊 댱됴 窗 창챵 ○ 과들 ᄂᆞ 창 天 텬뎐 窗 창챵 ○ 리우 창려

ᄂᆞ 과 雙 샹솽 扇 션산 ○ 지빵 와다 單 난단 扇 션산 ○ 지외 와다 窗 창챵 欞 링링 ○

굴창 로열 ᄂᆞ 以 이이 至 징즈 階 걔게 臺 때태 石 씌시 磚 줜줜 瓦 와와 都 두두 有 일우

○ 에벼 너섬 르돌 히과 다벽 이과 시지 ᄂᆞ새 你 녜니 只 징즈 取 츄츄 了 럎랴 傢 갸쟈 伙

호 來 래리 做 주수 活 훵호 ○ 네그 치와 녕디 녕연 ᄒᆞ징 리을 ㄴ가 我 어오 慢 만만 慢

만만 的 듸디 再 재재 指 지즈 點 뎜뎐 你 녜니 ○ 녀벼 를놀 거호 견여 ᄒᆞ다 만시 蓋 개개

了 럏랴 這 저져 房 뺑방 子 즈즈 ○ 짓이 고집 ㄴ을 那 녀나 西 세시 壁 빙비 廂 샹샹

還 환환 要 혛얀 打 다다 一 힝이 道 댷닷 墻 쨩쟝 ○ 줄뎌 담셔 을편 밧에 고또 ㄴ호 前

전쳔 面 면면 壘 뤼릐 一 힝이 個 거거 花 화화 臺 때태 好 활한 栽 재재 花 화화 ○

읏짦 시희 므호 기花 됴臺 게를 ᄒᆞ무 란어 我 어오 要 혛얀 臨 림린 窓 챵창 看 컨칸 書 슈슈

也 여여 要 혛얀 看 컨칸 花 화화 裏 례리 ○ 고너 ᄯᅩ窓 읏을 츌臨 보ᄒᆞ 고여 져글 ᄒᆞ을 노보

ㄴ라 相 샹샹 公 궁궁 說 숴쉬 的 듸디 是 싱시 ○ 르相 미公 올의 ᄒᆞᆫ니 都 갛거 還 환환

要 혛얀 蓋 개개 甚 씸서 麽 뭐마 房 뺑방 子 즈즈 麽 뭐마 ○ 짓ᄯᅩ 고무 셔슴 ᄒᆞ집 는을

ㄴ다 不 봉부 要 혛얀 了 럏랴 儘 진진 勾 긓구 住 쮸쥬 了 럏랴 ○ ᄒᆞ要 노치 라아 잇니

굿븍녁이 머믈리로다 」常쨩창言연연道댤도 ○常言에 니르되 搃중중蓋개개萬

완완間깐간房빵방 ○대되 萬間집을 지으나 」夜여여眠면면只즈즈一힝이厦

햐하 ○밤에 자기는 다만 ᄒᆞᆫ 간 집이라 ᄒᆞ니 何해허必빙비以이이多더도爲위위貴

귀귀呢니녜 ○엇지 반ᄃᆞ시 만홈으로 뻐 貴홈을 삼으리오

徐녜니老랖랒爺여여如슈슈今긴긴除쮸츄授씩수在쨰재那너나衙야야

門문믄裡례리了럎랸 ○네 老爺ㅣ 이제 어ᄂᆞ 衙門에 除授ᄒᆞ엿ᄂᆞ뇨 」衙除쮸츄授씩식

了럎랸光광광祿룽루寺쓰스卿킹킹了럎랸 ○光祿寺卿에 除授ᄒᆞ엿ᄂᆞ니라 咳

해해這져져一힝이缺퀘켸也여여沒뭉무甚씸서麽뭐마好할화處츄츄 ○

애 이 자리 ᄯᅩ 아모 됴ᄒᆞᆫ 곳이 업고 」不붕부過궈고清칭칭高강간而싱을已이이

○불과 淸高홈 ᄯᆞ롬이라 」這져져衙야야門문믄惟위위出츙츄些셔셔好할화

餘힘인食씽시○흔이음衚식門이이나오니직ᄂ됴猪쥬쥬羊양양鵝어어鴨햐야

等덩등類뤼릐却캬거不부부少샾샤吃칭치的디디○類猪ㅣ羊또鵝억鴨ᄋᆞᆯ

아거니시ᄒᆞ져고지還환환有잉익幾계기種즁즁好핳한酒졒쥐○가또지여됴러

잇흔고술ᄂ이此ᄎ츠外왜왜並삥빙無우우別뼤벼件견견可커커取츄츄了

령랴○허이取밧홀근거아시조업다ᄂ른니것란가方방방纔째채書슈슈辦빤반們

문은拿나나文운운書슈슈來래래書화화稿갚갚○이앗文가書ㅈ를녀가반져들

홈와밧稿고에ᄂ일案헌안上쌍상又잉익推뒤뒤着쟢져許휴쉬多더도案헌안

件견견○多더문안안우을희빅또한許都두두要얀약逐쭈주件견견發봐바落

랍로○發다落낫ᄒ낫고치直찍지到닾단日싀이平삥핑西세시纔째채得더

上쌍상馬마마回휘휘家갸쟈○계바요로몰히ᄃ西고에집거의짐도애라다오도ᄂ라

랸니 天 텬텬 天 텬텬 都 두두 是 씌시 這 져져 般 붠번 早 장잔 聚 쮜쥐 晩 환완 散
산산 麽 뭐마 ○ 고날 늣마 게다 야다 호이 터리 지일 느즈 난호 但 딴단 能 넝능 早 장잔 散
산산 也 여여 是 씌시 不 뿌부 能 넝능 早 장잔 回 훼회 家 갸쟈 ○ 일다 즉만 이능 호히
집터 의져 도도 라또 오능 지히 못일 ᄒᆞ즉 연이 不 뿌부 是 씌시 去 큐취 望 왕왕 這 져져 位
위위 同 뚱퉁 寅 인인 ○ 보이 지位 아同 너寅 면을 가 又 잉악 是 씌시 去 큐취 拜 배배
那 너나 位 위위 同 뚱퉁 年 년년 ○ 게또 가더 拜位 ᄒᆞ同 여年 의 直 찍지 到 낭닷 人
인인 定 띵딩 更 궁깅 深 씸신 纔 째채 能 넝능 下 햐햐 馬 마마 ○ 更바 深로 홈ㅅ 에定
몯다 새드 누라 리계 누요 너능 허 這 져져 些 셔셔 衙 야야 役 융이 也 여여 不 뿌부 免
면면 受 쌓슈 這 져져 般 붠번 勞 랄랖 苦 쿠쿠 ○ 바이 드衙 블役 免도 치이 못런 ᄒᆞ勞 ᄂᆞ苦
란ᅱ 你 니니 說 숴쉐 得 더더 不 뿌부 差 차차 ○ 르네 지니 아르 나미 탄그 我 서오 們

ᄂᆞᆫ 온 往 왕왕 日 ᅀᅵᆯ이 跟 근근 官 권관 的 디ᅵ 時 ᄊᆞᄉᆞ 節 져지 ○ 우리 관원을 ᄯᆞ롤

조차 ᄃᆞᆫ니ᄂᆞᆫ 제 那 나 裡 리리 管 권관 兩 [illegible] 雪 셔쉬 陰 힘인 晴 찡칭 ○ 兩 어 ᄃᆡ

ᄆᆞᆯ 陰 晴 을 ᄀᆞᆯ희오 忍 신인 多 더도 少 샹샤 飢 기지 渴 커거 ○ ᄇᆡ 골ᄒᆞ며 ᄆᆞᄅᆞ며 受

ᄒᆞᆫ 多 더도 少 셩샤 勞 랑랖 苦 쿠쿠 ○ 만히 잇ᄇᆞ며 시름ᄒᆞ여 ᄀᆞᆺ 거ᄂᆞ리 오롤 ᄠᅳ 디 只 ᄌᆞ 指

ᄌᆞᄉᆞ 望 망왕 本 븐븐 官 권관 陞 싱싱 一 이 箇 거거 好 할핱 缺 퀴궤 ○ 안도 ᄌᆞ다

올 官 이 그 믈을 보도라 ᄒᆞ는 ᄀᆞᆮ 늘 에 今 ᄀᆞᆷ 日 ᅀᅵᆯ이 如 슈슈 你 니니 老 랃랖 爺 여여 估

주주 了 랼랴 大 대다 人 ᅀᅵᆫ ○ 사ᄅᆞᆷ이 되어 老 爺 ᄆᆞᆯ 시 節 니ᄅᆞ 大 雖 쉬쉬 無 우 ᄌᆞ 大

대다 歇 혀휴 息 싱시 ○ 비록 업스며 나ᄒᆞᆯ 息 比 비비 在 째재 前 쪈천 到 도ᄃᆞ

底 뎌디 強 깡챵 些 셔셔 ○ 네 이 저 긔 나 비 프 건 ᄂᆞᆫ 마 ᄂᆞᆺ 古 구구 人 신ᅀᅵᆫ 道 ᄯᅡᆯ 단

○ 녯 사ᄅᆞᆷ이 닐오ᄃᆡ 苦 쿠쿠 盡 찐진 甘 감감 來 래래 ○ ᄡᅳᆫ 거시 다ᄒᆞ면 ᄃᆞᆫ 거시 오ᄂᆞ니라

朴通事諺解 三 十九

八十七

我어오家갸갸裏례리一ᄒᆞᆫ이箇거거小셩샾廝ᄉᆞᄉᆞ在재ᄶᆡ城쳥칭外왜왜

種즁중地띠디○밧ᄂᆡ지집서ᄒᆞᆫ밧아가히다ᄆᆞᆷ가인和훠허一ᄒᆞᆫ이箇거거人

人이打다ᄯᅡ架쟈쟈○ᄲᆡᄒᆞᆫ ᄒᆞᆺ사티ᄅᆞᆨ닌과那나나廝ᄉᆞᄉᆞ便변변先션션衙하야

門믄믄裏례리去큐규了랼랴○梢그門문놈에이告고곡ᄒᆞ논년티扯쳐쳐巴바바我어오家갸갸

小셩샾廝ᄉᆞᄉᆞ拿나나去큐큐監감갼了랼랴兩량량日ᅀᅵ이○이내집

가자拿나나去큐취有을무一ᄒᆞᆫ이箇거거小셩샾廝ᄉᆞᄉᆞ

도놈을ᄌᆞᆫ지다이가들사이바오간가ᄀᆞ지두ᄀᆞ이

○놈ᄒᆞ고히ᄒᆞ이아변ᄐᆡ半반번夜여여裏례리起치치來래리리○니ᄭᅮᆷ려夜의往

對뒤뒤잠ᄭᅡᆫ上샹샹才ᄎᆡᄌᆡ량다燒샾샤리미去큐취○燒실라場가에더ᄂᆡᆫ닌夜

ᄒᆞ야巡쉰슌夜여여ᄀᆞ비時시시拿나나住쥬주○ᄃᆞᆯ가ᄂᆡ에연ᄉᆞᆸ鎖쇼쇼在재재

拿나나到도도監감갼禁깁긴着잡제○가ᄂᆞ노ᄒᆞᆫ에ᄅᆞᆯ가져이

剳不能行。這話再來也不差。

○ 又不幹行 稙稻地的那

廝 ○ 不過是聞說官司

廝 ○ 不過 何盖着不放呢

○ 有個漢人不見

了幾件衣服 ○ 漢衣服

便賴說我家這小廝偷了

○ 所以廝打

○ 那官聽了這一供

○ 便把我這小廝監

八十八

了 렬랴 ◯ 다ᄆᆞᆺ 가우 가리 ᄂᆞ이 앗아 ᄂᆞ희 니놈 란을 捉 잡조 賊 쩍직 無 무우 贓 장장 ◯

징도 믈적 이을 위잡 스으 니매 便 변번 把 바바 他 더다 監 감견 起 치차 來 래레 也 여여

不 붕부 怕 파파 ◯ 도ᄀᆞᆺ 뒤티 프를 지디 아가 니기 ᄒᆞ도 딘아 大 ᄯᅢ다 明 밍밍 律 률뤼 上

썅샹 條 툘댠 例 례리 載 재재 得 듸더 明 밍밍 白 뻥베 ◯ 실大 런明 거律 시條 明例 白에

닌ᄒᆞ 有 입익 妄 뮝왕 告 강고 官 런관 司 쏘스 者 져져 反 반반 坐 쬐조 抵 뎨디 罪

쮜쥐 ◯ 反당 坐ᄒᆞᆼ ᄒᆞ도 여이 罪官 에司 다에 ᄃᆞᆺ告 게ᄒᆞᆫ ᄒᆞ는 여者 ᄂᆞㅣ 니이 라시 ᄂᆞ면 雖 쉬쉬 然

션안 這 져저 等 등등 說 숴숴 ◯ 니비 로록 나이 ᄂᆞ리 也 여여 不 붕부 免 면면 是 씨시

陪 비비 些 ᄆᆞᄀᆞ 家 갸쟈 裡 리리 坐 쬐조 禍 휘호 從 쭝충 天 텬텬 上 썅샹 來 래레

◯ 으ᄉᆞᆫ 로이 조門 사을 온닷 니고 홈집 은의 치만 서더 不이 홉도 이禍 로ㅣ 니天 上

我 어오 兩 량량 個 거거 到 닾도 書 슈슈 鋪 푸푸 裡 례리 去 큐큐 ◯ 하구 최리 구물

가ᄉᆞ에 買매매 幾계지 部뿌부 閑햔현 書슈슈 來래래 消샹샾 遣켠켠 似ᄉᆞ스

如슈슈 ○ 여러 部 힘ᄒᆞᆫ 칙을 사 消遣홈이 엇더ᄒᆞ뇨 買매메 甚씸셔 麽뭐마 書슈슈

好핳한 呢니녀 ○ 므슴 칙을 사료 ᄒᆞ뇨 買매메 趙쨯잔 太태태 祖주주 飛빙븨

龍룽룽 記기지 ○ 趙太祖의 飛龍記와 唐땅탕 三삼산 藏짱장 西셰시 遊읭우 記기지

계지 ○ 唐三藏의 西遊記를 사자 要얄얀 買매매 書슈슈 買매매 些셔셔 四ᄉᆞ스 書슈슈

슈슈 六륵루 經깅깅 也여여 好핳한 ○ 冊을 사려 ᄒᆞ면 四書六經을 사미 ᄯᅩ 됴커늘 怎

즘즘 麽뭐마 只짖즈 要얄얀 買매매 那나나 小셯샾 說쉬쉐 看칸칸 呢니녀 ○

엇지 그저 小說을 사 보려 ᄒᆞᄂᆞ뇨 你니니 不부부 知지지 這져져 西셰시 遊읭우 記

계지 熱셔셔 鬧날놮 得더더 狠흔흔 哩리리 ○ 네 아지 못ᄒᆞ다 이 西遊記 ᄀᆞ장 웨젼ᄌᆞ런

ᄒᆞᆫ 悶믄믄 時씃스 節졓져 看칸칸 看칸칸 眞진진 好핳한 解걔계 悶믄믄 ○

解힘開힘 ᄒᆞ제 ᄒᆞ기 보면 됴ᄒᆞ니 진실로 라 那너나 唐땅당 三삼산 藏짱장 引인인 着
孫쳐 순순 行형힝 者져져 ○ 唐行 三者 藏ᄃᆞᆯ 이 ᄃᆞ리 孫 到 丑 단 車 뎌 당 遲 처 쳐 치 찌
國귀 귕 ○ 車에 遲가 國 和ᄂᆞᆫ 허 훠 伯비 븽 眼안 얀 大다 때 仙션 션 聞둔 등 聖싱 싱
這져져 一이 힝 段된 뛴 故구 쿠 事스 씽 ○ 伯이 眼大 仙과 聞聖 故事를 ᄒᆞᆫ 段 你
知니 지 네 징 道ᄃᆞ 땅 歷마 뭐 ○ 네 ᄂᆞᆫ 다 아 你 ᄂᆞᆫ 니 네 說쉬 쉉 我오 어 聽팅 텅 ○ 네 니
ᄅᆞ 라 듣 자 내 當당 당 年년 년 有우 잉 箇거 거 唐당 땅 僧승 싱 往왕 왕 西시 셔 天
던 던 取츄 츄 經깅 깅 去큐 취 ○ 當年에 ᄒᆞᆫ 唐 僧이 이 西天 經 가 질라 갈 셔 到
단 담 一이 힝 箇거 거 城칭 찡 子즈 증 ○ 城에 ᄒᆞᆫ ᄂᆞᆫ 喚훤 훤 做주 주 車처 처 遲
치 찡 國귀 귕 ○ 車遲國이라 ᄒᆞᄂᆞᆫ ᄃᆡ 那나 너 國귀 귕 王왕 왕 敬깅 깅 重중 쭝 佛
보 뿡 敎쟌 걍 ○ 國王이 佛敎를 敬重ᄒᆞ더니 國귀 귕 中중 쭝 有우 잉 一이 힝 箇거 거

先션션生숭승喚훤훤做주주伯븨비眼얀안 ○ 國에ᄒᆞᆫ先生이이시되伯眼이리

브르ᄂᆞ니要양요滅몌며佛뿌부教쟈쟈 ○ 佛教를滅코져ᄒᆞ여但딴단見견견和

훠허尙샹샹 ○ 다만즁을보면便뼌변拿나나着쨔져拉라라車처쳐觧계게鋸

귀규 ○ 곳잡아술위ᄭᅳ이며톱질시겨起키치蓋개개三산삼清칭칭大때다殿뎐뎐

○ 三清大殿을지어如슈슈此츠츠作조조賤쪈쳔佛뿌부家쟈쟈弟뎨디子

즈조 ○ 이러ᄐᆞ시佛家弟子를쳔답ᄒᆞ더라一이日ᅀᅵ先션션生승승做주주羅

로러天텬텬大때다醮쟌잔 ○ 一日에先生이羅天大醮를ᄒᆞ더니唐땅당僧승승師

스싀徒뚜두二ᅀᅵ人ᅀᅵᆫ인 ○ 唐僧師徒二人이却캬거到닿다城쪙칭裡례리

智즈지海해해禪쪈쳔寺ᄊᆞ스投뜰투宿숭수 ○ 믄득城읜智海禪寺에가드러자더

니聽텅팅的디디道땅다人ᅀᅵᆫ인們믄믄祭계지星싱싱 ○ 道人들의祭星흠을

듯고 孫순순行힝힝者져져便뼌변到담도羅러로天텬텬大때다醮쟢잔壇
딴단場짱창上썅상藏짱창身신신 ○ 孫行者ㅣ 곳 羅天大醮ᄒᆞᆫ 壇場에 가 몸을 ᄀᆞᆷ초안
把바바祭쟤지星싱싱茶짜차果궈고搶챵창來래레吃칭치了럏랴 ○ 星祭
ᄒᆞ는 茶果를 다 가뎌 위쳐 먹고 把바바伯븽비眼얀얀打다다了럏랴一이이鐵텽텨
棒빵방 ○ 伯眼을 다가 ᄒᆞᆫ 쇠막대로 치니 伯븽버眼얀얀道땋닾這져져禿퉁투厮
스ᄉᆞ好핳하沒뭉무道땋닾理례리 ○ 伯眼이 니ᄅᆞ되 이 머리민 놈이 ᄆᆞ장 道理 업다 ᄒᆞ고
便뼌변焦쨯잔燥짷잔起키치來래레 ○ 곳 노희여 니런 到당도國귀귀王왕왕
面면면前쪈쳔正징징告감간訴수수未뮈위畢삐비 ○ 國王의 앏희 가 正히 告訴
ᄒᆞ기를 ᄆᆞᆺ지 못ᄒᆞ여셔 唐땅탕僧숭승也여여引인인着쨯져徒뚜두弟뗴디去
큐취見견견國귀귀王왕왕 ○ 唐僧도 徒弟를 ᄃᆞ리고 가 國王을 보니 王왕왕請칭칭

唐땅당僧싱승上쌍샹殿뗜뎐 ○王이 唐僧올 請ᄒᆞ여 殿에 올린대 先션션生ᄉᆞᆼ승

對뒤뒤唐땅당僧싱승道땅도 ○先生이 唐僧올 對ᄒᆞ여 니ᄅᆞ되 唱챵쟝兩량량箇

거거冤훤원讐쯯착非븨뵈同뚱퉁小셯샿可커커 ○우리 둘히 冤讐ㅣ 져지 아니ᄒᆞ

니란 三삼산藏짱장道땅도貧삔핀僧싱승是씽시東둥둥土투투人신인 ○

三藏이 니ᄅᆞ되 貧僧은 東ᄯᅡㅅ 사ᄅᆞᆷ이라 與유위大때다仙션션素수수不불부認

신인識싱시 ○大仙으로 더부러 본ᄃᆡ 아지 못ᄒᆞ니 有잉우何ᄒᆡᆼ허冤훤원讐쯯착呢

ᄂᆡ니 ○므슴 冤讐ㅣ 어시리오 大때다仙션션睜찡증開캐캐雙샹솽眼얀안道

땅도 ○大仙이 두 눈올 부롭ᄯᅳ고 니ᄅᆞ되 你늬니教걒쟢徒뚜투弟때디壞홰홰了

럎랴我어오羅러로天텬텬大때다醮턒쟢 ○네 徒弟로 ᄒᆞ여 내 羅天大醮를 해여ᄇᆞ리

교 更깅긍打다다了럎랴我어오一힝이鐵텽텨棒빵방 ○또 나를 ᄒᆞᆫ 쇠막대로

건처 這뎌져 的딩디 不붕부 是씽시 太때다 讐쯯추 麽뭐마 ○ 원이 쉬ᄭ 아시 니큰

가 咱좡자 修슈슈 今김긴 两량량 箇거거 就찡식 在째재 王왕왕 前쪈쳔 [illegible]

등두 法밯바 ○ 압우 히리 이이 닉制 闍둘 法히 ᄒᆞᆫ곳 여ᄒᆞ 의 那녀나 一힝이 箇거거 輸

슈슈 了령랸 ○ 히아 지모 거나 든ᄒᆞ 나 即징시 拜배배 贏잉잉 的딩디 為웨위 師

싱스 傅부부 ○ ᄒᆞᆫ곳 여이 스기 승ᄂᆞᆫ 을이 삼를 자拜 唐땅당 僧싱승 道땋도 導쥰준 命

밍밍 ○ 命唐 을僧 조이 ᄎᆞ나 리르 간되 伯븽비 眼얀안 道땋도 ○ 나伯 ᄅᆞ眼 되이 第뗴디

一 흥이 坐쬐조 靜찡징 ○ 고第 됴一 히은 ᄒᆞ안 고사 들 第뗴디 三 싱을 横꿰퀴 中

즁승 請채채 物울우 ○ 에第 거二 슬ᄂᆞᆫ 알横 고中 第뗴디 三삼산 滾군군 油잏유 洗

세서 澡짭잔 ○ 롬第 에ᄂᆞᆫ 목은 욕슬 ᄒᆞᆫᄂᆞᆫ 고기 第뗴디 四숭스 割겅거 頭뜽투 再지재

接졍져 ○ 다第 시四 낫ᄂᆞᆫ 기미 ᄎᆞ리 자버 혀 說쉉쉬 罷배바 ○ ᄆᆞ나 太ᄅᆞ 매기 를 打

다다一힝이聲싱싱鍾즁즁響향향○ᄒᆞᆫ소릐鍾을치고各갈거上샹상禪쳔쳔

床쨩챵坐쭤조定띵딩分분분毫향호不부부動뚱둥○각각禪床에올라안자定ᄒᆞ야

動ᄒᆞ고分毫도動치마라但딴단動뚱둥的듸디便뼌변美뮈믜輪슈슈○動ᄒᆞ만

니ᄂᆞᆫ이로곳혜리니지라大때다仙션션徒뚜두弟띠디名밍밍鹿루루皮삐피○

大仙의徒弟ᄒᆞᆫ일흠은鹿皮라ᄒᆞ리라拔빠바下햐하一힝이根근근頭뚜투髮바바變

변변做주주狗구구蚤잘자○ᄒᆞᆫ낫터럭을ᄲᅢ혀미리ᄀᆡ벼록이되여到도那

더우唐땅당僧승승耳ᅀᅵᅀᅵ門문문後ᅘᅧᆨ후咬얀얏○뒤헤唐僧의귀를무러使

시시他타타坐쭤조不부부定띵딩○뎌로ᄒᆞ여곰안정티못ᄒᆞ게ᄒᆞ니行힝힝者

뎌뎌是씨시箇거거胡후후孫순순○行者ᄂᆞᆫ이見견견了랴랴狗구구

蚤잘자○을보고더벼록便뼌변拿나나下햐하來래래磕커커死스스了

랃렬 ○ 곳자바ᄂᆞ리와 ᄌᆞᆺ귀텨쇽이고 他 타더 也 이여 拔 배빠 下 햐하 一 이힝 根 근건

毛 맏맘 來 례래 ○ 데ᄯᅩᄒᆞᆫ낫 털을ᄲᆡ혀 變 변변 做 주주 假 가갸 行 힝힝 者 져쳐 ○

變ᄒᆞ여거즛 者를ᄆᆡᆫ그라 行 靠 칸캎 師 스싱 傅 부부 站 잔잔 着 져쨯 ○ ᄉᆞ승의 게ᄆᆡᆨ시

ᄒᆞ여셰 오고 他 타더 却 거걍 走 주즁 到 단됴 金 긴깁 水 쉬쉬 河 허허 邊 변변 ○

데믄득金水 河ㅅᄀᆞ의가 取 츄츄 了 랃렬 一 이힝 塊 래패 青 칭칭 泥 니녜 來 래래 ○

ᄒᆞᆫ덩이프른즌 흙을가져와 向 향향 大 다때 仙 션션 鼻 비삐 凹 와와 裡 리례 放 방방

着 져쨯 ○ 大仙의코굼글 向ᄒᆞ여노ᄒᆞ니 就 직쩡 變 변변 做 주주 一 이힝 箇 거거 大

다때 青 칭칭 蜻 [illegible] 子 즈즈 ○ 즉시變ᄒᆞ여ᄒᆞᆫ큰 프른텬갈이되여 撅 결궐 動 둥뚱 尾

이믜 鉤 구긍 鉤 구긍 了 랃렬 一 이힝 下 히햐 ○ 쇠고리각구리를흔 드러ᄒᆞᆫ번릐취니 大

다때 仙 션션 大 다때 吒 잔뱡 一 이힝 聲 싱싱 便 변뺜 跳 댠땽 下 히햐 床 촹퐝 來

래리 了 랼랴 ○ 大仙이 크게 ᄒᆞᆫ 소리 지르고 곳 床에 뛰여 ᄂᆞ리니 「國 궈귀 王 왕왕 道 닾단
唐 땅탕 僧 싱승 得 듸더 勝 싱싱 了 럏랴 ○ 國王이 니ᄅᆞ되 唐僧이 이긔여다 「又 잉우
叫 쟌 兩 량량 箇 거거 宮 궁궁 娥 어오 ○ 또 두 宮娥를 블러 「擡 때대 過 궈고 一
이이 頂 딩딩 紅 훙훙 漆 칭치 櫃 뀌귀 子 ᄌᆞᄌᆞ 來 래레 面 면면 前 쪈젼 放 ᄫᆞᆼ방 下
햐하 ○ ᄒᆞᆫ 블근 漆ᄒᆞᆫ 궤를 드러와 알ᄑᆡ 노코 「着 쨯잔 兩 량량 箇 거거 猜 채채 裡 례리 面
면면 有 잉우 甚 씸셔 麽 뭐마 東 둥둥 西 세시 ○ 둘로 ᄒᆞ여 안희 므스 거시 잇ᄂᆞ고 알라 ᄒᆞ
고 「皇 ᅘᅪᇰ황 后 ᅘᆿ후 暗 함안 使 ᄉᆞ시 一 이이 箇 거거 宮 궁궁 娥 어오 ○ 皇后ㅣ ᄀᆞ
만여 ᄒᆞᆫ 宮娥로 ᄒᆞ여곰 「說 쉬쉬 與 유위 先 션션 生 싱승 櫃 뀌귀 中 즁즁 有 잉우 一
이이 箇 거거 桃 땋탛 ○ 先生ᄃᆞ려 닐러 櫃가온ᄃᆡ ᄒᆞᆫ 복셩홰 잇다 ᄒᆞ여 엿ᄌᆞᆸ더니 「行 ᅘᅵᆼ힝 者 져져
變 변변 做 주주 小 셯샾 蟲 쯍충 兒 ᅀᅵ을 ○ 行者ㅣ 變ᄒᆞ여 져근 버레 되여 「飛 비븨 入

유승櫃귀키中즁중把바바栬땅닾肉숭류都두두吃칭치了럏랴○櫃ᄂᆞᆫ속라
에드려가복셩화只지즈留릳루下햐하栬땅닾核흥허○다만복병
솔을다가다먹언
남화기쎄고만出츄츄來래레說쉬쉬與유위師스스傳부부○나와더스러슴
며저王왕왕說쉬쉬今김긴番반반着쟌쟌唐땅당僧승승先션션猜채채○
王이로니호릭여되몬이쳐번알은게唐호僧라三삼산藏짱장說쉬쉬是씨시一이흥
三藏이복니셩르화되빈이라라호니皇고后니ㅣ리크되게아지웃
箇거거栬땅닾核허흥○不부부着쟌쟌了럏랴○皇황황后후흥大
때다笑샬샬說쉬쉬猜채채不부부着쟌쟌了럏랴
못여단호大때다仙션션說쉬쉬是씨시一이흥箇거거栬땅닾○大仙이러되
이라호훈여복노셩화就짝작着쟌쟌將쟝쟝軍균균開개개櫃귀키看간간○
즉시將軍으로호여곰櫃를려보니却거갸是씨시栬땅닾核허흐○또이화복씨셩

先션션生싱승又일우輸슈슈了럏랴◯지先니生라이또鹿룽루皮삐피對

뒤뒤大대다仙션션說숴쉬◯對鹿ᄒᆞ皮여ㅣ니大ᄅᆞ仙되을咱장자如슈슈今긴긴

燒샹샹起키치油일우鍋궈고跳댤댤入ᅀᅲᅀᅲ洗세시澡잘잘◯제우기리둠이

여가들마어에목불욕찟ᄒᆞ고자ᄒᆡ鹿룽루皮삐피先션션脫퉈토下햐하衣이기服

뽕부跳댱댤入ᅀᅲ鍋궈고裡례리◯가鹿마皮에ㅣ뛰몬여져들옷거벗눈고行힝힝

者져져念넘넌흥예聲싱싱唵함안字쯔즈◯唵行字者를ㅣ念ᄒᆞᄒᆞ소넌리山

산산神씬신土투투地데디神씬신鬼귀귀都두두來래래了럏랴◯파山土神

다地오神나鬼ᄂᆞ行힝힝者져져教걒잔千쳔쳔里례리眼얀얀順쓘쓘風붕봉

耳싱을兩량량箇거거鬼귀귀◯耳行두者귀ㅣ신千으里로眼ᄒᆞ順연風在째재法

일우鍋궈고兩량량邊볜변看컨칸守쓱수◯벼기보롬아가지마키두여ᄂᆞ에鹿

룽루 皮 삐피 待 때대 要 햫얀 出 츄츄 來 래레 ○ 鹿皮ㅣ 나오ᄂᆞᆯ 고텨ᄒᆞ거늘 拿 나나 着

쟈져 肩 견견 膀 빵방 丟 딍두 在 째재 裏 례리 面 면면 ○ 엇게를 잡아 헌드리치나 안

鹿 룽루 皮 삐피 就 찍작 在 째재 油 잉우 鍋 궈고 裏 례리 死 ᄉᆞ스 了 럏랴 ○ 鹿皮

에ㅣ 녀 죽 으롬 니가 라마 」 王 왕왕 見 견견 他 터타 多 더도 時 씨스 不 붕부 出 츄츄

來 래레 ○ 王이 오래 나오디 아니 ᄒᆞ믈 보고 」 教 갸쟈 將 쟝쟝 軍 균균 使 시시 金 김긴

鈎 ᄀᆞᇢ구 子 즈즈 ○ 將軍으로 ᄒᆞ여 그 ᄃᆞ라 」 搭 다다 出 츄츄 一 흥이 箇 거거 光

광광 骨 ᄀᆞᇢ구 頭 뜰투 來 래레 ○ 그 ᄒᆞᆫ 터 ᄂᆞᆫ 내 」 行 힝힝 者 져져 說 숴쉬 我 어오

如 슈슈 今 긴긴 入 슝유 去 취취 洗 시시 澡 잔잔 ○ 이行者 ᄃᆞᆯ려 니ᄅᆞ되 가 목욕

ᄒᆞ ᄒᆞ 고리라 」 便 변변 脫 톻토 了 럏랴 衣 이이 裳 썅샹 ○ 옷 벗고 」 打 다다 一

흥이 箇 거거 跟 근근 頭 등두 跳 땽댶 入 슝유 油 잉우 中 즁즁 ○ ᄒᆞᆫ번 跟頭 ᄒᆞ여

여기롬가온 뎌들어가」纔(ᄍᆡ채) 待(ᄯᅢ대) 洗(셰시) 澡(ᅀᅡᇢ잔) 去(큐키) 早(ᅀᅡᇢ잔) 不(부부) 見

了(럏랴) ○ ᄀᆞᆺ 목욕ᄒᆞ려 ᄒᆞ더니 블뎌 보지 몯ᄒᆞᆯ러라」 王(왕왕) 說(숴쉬) 將(쟝장) 軍(균균)

你(니니) 撈(랄랄) 去(큐취) ○ 王이 니ᄅᆞ되 將軍아 네 ᄆᆞᆯ니라」 行(ᅘᆡᇰ힝) 者(져져) 敢(감간) 是

死(ᄉᆞ스) 了(럏랴) ○ 行者ㅣ 즉은 도ᄒᆞ다」 將(쟝장) 軍(균균) 用(융융) 鉤(구구) 子(즈즈)

搭(다다) 去(큐취) ○ 將軍이 갈고리로 ᄲᅥ혀 ᄒᆞᄂᆞ니」 行(ᅘᆡᇰ힝) 者(져져) 變(변변) 做(주주) 五

寸(춘춘) 大(ᄯᅢ다) 的(디디) 胡(후후) 孫(순순) ○ 行者ㅣ 變ᄒᆞ여 五寸 만치 큰 진납이 되여」

左(조저) 邊(변변) 搭(다다) 右(우우) 邊(변변) 走(주주) ○ 左편으로 ᄃᆞᆯ면 右편으로 ᄃᆞᆯ고」 右

邊(변변) 搭(다다) 左(조저) 邊(변변) 去(큐취) ○ 右편으로 ᄃᆞᆯ면 左편으로 가매」 百(ᄇᆡ비)

般(번번) 搭(다다) 不(부부) 着(쟌쟈) ○ ᄇᆡ가지로 ᄒᆞ되 그지 몯ᄒᆞ니」 將(쟝장) 軍(균균) 奏

道(담단) ○ 將軍이 ᄯᅩ 니ᄅᆞ되」 行(ᅘᆡᇰ힝) 者(져져) 被(ᄲᅵ뻬) 油(우우) 煎(젼젼) 的

등뎌 骨 숭구 肉 슝류 都 두두 沒 몽무 有 잉우 了 령랸 ○ 行디 者디 ㅣ여 기骨 룸肉 에이

이다 다엽 ᄂᆞ 唐 땅탕 僧 싱승 聽 텅팅 了 령랼 啼 뗴티 哭 쿵쿠 ○ 唐고 僧우 이더 듣ᄂᆞᆫ

行 힝힝 者 쳐져 聽 텅팅 了 령랼 便 뼌변 跳 뗠탿 出 츄츄 來 래래 ○ 行듯 者고 ㅣ곳

나뛰 와여 門 문 잔 大 때다 王 왕왕 有 잉우 甚 씸씸 麼 뭐마 與 유위 我 어오

洗 세시 頭 뚱투 ○ 부나 로나 되를 大주 王어 이머 비리 노ᄀᆞᆷ 게ㅣ ᄒᆞ잇 라ᄂᆞᆫ 衆 쥬중 人 신인

喝 힁허 秀 쟤체 說 쉬숴 佛 뿡보 家 갸쟈 法 봉바 力 리리 大 때다 贏 잉잉 了 령랼

○ 家모 ㅣ든 法사 力룸 이이 크여 다太 이고 지니 것르 교되 行다 行 힝힝 者 쳐져 又 잉우 把

바바 他 타타 的 디디 頭 뚱투 先 셴션 割 거거 下 햐햐 來 래래 ○ 行제 者미 ㅣ리 를또

히다 ᄂᆞ가 리ᄂᆞᆫ 처져 버ᄂᆞᆫ 只 징즈 見 견견 血 훼히 淋 린린 淋 린린 的 디디 腔 컁캉 子

ᄒᆞᆫᄌᆞ ○ 그몸 지ᄯᅩᆼ 피만 빗보 듯고 ᄂᆞᆫ 頭 뚱투 落 랗로 在 째재 地 디디 上 썅샹 ○ 머리

뗘러지따히 잇더니 行ᅘᅵᆼ힝者져쳐用융융手샇식把바바頭뜰투提뗘티起계치

○行者ㅣ손으로머리를다가잡아니르혀 接졓져在쪠재頸뿡보項ᅘᅣᇰ향上썅샹

照졍쟝舊끃쥬如유유初추추 ○목우희니으니비에 로ᄻᆡ믄ᄀᆞᄂᆞᆫ지라 大때다仙

션션也여여害ᄒᆡ뽕거下하하頭뜰투來리레待때대要향얀再재재接졍뎌○

大仙도머리를버혀ᄂᆞ리 와다시것고텨ᄒᆞ거늘 行ᅘᅵᆼ힝者져져念념난幾게지句규귀

眞진진言연연 ○眞行者ㅣ 言을 여러 귀 念ᄒᆞ고 變변변做주주一ᄒᆞᆼ이箇거거交

때다黑ᄒᆡᆨ희狗긓구 ○변ᄒᆞ여큰 거믄개되여 把바바先션션生싱승的디디頭

뜰투拖텨토了럏랴去큐취 ○先生의머리를 다가ᄭᅳ어가넌 先션션生싱승變변변

做주주老랖랖虎후후去큐취趕건간 ○先生이변ᄒᆞ여老虎 ㅣ되여가ᄯᆞ로거늘 行

ᅘᅵᆼ힝者져져直찌지拖텨토的디디到땋닾玉왕왕面면면前쪈쳔丟듷두下

햐ᅘᅡ ○ 行者ㅣ 바로 ᄡᅥ 어조 의 앏희 가드리 치니 却캬갸 不부부 見견견 了랴료 狗구구

○ ᄃᆞ개도 보지 못ᄒᆞ고 也여여 不부부 見견견 了랴료 虎후후 ○ 또 범도 보지 못

ᄒᆞ고 只즈즈 剩싱싱 下햐ᅘᅡ 一이ᅙᅵ 箇거거 虎후후 頭투ᄠᅳ ○ 그저 ᄒᆞᆫ 머리 범만

남아시니 國궈귀 王왕왕 道닫ᄯᅡᇢ 原원원 來래래 是시ᄡᅵ 一이ᅙᅵ 箇거거 虎후후

精징징 ○ 國王이 虎精이 ᄃᆞ외니 본ᄃᆡ 不부부 是시ᄡᅵ 聖싱싱 僧싱승 ○

이 聖僧이 아니면 怎즘즘 生승승 使시ᄉᆞ 他타터 現현현 出츄추 本븐분 像샹ᄰᅣᇰ

○ 像ᄋᆞᆯ 現出ᄒᆞ게 ᄒᆞ리오 ○ 어더로 곰 本 就작ᄶᅩ 賜ᄉᆞ스 唐당ᄯᅡᇰ 僧싱승 金김긴 錢쳔쪈

쳔쪈 三산삼 百버ᄇᆡ 貫권권 金김긴 鉢보보 盂유유 一이ᅙᅵ 箇거거 ○ 唐僧ᄋᆞᆯ 곳

金錢 三百貫과 金에 우 아리 ᄒᆞ나흘 주고 又임ᄋᆞ 賜ᄉᆞ스 行힝ᅘᅵᆼ 者져ᄌᆞ 金김긴 錢쳔쪈

三산삼 百버ᄇᆡ ○ 또 三百 行者를 주어 金錢 卽지징 時스ᄊᆞ 打다다 發바봥 起키

八十九

ᄭᅵ치 程졍쳥 ○ 즉시 起打發ᄒᆞ니 你네니 道ᄯᅶ도 這뎌뎌 孫숀순 行ᅘᅵᇰ힝 者

뎌뎌 之즈즈 法봐바 力릐리 遙햪한 了럏랴 得듷더 麽뭐마 ○ 孫ᄢᅦ 行ᄂᆞᆫ 者각라 裡

롱法 변力 들이 소당 난시 伯버빙 眼안얀 大ᄯᅢ다 仙션션 ○ 仙伯이眼 大 那나나 裡

례리 想샹샹 到닿도 死스스 在ᄶᅢ재 胡후후 孫숀순 手싛ᄉᆡ 裡례리 呢니니 ○

질어 줄디 을죽 셩음 과이 ᄒᆞ胡 여孫 시위 ᄋᆡ손 오에 이 就ᄶᅻ직 這뎌뎌 一이 段둰 書

라 슈슈 過죵주 可커커 解개계 悶문믄 了럏랴 ○ 가ᄀᆞᆺ 히이 힘一 힘段 호칙 을이 ᄇᆞᆯ죡 리히

那나나 賣매매 球쥐쥐 子즈즈 的디디 你네니 來래래 ○ 리뎌 아구 이술 번곧 你

비니 有잇위 好ᄒᆞᆫ 假가가 球쥐쥐 子즈즈 麽뭐마 ○ 구ᄇᆡ 술개 잇도 누ᄒᆞᆫ 난조 我

어오 賣매매 的디디 是시시 上샹샹 等둥등 白ᄇᆡᆨ배 色싀시 球쥐쥐 子즈즈 ○

내 프는 거슨 이 上等 흰 빗치 구술이니 還환환 有잉우 幾게지 串췬천 ○ 당시롱 여러 꿰

음이 잇노라 「你녜니 拿나나 來래래 我어오 看컨칸 ○ 비가져오라 내 보쟈 「這져져

不붕부 是씨시 燒샿샾 的딩디 假갸가 球쥬쥬 子즈즈 麼뭐마 ○ 이 구은 조구슬

이아니간 「嗄해해 你녜니 眞진진 識싱시 貨훠호 ○ 애 네 진실로 힝호를 아난 「也여여

是씨시 我어오 運윤윤 氣케치 不붕부 好할하 撞짱좡 着쨥져 你녜니 ○ 또 내

運氣 됴치 아니ᄒᆞ여 너를 만나도다 「若얗요 別뼝베 人신인 却캏거 看컨칸 不붕부 透

틓투 的딩디 ○ 만일 다른 사롬이면 보이 내지 못ᄒᆞ리라 「또 這져져 球쥬쥬 子즈즈 你

녜니 要얗얀 多더도 少샿샾 價갸가 錢쪈젼 ○ 이 구술올 네 엇마 갑슬 달라 ᄒᆞ논다 對

뒤뒤 你녜니 說숴쉬 實씽시 價갸가 ○ 너를 對ᄒᆞ여 실갑 슬 니를 거시니 「只징즈 要

얗얀 二싱을 兩량량 銀인인 子즈즈 ○ 그저 두 냥 은을 달라 ᄒᆞ노리 「你녜니 這져져

賊찍직養양양漢헌한生싱승的딩디小샹샹驢류뤼精징징○네이도석養漢
호근여나니귀혼베쳐아一잉이發방바去큐취做주주賊쪄직不부부好할할麽
마뭐○홈이엑도가치도아적니질호홈난你녜니休힐히村춘춘言연연村춘춘語
위유的딩디只지즈管권권罵마마人신인○네수村리言여村시語로로을그무저짓
지라말○你녜니旣계지識시시貨훠호○네호이를믜알항면還환환我어오多
도더少샾봄價갸갸錢쪈쳔○내갑게흐엇려마흐갑눈슬다只지즈勾구구本분븐
我어오就찍직賣매매再재재不부부爭정증論룬론的딩디○그이져되추면
내論곳치풀아고니다흐시리爭란論더麽뭐마就찍직說유위你녜니一잉이兩
량랑銀인인子즈즈麽뭐마○이호러냥면은곳을녁주를라我어오賣매매了랴량
○내리풀라你녜니拿나나銀인인子즈즈來래레看칸칸○네저은오을라가보

자

你녜니說쉬숴都두두是씃시白빙배銀인인 ○ 네 니ᄅ되 다 이 십셩은이라 ᄒ더니

怎즘즘麼뭐마是씃시八방바成찡칭銀인인子즈즈呢니니 ○ 이 엇지 八成銀이뇨

着쟣쇼這저져等덩등銀인인子즈즈 ○ 만일 이런 은이면 就

찡쥬與유위我어오二잉을兩랑량也여여沒몽무甚씸셔麼뭐마利려리息

심시 ○ 곳 나를 두 냥을 주어도 아모 利息이 업스니 太태태虧퀴퀴我어오了럏랴 ○

너모 내게 헐워라 你녜니還훤환有잉익好항하珊산산瑚후후麼뭐마 ○ 게네

또 됴흔 珊瑚ㅣ 잇ᄂ냐 有잉익却캬키有잉익只징즈是씃시不붕부賣매매 ○

이 심은 또 이시되 그 ᄠᅴ ᄑᆞᆯ지 아니ᄒᆞ노라 你녜니不붕부賣매매拿나나回휘휘家갸쟈

去큐취就찡쥐飯뽠반吃칭치 ○ 네 ᄑᆞᆯ지 아니코 가져 집의 도라가 밥ᄒᆞ여 먹으려 ᄒᆞᄂᆞᆫ단

你녜니看컨칸我어오這저져珊산산瑚후후 ○ 네 보라 내 이 珊瑚ㅣ 黃황황豆

듕두 大때다 血혀히 點뎐뎐 紅훙훙 的디디 好할할 顔얀연 色싀서 ○ 콩만치 크
고 血點 ᄀᆞ치 븕은 뎜 ᄀᆞ치 됴흔 ᄠᅵ니 價갸갸 錢쪈쳔 却캬키 大때다 裏리리 ○ 갑시 만ᄒᆞ니 또
라 你니니 這져뎌 小샾샾 胡후후 孫순순 寡과과 是씨시 一이이 張쟝쟝 嘴
쥐쥐 ○ 네 이 부텨 ᄒᆞ이 진 근리 남이 뿐 로 다 만 你니니 好할할 小샾샾 看칸칸 人
인신 ○ 네 업다 ᄀᆞ슈 장이 사 너 룸긴 을 다 我어오 就찍주 買매매 不부부 起키키 你니니
的디디 好할할 珊산산 瑚후후 麼뭐마 ○ 내 를 사 곳 지 네 됴 못 흔 ᄒᆞ 珊라 瑚 不부부
是씨시 這져뎌 般번번 說숴쉬 ○ 이 미 아 리 니 니 라 相샹샹 公궁궁 捨셔셔 不
부부 的디디 錢쪈쳔 ○ 相 公 긴 다 홈이 돈 이 오 을 맛 不부부 是씨시 買매매 不부부
起키키 ○ 사 지 못 ᄒᆞ 리 라 這뎌뎌 珊산산 瑚후후 老랖랖 實씨시 價
갸갸 錢쳔쳔 一이 兩량량 一이 顆커코 ○ 갑이 珊瑚 ᄒᆞ 낭에 ᄒᆞ고 지 식 낫 ᄒᆞ치

朴通事新釋諺解 三 三十一

라 你니너 不블부 要얄양 自ᄍᆞᄌᆞ 誇콰콰 ○ 쟈네 랑스 말ᄉᆞ 란로 把여여 京븡부

是씌시 甚씸서 麽뭐마 好할한 東둥둥 西세시 ○ 흔도 것이 아므 니습 븐됴 與유유

你니너 八바바 錢쪈쳔 一힝이 顆쿼코 羅빠바 ○ 흔너 낫를 쳐여 주ᄒᆞ 리돈 라을 這

져져 便삔변 賣매매 了랼랸 ○ 리이 라곳 폴 我어오 買매매 這져뎌 珊산산 瑚

ᄒᆞ후 却캎커 不붕부 甚씸신 應힝잉 心심신 ○ 심내 히이 모珊 옴瑚 예를 맛사 굿되 져ᄯᅩ

ᄒᆞ아 단니 相샹샹 公궁궁 你니니 怕파파 錯촣초 買매매 了랼랴 麽뭐마 ○ 公相

퍼아 퍼니 ᄒᆞ그 ᄂᆞ른 나산 가 着쨮쟈 別뼝벼 人신인 再재재 看칸간 去큐취 ○ 든다

시사 뵈롬 라ᄒᆞ 가여 라다

請칭칭 大때다 哥거거 到닿단 茶짜차 館권권 裡레리 吃칭치 茶짜차 去큐취

○ 에請 가권 차대 먹크 으형 라이 가茶 잔館 茶짜차 博밣보 士씃스 們문믄 倒닿닫 茶

차 來래레 ○ 茶博士들이 차를 부어오라 客컹커 官권관 吃칭치 甚씸셔 麼뭐마

茶짜차 吃칭치 甚씸셔 麼뭐마 點뎜뎐 心심신 ○ 客官이 므슴 차를 먹으며 드슴 點心

을 먹을셔 你네니 先션션 倒당단 一향이 椀훤완 六룽루 安헌안 一힝이 椀훤완

松숭숭 蘿려로 ○ 네 몬져 ᄒ 사발 六安차과 ᄒ 사발 松蘿차를 부어오고 然산안 後흫후

拿나나 些셔셔 達땅다 子즈즈 餑뽕보 餑뽕보 南남난 糖땅당 乾건간 果궈고

子즈즈 來래레 ○ 그린 후에 達子 떡과 南糖과 乾果를 가져오라 客컹커 官권관 你네니

要얗얀 的딩디 東둥둥 西셰시 都두두 擺배배 上쌍상 了럏랴 ○ 客官아 비ᄒ고

져ᄒ눈 거슬 다 비려셔니 大때다 哥거거 請칭칭 隨쒸쉬 意이이 用융융 些셔셔 ○

큰형아 請컨대 뜻대로 먹으라 你네니 看컨칸 那너나 賣매매 刷솨솨 子즈즈 的딩디

來래레 了럏랴 ○ 비 보라 뎌 刷子 프는이 왓다 我어오 要얗얀 買매매 這져저 帽

襪刷鞋刷各一把 ○ 네 각각 훈 帽刷 와 靴刷

와 牙刷兩把掠頭兩把 ○ 牙刷 귀밋빗 돌리과

돌을 사노라 고 這箇還討甚麼價錢

呢 ○ 이 갑슬 당시롱 므슴 쐬오리 온 拿二百錢來

罷了 ○ 二百낫돈을 가져다가 무미던 便依他買

了罷了 ○ 곳 제내 잔 大哥我送你一

箇刷牙一箇掠頭 ○ 큰 형이 刷牙 니와

호를 줄기 빗 기시 닌 拿去使用不要打了

○ 가져 치지 가 말라 고 셔 不妨事 ○ 일 아니 에 너 해 호 지

我把他揣在靴靿裏去好

九十一

了럎랖 ○ 내 터를 다가 靴ㅅ 돈에 뽀자 가져 가미 됴타

張쟝쟝 大때다 ○ 一張大 你네니 與유위 我이오 打다다 一힝이 箇거거 立

리릉 鼈볘벼 鼇햐후 ○ 네 나를 효 鼈鼇와 흔 二힝이 箇거거 蝦햐햐 蟆마마 鼈볘벼

鼇햐후 蝎혀혀 虎후후 盞잔잔 ○ 흔 蝦蟆鼈鼇와 蝎虎 盞을 긴드라 주고려 你네니 要

얄얖 打다다 這져져 器키치 皿밍밍 的디디 銀인인 子즈즈 如유슈 何허허 ○

네 이 器皿을 민돌려 흐면 銀이 엇더흐뇨 不부부 過궈고 照쟣쟈 常챵챵 ○ 不過 거시 네

라 元원원 寶발바 只징즈 有일우 半번반 錠뎡딩 ○ 元寶ㅣ 그 지 반 뎡이 시 나

若샤요 再재재 添텬텬 上샹샹 三산산 五우우 兩량량 好할하 銀인인 子즈즈

○ 만일 다시 三五兩 흔 銀을 더 흐면 也여여 就짝작 勾구구 打다다 了럎랖 ○ 이

의 녁 녁 이 민돌리라 鼈볘벼 鼇햐후 要얖얖 打다다 得더더 匾변변 些셔셔 ○

민돌기를 납족이 ᄒᆞ고 ⌐ 嘴쥐쥐 子즈즈 把바바 子즈즈 且쳐쳐 打다다 下햐햐

我오어 看칸컨 了랴랼 再재재 銲한현 ○ 부리와 줄를 아직 민 ᄃᆞ라 내 보와 든 다 시

대라 ⌐ 你니니 到당닾 這져져 裡리리 來래래 打다다 爐루루 子즈즈 ○ 네 메 와 플

무 서 고안 ⌐ 其키키 餘유유 家갸쟈 伙호훠 ○ 그 나 는 연장 ⌐ 如유유 鐵뎌텨 鎚쮜취

鉗껌껸 子즈즈 鐵텨텨 杴쳔쳔 鍬쵸쵸 兒ᄋᆞᆯ 을 ○ 마치와 집게와 모로와 도와 관 ᄀᆞ토 거

슬 ⌐ 你니니 都두두 帶대대 了랴랼 來래래 這져져 裡리리 做주주 活훠호 方

방방 好한할 ○ 네 다 가지고 와 예 셔 셩 병홈이 보야흐로 됴타 ⌐ 你니니 看칸컨 我오어 這

져져 帽마망 頂딩딩 子즈즈 ○ 네 보리 내 이 갓 세 딩 조 ᄀᆞ ⌐ 在재재 門믄문 上샹샹 磕

커칸 了랴랼 一이이 磕커캉 就쥐직 撮뒤투 了랴랼 半반번 邊변변 ○ 門에 다 질

려 곳 반 편 이 뎌 러 지 고 ⌐ 鍍두두 金긴김 顏안연 色싀식 也여여 都두두 變번변 了

九十二

령랑 ○三 金올린빗ᄯᅩ다 變ᄒᆞᆫ여러시니 」你녜니 與유위 我어오 收식슈 拾씹시 好할학

○네 나를 위ᄒᆞ여 收拾기를 잘ᄒᆞ면 」我어오 必빙비 多도도 多도터 的디더 賞상샹

你네니 裏리 ○내 반ᄃᆞ시 만히 賞ᄒᆞ리라

你네니 那나 裏례리 來래레 ○네 어드로셔 오ᄂᆞ뇨 」今김긴 日ᅀᅵ싀 是씨시 萬

완완 壽씝식 之징즈 日ᅀᅵ싀 ○오ᄂᆞᆯ은 萬壽日이라 」我어오 在째재 衙야야 門

문믄 裏례리 來래레 ○내 衙門으로셔 오노라 」我어오 看칸칸 了럏랴 百뵈버 官

권관 行행힝 禮례리 完환완 畢빙비 之징즈 後헣후 ○내 百官이 行禮ᄒᆞ기를 ᄆᆞ촌 後에

에 본 」又읗우 看칸칸 他터타 們믄믄 摔쇄솨 校걓갸 ○ᄯᅩ 뎌 사ᄅᆞᆷ들 ᄒᆞᆫ 져ᄌᆞᆷ을 보니

那나나 些셔셔 勇융융 士씽스 都두두 穿천쳔 着쨔져 花화화 袴쿠쿠 皂짬잔

靴훠훠 ○뎌 여러 勇士들이 다 아롱 바지에 거믄 靴를 신고 」四스스 五우우 對뒤뒤 簇

총추 簇 총추 攢 잔잔 攢 잔잔 的 디디 亂 롼롼 捽 죻쉐 ○ 베다ᄉᆞᆺ빵식부 둑무둑나아드

러어즈러이 ᄲᅵ룸ᄒᆞ니 這 뎌뎌 些 셔셔 看 컨칸 捽 죻쉐 挍 걓갸 的 디디 官 권관 員

원원 們 문몬 ○ 이여려ᄲᅵ룸보 ᄂᆞᆫ官負들이 一 힝이 品 핀핀 至 징즈 九 깅구 品 핀핀

○ 一品으로九 品에니ᄅᆞ힌 不 봉부 知 징지 多 더도 多 더도 少 샿샾 少 샿샾 ○ 모 로

리ᄃᆞ다언 메련지 圍 위위 着 쨥져 看 컨칸 如 유유 人 신인 城 찡칭 一 힝이 般 번번

○ 에워보노이ᄉᆞ 城ᄒᆞᆫ가지러라 大 때다 明 밍밍 殿 뗜뎐 前 쪈쳔 月 웨웨 臺 떼테 上

쌍상 ○ 大明殿앏 月臺우희 四 ᄉᆞ스 邊 변변 站 잔잔 着 쨮져 四 ᄉᆞ스 箇 거거 將 쟝쟝

軍 균균 ○ 네녁희셧ᄂᆞᆫ 네將軍이 咳 해해 那 너나 身 신신 長 쨩창 六 륭루 尺 칭치

腰 얗얀 濶 쿵쿼 三 삼산 圍 위위 ○ 애뎌身長이六尺이오허리 너ᄅᆞᆫ기세아름이나ᄒᆞ고

頭 뚷투 戴 데대 金 긴긴 盔 퀴퀴 ○ 머리예金 투구ᄡᅳ고 身 신신 穿 춴천 金 긴긴 구

가 ○ 몸에 金 갑고 脚 갸교 登 둥등 朝 쟝찬 靴 훠훠 ○ 빌에 신고 朝靴 各

거 自 쯔즈 腰 얗얀 帶 대대 七 칭치 寶 방바 環 환환 刀 닿도 ○ 에 각각 七寶 허리 ᄒᆞ

環 끼 ᄎᆞ고 를 手 싱식 持 찌치 畫 홰회 戟 긩기 ○ 손에 가지 畫戟 고 還 환환 有 읻위

那 나너 拿 나나 鉞 웡워 斧 부부 的 디더 ○ 또 가져다 鉞 와 斧 니 拿 나나 寶 방바 劍

견 겸 的 디더 ○ 寶劍 가지니 와 手 싱식 拄 쥬쥬 槍 챵챵 的 디더 ○ 손에 槍 이 잡시

니 都 두두 是 씽시 三 삼산 尺 칭치 寬 퀀퀀 肩 견견 膀 빵방 燈 둥등 盞 잔잔 大

때다 的 디더 雙 상솽 眼 안안 ○ 燈盞 다 이 만석 자치 큰 너 두 눈이 어 러게 오 眞 진젼

是 씽시 條 턒댠 條 턒댠 好 핳한 漢 헌한 子 쯔즈 ○ 진실로 이 리 묘 혼 수 나 오 ᄒᆞ리 라 니오

正 징장 所 수소 謂 위위 擎 킹킹 天 텬텬 白 뻥배 玉 윻유 柱 쥬쥬 架 갸갸 海 해해

紫 즈즈 金 김긴 梁 량량 ○ 正히 니르 바 하늘 을 바 텨 는 白玉 柱 ㅣ 오 바다 흘 걸 텻 는 紫金 梁 이

九十三

라 天텬텬 子즈즈 百빙버 靈링링 威웨웨 助주주 將쟝쟝 軍균균 八바바 面

면면 威위위 風붕붕 ○ 天子는 百靈이 돕고 將軍은 八面威風이러라

미 自즈자 們문믄 到닿다 飯빤반 店뎜뎐 裡리리 吃치치 飯빤반 去큐취 ○ 우리

밥 먹으라 뎜에 가쟈 西세시 華화화 門믄믄 外왜외 有위우 箇거거 好하호 飯

빤반 店뎜뎐 ○ 西華門 밧씌 ᄒᆞᆫ 밥뎜이 이시되 那나너 裡리리 吃치치 去큐취 罷

배빠 ○ 가 먹으라 가쟈 ○ 走주주 堂당당 的디디 來래래 有위우 甚셤서

麼마뭐 飯빤반 ○ 므슴 음식 밥이 ᄑᆞᄂᆞᆫ 이 잇ᄂᆞ뇨 아이바 官관권 人인신 們문믄 各

거 自즈즈 說쉬쇼 愛해애 吃치치 甚셤셔 麼마뭐 飯빤빈 ○ 官官人들은 각각 니르라

라 므슴 밥 먹기를 즐기ᄂᆞ뇨 我오어 念념넨 與위유 官관권 人인신 聽팅텅 ○ 내

아 官人의 듯게 마리 羊양양 肉류슈 饅만먼 頭두두 ○ 羊肉饅頭와 너흔 素수수 餡

햠현 稍삼산 麥믜미 ○ 稍麥과 너흔 匾변변 食씨시 ○ 와 변시 水쉬쉬 精

징징 包밥반 子즈즈 ○ 제믈에 둘 包子와 솜 薄밥박 餅빙빙 ○ 薄餅과 煎젼젼 餅

빙빙 ○ 煎餅과 寬퀀퀀 條땰툐 麪면면 ○ 너븐 슈국와 掛과괘 麪면면 ○ 므로

국와 芝즈즈 麻마마 燒샾샾 餅빙빙 ○ 참깨 燒餅 무괴 친 黃황황 燒샾샾 餅

빙빙 ○ 燒餅과 油이우 酥수수 燒샾샾 餅빙빙 ○ 수유 燒餅에 더 과 硬잉잉

麪면면 火훠호 燒샾샾 都두두 有잉우 ○ 硬麪으로 믿 이드 이 세라 라 구 官

과권 人신인 們믄믄 要얗얍 那나나 幾계지 種중중 吃치치 呢니니 ○ 官人들이

어늬 엿가지를 먹으려 ᄒ는다 你니니 把바바 包밥반 子즈즈 火훠훠 燒샾샾 先션션

取츄츄 來래래 ○ 네 包子와 구은 석올 다가 몬뎌 가뎌오고 再재재 下햐햐 幾계지 碗

완원 寬퀀퀀 條땰툐 麪면면 與유위 我워오 們믄믄 ○ 또 여러 사발 너분 국슈를 눌러

朴通事新釋諺解 三 三十六

九十四

우리 되를 只(즈징) 要(얀얀) 收(식싱) 拾(시씽) 乾(간간) 淨(징찡) 些(셔셔) ○ 그저 호올

키를 ᄒᆞ고 乾 净 不(부봉) 要(얀얀) 冷(릉링) 了(랖럏) ○ 말차게 ᄒᆞ라 這(져져) 的(디딩) 不

부봉 清 說(숴숭) ○ 이는 부질업시 나ᄅᆞ지 말라 我(오어) 管(권권) 做(주주) 甚(심셤)

麽(마뭐) ○ 무서ᄉᆞ 것 ᄒᆞ기를 내 ᄆᆞ음 알리오 往(왕왕) 常(챵쨩) 請(칭칭) 也(여여) 請(칭칭) 官

관권 人(인신) 們(문믄) 不(부봉) 至(즈징) ○ 샹시에 쳥ᄒᆞ여도 官人들을 請ᄒᆞ나 ᄂᆞ르지 못홀거

시넌 眞 (치켜) 不(부봉) 用(융융) 心(심신) 伏(부뽕) 侍(스씽) 的(디딩) 呢(니녜) ○ 엇지

ᄒᆞ여 伏侍ᄒᆞ리오

唐(ᄐᆞ미) 장자 們(믄믄) 수 (긴김) 打(다다) 毬(킥킥) 罷(바빠) ○ 우리 오ᄂᆞᆯ 놀 치오 자 당

賭(두두) 甚(셤심) 麽(마뭐) 呢(니녜) ○ 무서술 ᄂᆞ리 더 ᄒᆞ올 賭(두두) 錢(쳔쳔) ○

우리 돈을 자ᄂᆞ 那(나녀) 箇(기거) 新(신신) 來(래래) 的(디딩) 崔(취취) 哥(거거) 你(니네)

也여여會휘휘打다다麽뭐마 ○ 뎌 새로 온 崔哥ㅣ아 나는 我어오恁

즘즘麽뭐마不부붕會휘휘打다다 ○ 내 잇지 칠 줄 올오 디 못ᄒᆞ리라 你니녜是시씨

新신신来래리的디딩莊좡장家쟈갸人인신 ○ 너는 새로 온 암엣 사ᄅᆞᆷ이라 이로라 항

只즈짖怕파파不부붕會휘휘打다다哩리레 ○ 그저프건대 칠 줄을 아지 못ᄒᆞᆯ가

ᄒᆞ노라 你니니不부붕要얀펑管권권 ○ 네 ᄀᆞ음아지 말라 我어오且쳐쳐學

효햫打다다這저저一이흥會휘휘與유위你니녜看칸칸何허허如유유 ○

내 아직 이 ᄒᆞᆫ 다위 비화 처비게 뵘이 엇더ᄒᆞ뇨 這저저麽뭐마把바바我어오那나나皮

피삐條떼떠来래례 ○ 爺이러면 내이 를 가져와 皮 拿나나出츄츄毬킹쿠棒빵방

借져져與유위崔취취哥거거打다다 ○ 방올막대를 내여 崔哥를 빌려주어 치게 ᄒᆞ

쟈 咱자장打다다那나너一이흥箇거거窩워오兒ᅀᆞᆯ ○ 우리 ᄒᆞᆫ 굼글 어이 치니

오리 且 져져 打 다다 毬 킹쿠 門 믄믄 窩 워오 兒 싈을 罷 빠바 ◯ 아직 毬門 굼글 치라

還 환환 是 씨시 打 다다 花 화화 臺 태태 窩 워오 兒 싈을 ◯ 당시롱 花臺 굼글 치며

打 다다 花 화화 房 빵방 窩 워오 兒 싈을 呢 니네 ◯ 花房 굼글 칠거시니 你 니네 且

쳐쳐 快 쾌쾌 打 다다 罷 빠바 ◯ 네 아직 밧비 치라 崔 취취 哥 거거 這 져져 幾 기지

回 휘휘 果 궈고 然 연얀 打 다다 得 더더 好 함한 ◯ 위崔 를哥 果ㅣ 然이 치여 기려 를디

잘ᄒᆞ다 我 오어 不 부부 想 샹샹 你 니네 這 져져 莊 좡장 家 쟈가 漢 한한 ◯ 내 너

이 향암엣 놈이 倒 닿단 慣 관관 會 회회 打 다다 毬 킹쿠 哩 리리 ◯ 도로혀 방올 치기

당녁이 알 줄을 싱각지 못ᄒᆞ엿노라 這 져져 真 진진 是 씨시 人 신인 不 부부 可 커커 貌

맛말 相 샴샹 海 해해 不 부부 可 커커 斗 두듣 量 량량 ◯ 이 진실로 사ᄅᆞᆷ은 可히 얼굴로

보지 못홀 거시오 바다흔 可히 말로 되지 못홀 거지로다

那너나 老랄랃 安힌안 因힌인 甚씸셔 麽뭐마 事씃스 監감견 在째재 牢랄랃

裡려리 ○ 뎌 老安이 므슴 일론 因ᄒᆞ여 옥에 가텨 엿ᄂᆞ뇨 你니녜 不부불 知지징 道단닿

○ 네 아지 못ᄒᆞᄂᆞ다 那너나 城칭쪙 外왜왜 劉릳릳 村촌춘 地디떼 方방밣 ○

뎌 城밧 村에셔 혼 劉 是시씨 他타터 主쥬쥬 子즈즈 的디딩 莊장쟝 田텬뎐 ○ 이제

항것식 농소ㅣ라 他타터 管권권 着져졀 ○ 뎌로 ᄒᆞ여 ᄀᆞ음아더니 到단닿

了랸럎 秋칙칭 收식싷 的디딩 時스씽 候후흫 ○ 秋收ᄒᆞᆫ ᄯᅢ예 다ᄃᆞ라 他타터 種

츙즁 的디딩 稻닾땋 子즈즈 ○ 제 시믄 벼와 高간강 粱량랑 ○ 슈슈와 黍슈슈

子즈즈 ○ 기장과 大다때 麥머믱 ○ 보리와 小샤셩 麥머믱 ○ 밀과 蕎걍챠

麥머믱 ○ 모밀과 黃황황 豆두뚷 ○ 콩과 小샤셩 豆두뚷 ○ 풋과 菉루룽 豆

두뚷 ○ 菉豆와 豌원원 豆두뚷 ○ 광장이 黑희흿 豆두뚷 ○ 거믄콩 芝즈징

麻마마○와ᄎᆞᆷ세 蘇수수子즈즈○새ᄃᆞᆯ 諸쥬쥬般번번粮량량食씌시○

여러가지 곡식을 除쮸츄了럏럎種중중子즈즈之즈즈外왜왜○ᄡᅵ를 더 션론

三삼산停띵팅裡려리該개개分분븐與유위主쥬쥬人신인二싀을停띵팅

纔째채是씌시○세운에서 맛당이 主人을 두 운을 ᄂᆞᆫ화 주어야 올커ᄂᆞᆯ 他터타只즈즈

交갸갸一힝이停띵팅與유위主쥬쥬人신인○가뎨 다 主人만 ᄒᆞᆫ 운을 다 主人을 주고

其끼키餘유위賣매매的디디賣매마了럏럎○그 남아 ᄑᆞᆯ 것 ᄑᆞᆯ고 還환환落

로랑下햐하些셔셔養양양活훠호他터타媳시시婦뿌부孩해해兒싀을○

또 媳婦와 孩兒ᄅᆞᆯ 치더니 被비비一힝이箇거거挾갸가齎쨍착的디디

人신인告갇간訴수수了럏럎他터타主쥬쥬人신인○ᄒᆞᆫ 사ᄅᆞᆷ이 挾齎ᄒᆞᆫ 主人

의게 ᄉᆞᆷ을 홈닙언 便뺀변到닿단衙야야門문믄裡려리去큐취告갇간了럏럎

九十六

○ 가곳 吉ᄒᆞᆫ 橋門에 난 所소以이 把바 老랄 安안 監감 下하 要

염얀 追쥐쥐 ᄇᆡ비 裏리리 ○ 이러모로 老安을 다 가기 도아 물리려 ᄒᆞᄂᆞ니라 咳해해

孩해해 兒ᅀᅵᆯ 使ᄉᆞ시 爺여여 娘냥냥 的디디 ○ 에 ᄌᆞ식이 어버 의 거슬 쓰이고 奴

누누 婢삐비 使ᄉᆞ시 家가자 主쥬쥬 的디디 ○ 좀이 항거식 거 슬 쓰ᄂᆞᆫ 거시 都두두

是씨시 常쨩챵 事ᄊᆞ스 ○ 事ㅣ 다 이 常 라 旣계지 ᄠᅢ잔 他터타 管권권 着쨔져

那나 莊장좡 田뗜뎐 ○ 소이 를의 ᄆᆞ저 로 알ᄒᆞ 게여 ᄒᆞ더 니농 他터타 不부 使

ᄉᆞ시 些셔셔 做주주 甚씸서 麼머마 ○ ᄒᆞ저 고져 무기 엇쓰 ᄒᆞ지 리아 오니 常쨩챵 言

연연 道땅도 ○ 니常 르言 되에 管권권 山산산 吃 칭치 山산산 管권권 水쉬쉬 吃

칭치 水쉬쉬 ○ ᄆᆞ山 ᄋᆞᆷ을 알ᄆᆞ 권ᄋᆞᆷ 룰알 엣면 것山 믹엣 ᄉᆞᆫ것 다먹 ᄒᆞ고 니물 라을

你니니 令링링 兄훵훙 除쮸츄 授쑤수 在째재 那너나 裡례리 了럏랴 ○ 네

兒이 어디 벼슬ᄒᆞ여 잇ᄂᆞ뇨 是씨 南난 京깅징 應잉 天텬 府부 府부

丞찡칭 ○ 府이 南京 應天 府丞이라 幾계지 日ᅀᅵ 榮융 行힝 ○ 언제 行ᄒᆞᄂᆞ뇨 榮

了뇨 明짭조 日ᅀᅵ 起치 身신 去큐취 了랼랴 ○ 어여 제갓 ᄂᆞ起 니身 ᄒᆞ라 驛

馬마 去큐취 的디 呢너니 ○ 驛馬ᄂᆞᆫ 로 還환 是씨 僱구구 的

長쨩챵 行힝 馬마 去큐취 的디 ○ 馬로 또 이 ᄂᆞᆫ세 갓 ᄂᆞᆫ 長行 是씨

驛이 站잔 裡리 去큐취 的디 ○ 驛站이 라으로 ᄀᆞᆺ니 去큐취 的디

時씨 餘져 却가거 也여 體티 面면 ○ 體面이 라에 또 比비 丞

相상 差차 不부 多도 ○ 丞相만이 에 比ᄒᆞ건대 또 니 ᄂᆞᆫ 車규 馬

羅러로 傘산 ○ 車馬 羅傘와 金긴 瓜과 鉞워 斧부 ○ 金瓜 鉞

斧와 對뒤 對뒤 皂짱 隷리 擺배 着져 喝허 道도 ○ 쌍쌍 ᄒᆞ 오

隷ㅣ버러唱道ᄒᆞ고 還환훤有익약大따다小샿샾官권관員원원一이이行힝힝部뿌부從쭝중送숭숭他타타 ○ 또 大小官員과 一行部從이 이셔 뎌를 보내니 眞진진好핳핳榮웡융耀얗얀氣키치像썅샹 ○ 진실로 ᄀᆞ장 榮耀ᄒᆞᆫ 긔샹이러라 你니니爲위위甚씸시麽뭐마不불부跟근근了럏랴去큐취呢니니 ○ 네 므서슬 위ᄒᆞ여 ᄯᆞ라 가지 아니ᄒᆞᆫ다 我어오若얗요跟근근隨쒸쉬他타타去큐취 ○ 내 만일 뎌ᄅᆞᆯ ᄯᆞ라 가면 這져져衙야야門문믄中즁중上썅샹直찌지呼후후誰쒸쉬替틔티我어오呢니니 ○ 이 衙門에 上直을 눌로 ᄒᆞ여 나를 뎨당케 ᄒᆞ리오 你니니何허허不불부在째재衙야야門문믄裏리리告갛갇幾기지月원워假쟈갸暇햐하 ○ 네 엇디 衙門에 여러 말미를 告ᄒᆞ고 送숭숭他타타上썅샹任심신去큐취 ○ 뎌를 보내여 到任ᄒᆞ라 가지 아니ᄒᆞᆫ다 你니니那나나日싱이到닿닾底뎨디送숭숭到닿닾

九十七

那너나裡레리就쭣작回훼휘來래리了럏랸 ○비그날몯가슴며보 내여어티가곳도

라오뇨」送숭숭到닿다四슿스十씽시里례리地띠디 ○보내여四十」里ᄯᅡ벽가

住쮸쥬了럏랸一이宿슣수便뼌변辭씃츠別뼈벼迴훼휘來래래了럏랸

○ᄒᆞ롯밤머므러곳하직ᄒᆞ고도라오롸」既계지不불부能능능勾긓구跟근근去

큐츄 ○이미능히유여히ᄯᆞ라가지몯ᄒᆞᆯ쟉시면」只즈즈管권권遠원원送숭숭他터타

您즘즘麼뭐마 ○그저ᄉᆞᄐᆡ여멀리려로 보내여므슴ᄒᆞ리오」古구구人인인道닿다

○古人이ᄃᆞ되送숭숭君균균千쳔쳔里례리終중중須슈슈一이別뼈벼

○一送君千里나終須 別이라ᄒᆞ니라

好할항畫홰화匠짱장那너나裡레리有윙우 ○그림잘그리ᄂᆞᆫ장 인이어디잇ᄂᆞ뇨」

伱네니都거갑知지징道닿다麼뭐마 ○네ᄯᅩ아 ᄂᆞᆫ다」我오허知지싱道닿다

一힝이 箇거거 有읻익 名밍밍 的디디 畫화화 匠쨩쟝 ○ 내아노니ᄒᆞᆫ有名ᄒᆞᆫ畫匠

이 是씨시 天텬텬 下햐하 無우우 雙상솽 的디디 ○ 이天下에업스니라 雙 在

째재 那너나 裏레리 住쥬쥬 呢네니 ○ 이ᄃᆡ셔사ᄂᆞ뇨 他터타 在째재 樞슈슈 密

밍미 院원원 西세시 頭뜰투 住쮸쥬 ○ 뎌樞密院西편에셔사ᄂᆞ니라 他터타 是씽시

那너나 裏레리 人신인 氏씽스 呢네니 ○ 뎌이어ᄃᆡ人氏고 是씽시 真진진 定

띵딩 府부부 人신인 ○ 이真定府사ᄅᆞᆷ이라 你니니 要얀얀 畫화화 甚씸셔 麼뭐마

○ 네므서슬그리고뎌ᄒᆞᄂᆞᆫ다 我이오 要얀얀 畫화화 我이오 的디디 喜히시 容

융융 ○ 내나의진영올그리고뎌ᄒᆞ노라 他터타 在째재 別뼈벼 處츄츄 畫화화 了

랴랴 一힝이 箇거거 人신인 的디디 影힝잉 像썅샹 ◎ 뎌다ᄅᆞᆫᄃᆡ셔ᄒᆞᆫ사ᄅᆞᆷ의화샹을

그리니 就쮸주 如유유 活훵호 的디디 只지즈 少샾샨 一힝이 口쿠쿠 氣키치

哩 례리 ○ 입곳 긔사 균니 만것 업고 뎌그 라저 ᄒᆞᆫ 這 져져 般 뷘번 ○ 면이 러 你 네니

可 커커 能 닝능 請 칭칭 他 터타 到 닾닾 這 져져 裡 례리 來 래례 麽 뭐마 ○ 可네

ᄒᆞ히 여能 여히 긔뎌 올를 써請 他 터타 與 유위 我 어오 極 끼기 好 핳핲 相 샹샹 與 유위

○ 히톄 됴날 히로 시더 게부 되러 極 但 딴단 是 씼시 他 터타 家 갸쟈 裡 례리 事 씃스

多 더도 怎 즘즘 麽 뭐마 來 래레 的 디디 呢 녜니 ○ 만다 ᄒᆞ만 니톄 엇집 지외 오일 리이

오 既 계지 是 씼시 那 너나 般 뷘번 ○ 러이 면ᄆᆡ 그 咱 찬자 兩 량랑 箇 거거 就

평주 到 닾닾 那 너나 裡 례리 去 큐쥐 ○ 곳우 져리 거둘 간히 與 유위 他 터타 商 상샹

量 량량 了 럎랸 放 빙빙 下 햐하 定 띙딩 錢 쪈쳔 ○ ᄒᆞ뎌 여로 미더 초부 임러 갑商 슈量

번두 他 더타 便 뺸변 肯 킁큰 晝 쁴히 了 럎랸 ○ 그톄 리끗 리즐 관겨 他 터타 不 붛부

是 씼시 開 캐캐 鋪 푸푸 的 디디 ○ 어톄 니이 이푸 니ᄉᆞ 오를 又 임우 不 붛부 肯 킁큰

到닿닿人인인家갸쟈去큐취畫화화 ○ 그ᄯᅩ 리즐 지니 아ᄉᆞ 니家 ᄒᆞ에 고가 也셔여
不부부要얀얀工궁궁錢쳔쳔 ○ 이그 니錢 ᄒᆞ을 되밧 得더더 有우우 好화화 的여
相샹샹識시시們문믄 十시시 分븐븐 好항양 及기기 他타타 ○ 다 히 ᄂᆞ 로 ᄂᆞ로 ᄂᆞ 니 즐
아 ᄂᆞ니 늘이 게 빈 면 ᄀᆞ 方방방 肯큰큰 畫화화 理리리 ○ 보겨 ᄂᆞ야 ᄒᆞ리 로 ᄂᆞ 즐
라 難난난 道닷닷 連련련 工궁궁 錢쳔쳔 也여여 是시시 不부부 要얀얀 的
다 ○ 고 ᄂᆞ 다錢 조ᄂᆞ 차ᄅᆞ ᄯᅩ기 밧어 지렵 아다 ᄂᆞᆺ 誰쉬쉬 知지지 道닷닷 他타타 的
다 ᄂᆞᆼ 就쥐직 裏리리 ○ 뉘 을 뎌 알 의 리 속 오 常상상 言연연 道닷닷 ○ 常 니 言 ᄅᆞ 에 되
畫화화 虎후후 畫화화 皮피피 難난난 畫화화 骨구구 ○ 범 가 을 족 그 은 그 리 매 려
도 ᄉᆡ 그 기 리 어 렵 고 知지지 人인인 知지지 面면면 不부부 知지지 心신신 ○ 사
을 알 매 ᄂᆞᆺ 츤 아 라 도 ᄆᆞᄋᆞᆷ 아 지 못 ᄒᆞᆫ 다 ᄒᆞ 니 라
ᄋᆞᆷ 아 지 못 ᄒᆞᆫ 다 ᄒᆞ 니 라

九十八

徐녜니到닾닾老랄랄書쨩챵家갸쟈去큐취送숭숭人신인情찡칭來래레

的디등麽마뭐○人情을老書의집의가보내고오니甚셤씸麽마뭐人신인情칭

짱칭○情으로人老랄랄書쨩챵死스쓰了랸렬○老書는죽니라我오어

竟깅깅不부붕知지징道닾땅却켜캉曾층쩡出츄츙殯빈빈麽마뭐○내모

참내아지못ᄒᆞ엿ᄂᆞ니일즉出殯ᄒᆞ엿ᄂᆞ냐今긴김早잔장已이이出츄츅殯빈빈了

랸렬○오ᄂᆞᆯ새배出殯ᄒᆞ니라이믜他타타多도더大다대年년년紀기계了랸렬

○뎌나히언메나ᄒᆞ더뇨○今긴김年년년纔재째三산삼十시씽七치칭歲쉬귀

○올ᄒᆡᆺ三十七歲러라咳해해年년년紀기계還훤훤少샾샹哩리레○애또나

다졈닷다陰인힘陽양양是시씨誰쉬쒸○陰陽ᄒᆞᄂᆞᆫ이뉘러뇨是시씨朱쥬쥬

先션션生승싱○이朱先生이라他타타家쟈갸對향향榜방빙貼뎌텽在재쩨

那나나 門믄믄 上쌍샹 ○ 뎌 집의 門 우희 殃榜을 브텻ᄂᆞ니 不봉부 曾쯩층 看컨칸

見견견 麽뭐마 ○ 일즉 보디 몯ᄒᆞ다 我어오 不봉부 曾쯩층 留릳릭 心심신 看컨칸

○ 내 일즉 아ᄅᆞ니 몯ᄒᆞ여 두어 보시니이다 不봉부 知징지 寫셔셔 着쨯져 甚씸셔

麽뭐마 哩례리 ○ 아지 몯게라 서시라 뻐더라 寫셔셔 的딩디 是씽시 壬싐인 辰

씬친 年년년 二싀ᅀᅵ 月웡웨 十씽시 二싀ᅀᅵ 日싀ᅀᅵ 生싱승 的딩디 ○ 시방 이거

二壬 日辰 난年 이二 오月 年년년 三삼산 十씽시 七칭치 歲쉬쉬 身신신 故구구

○ 에 나 身이 故三 ᄒᆞ十 이七 오歲 二 十씽시 四쓰스 日싀ᅀᅵ 寅인인 時씽스 出

츄츄 殯빈빈 ○ 에 二十四日寅時 出殯ᄒᆞᄂᆞ니 忌끼기 巳쓰스 午우우 亥해해 卯망만

生싱승 人ᅀᅵᆫ인 ○ 忌 巳午亥卯生 ᄒᆞᆫ 사ᄅᆞ미 며더라 服쭈조 夜여여 做주주 道

됴ᄐᆞᆼ 場짱창 有위우 你니니 在째재 那나나 裡리리 麽뭐마 ○ 어느 집의셔 道場ᄒᆞ여 뭐 道

朴通事諺解三 四十三

三43a

더거 낫귀 잇 我 어오 當 찡층 在 째재 那 너나 裡 례리 看 컨칸 見 견견 鋪 부푸 設

셔여 的 듸디 ◯ 設내 ᄒᆞ일 거즉 슬게 보이 니셔 」鋪 太 때다 門 문믄 外 왜왜 放 방방 一

흥이 張 챵샹 桌 죠조 子 즈즈 ◯ 상큰 을면 노밧 코거 」ᄒᆞ 上 쌍샹 面 면면 供 궁궁 着

쪙텨 一 횡이 尊 쥰쥰 佛 뽕보 像 썅샹 ◯ 像우 을희 供一 ᄒᆞ尊 고佛 點 뎜뎐 起 키치 燈

둥등 燭 죵주 ◯ 燈혀 고燭 」을 擺 배배 列 려려 茶 짜차 果 궈고 ◯ 버茶 리果 고룰 衆

즁중 和 훠허 尙 쌍샹 ◯ 尙모 이든 」和 吹 취취 螺 려로 打 다다 鈸 뻥버 ◯ 불고 고라

더바 고라 擂 뤼뤼 鼓 구구 敲 캬캬 磬 킹킹 ◯ 磬북 티디 」고 看 컨칸 經 깅깅 念 년난

佛 뽕보 ◯ 佛看 ᄒᆞ經 념念 直 찌지 到 당도 天 텬텬 明 밍밍 ◯ 븍비 긔로 에하 니논 ᄅᆞ이

란더 徐 녜니 都 캉커 管 쪙층 送 숑숑 縣 뭐 ◯ 보베 번또 디일 」즉 我 어오 也 여여

送 숑숑 的 당디 ◯ 여내 노삿 너보 」버 靈 링링 柩 찡기 前 쪈쳔 面 면면 ◯ 앏靈 희柩

는 是 影 亭 亭 轎 馬 ◯ 香 影 亭 과

馬 衣 帽 靴 帶 等 類 ◯ 挑衣 擔帽 ᄒᆞ라 오 帶 還

還 有 十 餘 對 幢 幡 寶 蓋 ◯ 나ᄂᆞᆫ 니

寶蓋 幢 幡 과 和 尚 鼓 手 ◯ 手 ᄂᆞᆫ 尚 잇 鼓 吹 해 還

還 有 他 那 小 兒 子 ◯ 린 아ᄒᆡ 돌 이 이 그 셔어

穿 着 麻 衣 ◯ 麻 衣 를 一 路 悲 哀

啼 哭 ◯ 피 울 고 又 見 那 送 殯

親 朋 ◯ ᄒᆞᆫ 또 親 朋 이 送 殯 ᄒᆞᆫ 繫 着 孝 帶

的 不 可 勝 數 ◯ 여러 히 몯 ᄒᆞ리러라 賓

시 葬 了 呢 還 是 火 葬 的 ◯ 葬 ᄒᆞ

九十九

엿ᄂᆞ냐 또 이 火葬ᄒᆞ엿ᄂᆞ냐」把 바바 尸 싀스 首 ᄉᆡᇢ삭 燒 ᄉᆞᇢ샆 化 화화 了 럏랴 ○ 尸首

를 다가 ᄉᆞᆯ와」如 슈슈 今 김긴 在 째재 寺 ᄉᆞ스 裡 례리 寄 계기 放 방방 着 쨯져 哩

례리 ○ 이제 절에 부텨 두엇ᄂᆞ니라」咳 해해 這 져저 老 랗랖 曹 짷챂 却 캽캬 也 여여

苦 쿠쿠 了 럏랴 ○ 애와 이 老曹ㅣ ᄯᅩ 셟도다」真 진진 所 수소 謂 위위 ○ 진실로 닐운 만

三 삼산 寸 츈츈 氣 키치 在 째재 千 쳔쳔 般 붜번 有 윙우 ○ 三寸 긔운이 이시매 千가

지 잇더니」一 ᅙᅵᇰ이 日 ᅀᅵᇰᅀᅵ 無 무우 常 쨩챵 萬 완완 事 씃스 休 힣후 ○ 一日에 녀셧흠

이 업스매 萬事ㅣ 休ᄒᆞ다 홈이 모다

咳 해해 春 츈츈 奴 누누 ○ 애 春奴ㅣ아」你 니니 做 주주 飯 빤반 要 ᅙᅣᇢ얀 留 릳루

心 심신 纔 째채 好 항화 ○ 네 밥 지으매 留心홈이 마치 됴ᄒᆞ니라 做 주주 得 듸더 生

승승 硬 ᅌᅵᇰ잉 了 럏랴 難 난난 吃 깋치 ○ 짓기를 녀러니 면 먹기 어렵고 忒 틍티 爛 런란

了 랼럏 也 여여 不 부붕 中 중즁 吃 치칳 ○ 너무 믈러도 먹기에 맛당치 아니ᄒᆞ니 涯

米 미메 也 여여 要 얀헐 乾 간긴 淨 징찡 着 져짭 ○ 乾淨ᄒᆞ기를 일ᄌᆞᆨ 니ᄒᆞ라 ᄯᅩ 早

起 치계 那 나너 飯 빈빤 裡 리례 ○ 아ᄎᆞᆷ 밥에 그 我 오이 咬 얀얌 着 져짭 一

塊 괘괘 沙 사사 子 즈즁 ○ 내 ᄒᆞᆫ 덩이 모래를 무니 便 변뻰 疼 텅떵 的

了 랼럏 不 부붕 得 더듷 ○ 니 곳 ᄒᆞ 여 파 디 라 못 ᄒᆞ 着 잔짭 水 쉬쉬 也 여여

要 얀헐 估 구구 量 랑량 着 져짭 ○ 몰 두 기 도 짐 작 ᄒᆞ 여 不 부붕 要 얀헐 多 도더 也

不 부붕 要 얀헐 少 샾셯 了 랼럏 ○ 반히 도 말 고 적 개 도 말 라 ᄯᅩ 煤 뮈믜 爐 루루

子 즈즁 也 여여 要 얀헐 收 식싶 拾 시씽 好 한 홯 了 랼럏 ○ 煤爐도 ᄒᆞ기를 잘 收拾ᄒᆞ라

乾 간건 煤 믜뮈 篩 간간 子 즈즁 還 환휀 有 익읻 麽 마뭐 ○ 모 른 석 탄 ᄯᅩ 미 덩 이 잇 ᄂᆞ 냐

若 쇼샵 沒 무뭉 有 익읻 ○ 만 일 업 거 든 就 직찧 和 히훠 些 셔셔 濕 시씽 煤

뮈믜 燒 샿샨 也 여여 好 핳핲 ○ 퍼곳 퓌뎌 어기 도濕 됴煤 ᄒᆞ를 ᄆᆡ셧 只 징즈 要 햫얀 弄

룽룽 得 등더 火 훠호 快 쾌쾌 ○ 를곧 샐저 리블 ᄒᆞ퓌 라오 ᆫ기 若 얍쇼 飯 뽠반 熟 쓩수

了 럏랖 ○ 니반 거일 든밥 ᆫ이 就 쥳직 煮 쥬쥬 一 황이 脚 걒교 羊 양양 蹄 뗴티 好

함한 下 뺘햐 飯 뽠반 ○ 술이 마믜 밥셔 ᄂᆡ호 가羊 됴의 게다 ᄒᆞ리 고를 若 얗요 做 주주 完

훤완 備 삐븨 了 럏랖 早 잫잪 些 셔셔 擺 배배 上 썅상 ○ 備만 ᄒᆞ일 거믄 든ᄂᆞ 일라 즉完

리이 라버 我 어오 好 핳핲 早 잫잪 些 셔셔 吃 킿치 ○ 즉내 이져 먹기 자일 若 얍쇼 挨

앵애 摸 무무 到 댢닾 點 뎐뎐 燈 뒁등 時 씽스 候 헿후 ○ 불만 혈일 쎼으 에으 ᄂᆡ내 드여

먼르 我 어오 就 쥳직 不 봉부 敢 감간 吃 킿치 多 더도 了 럏랖 ○ 먹내 기곳 를감 만히

노히 다못 ᄒᆞ 古 구구 人 신인 道 땋닾 ○ 니古 르스 되이 夜 여여 飯 뽠반 少 샿샨 一

황이 口 쿠쿠 ○ 술밤 을밥 덜울 면호 活 황호 到 댢닾 九 길구 十 씽시 九 길구 ○ 흔아

一百

아홉을산다ᄒᆞ니라

宋숭숭 哥거거 我어오 同뚱퉁 你니니 看칸칸 打다다 春츈츈 去큐취 罷바바 ○宋가형아네와ᄒᆞᆫ가지로 님츈노롯ᄒᆞᄂᆞᆫ양보라가쟈 我어오 不부부 去큐취 也여여 懶란란 怠대대 着잔잔 ○내가지아니ᄒᆞ리 또보기슬희여라 我어오 却기겨 從 來래래 不부부 曾층층 見견견 過궈고 ○내또ᄒᆞᆫ번도일즉보디몯ᄒᆞ여시매 所소소 以이이 約얗요 你니니 同뚱퉁 去큐취 哩리리 ○그러모로너를언약ᄒᆞ여ᄒᆞᆫ가지로가려ᄒᆞ노라 我어오 說쉬쉬 與유위 你니니 便변변 強꺙챵 似ᄉᆞᄉᆞ 目무무 睹두두 了럎랴 ○내너ᄃᆞ려니ᄅᆞ노니곳눈으로보ᄂᆞᆫ이도곤나으리라 那나나 牛누누 廠챵챵 裡레리 ○뎌쇼삭ᄂᆞᆫ 廠에 塑수수 一이이 箇거거 如슈슈 象샹샹 一이이 般번번 大다다 的디디 春츈츈 牛누누 ○ᄒᆞᆫ코키리만ᄒᆞᆫ큰춘쇼를ᄆᆡᆫᄃᆞ라고치 渾훈훈

朴通事新釋諺解 三 四十六

身신션畵화화着쟉져顔안연色싀서 ○ 온 몸에 빗츨 그려 裝장좡在재재一

이이箇거거大때다車쳐쳐上쌍샹 ○ ᄒᆞᆫ 큰 술위에 시러 두고 把바바四ᄉᆞ스條

댠떵繩씽싱絟쵠촨着쟉져大때다車쳐쳐 ○ 네 오리 노흐로 다가 큰 술위에 ᄆᆡ고 衆

중즁人신인拉랑라着쟉져 ○ 여러 사ᄅᆞᆷ이 ᄭᅳ을고 前쪈쳔面면면擡때때着쟙져

彩채채亭띵팅 ○ 앏희 彩亭을 메웟ᄂᆞᆫ 뎌 塑수수着쟙져一이이箇거거小셩샨

董뚱둥子즈ᄌᆞ[illegible]겹잡做주주芒망망兒ᅀᅵᆯ을 ○ ᄒᆞᆫ 小童子를 ᄆᆡᆫᄃᆞ라 芒兒ㅣ라 부르

고 牌빼패上쌍샹寫셔셔着쟙져勾긓구芒망망神씬신 ○ 牌에 쓰기를 勾芒神

이라 ᄒᆞ고 手심슈執징지彩채채線션션鞭변변 ○ 손에 彩線鞭울 가지고 頭뚷투

綰와완雙상솽丫하야髻게기 ○ 머리에 가ᄅᆞ 샹토 조지고 站잡잔着쟙져赶건간

牛잉누 ○ 셔셔 쇼를 몰면 順쓘슌天텬텬府부부官권관員원원與유유欽킴킨

天텬텬監갼견衆즁즁官권관們믄문○順天府官員과 天監모드관원들이다 못⌐欽
兩량량邊변빈擺배배着져쟙走주즉○두려편가 에면비션前쳔쳔面면면奏
奏주승動둥뚱細세시樂요양引인인着져쟙行힝힝○앏혀 희인 세도 풍호 뉴여 호가
고⌐還환환有우잉那나너粧좡좡二을얼郞랑랑神신씬的디뎌○二도 郞녀
神의 모양 주민⌐身신신穿쳔쳔黃황황袍포빵○몸에 닙고黃袍⌐腰
약열繫계기玉위융帶대대○허쎠 리셔 고에⌐玉頭투뜰戴대대幞부뿡頭투뜰
○頭머리쓰고 에 幞⌐脚교갸登등등朝챂짱靴휘훠○발에 신靴고朝手슈싷拿
나누線션션鞭변변○손에 가지고 線鞭⌐騎치기坐조쭤白배삥馬마마○白馬
트고一이잉箇거거小샾성鬼귀귀撑총칭着져쨥紅홍훙羅로러傘산산在
쩨재馬마마前쳔쩐○호가鬼ㅣ紅羅傘벋⌐티여 몰 앏희 잇고後후흫邊변변又우잉

跟근근着쟣져大때다小샿샾鬼귀귀卒종주 ○ 두희 이히 또뙤 로大 고小 ㄴ鬼 又

잉와有잉와一힝이箇거거鬼귀귀 ○ 아또 이호 셔귀 졸 拿나나着쟣져三삼신

丈쨩쟝高갈간的뎡디一힝이面면면大때다旗끼치 ○ 픈세 一길 面이 大나 旗고

지를 코가 上썅상寫셔셔着쟣져明밍밍現현현真진진君균균四쓰스箇거거

大字쯔즈 ○ 네우 큰희 字明 를現 쓰真 고君 到당도了럏랴鼓구구樓루루前

뎐쳔面면면 ○ 다鼓 ㄷ樓 라앏 희 朝쨯챠東둥둥放방방着쟣져土투투牛잉누

○ 土東 牛을 를향 노ᄒ 고여 莽망망兒쉬을立릭리在째재牛잉누背베베後훟후

○ 뒤芒 히兒 셔ㅣ 셔쉬 候훟후到당도幾계지時씌스幾계시刻킈킈立릭리春

츈츈 ○ 라어 立ᄂ 春때 홈어 을ᄂ 기刻 ᄃ에 려나 ᄃ 司쓰스天텬텬臺때대便뼌변報

밯받時씌스辰씬친 ○ 辰히 을天 報臺 ᄒ곳 면時 衆중중官권관員원원們문믄都

두두燒셜샨香햫향禮례리拜배배 ○ 모ᄃᆞᆫ官員들이 燒香禮拜ᄒᆞ여이다 等등등候

햫후那너나地띠디氣켜치上썅샹申신신的딩디時씃스節졍졔 ○ 뎌地

라ᄀᆞ 피질 ᄢᅢ를 ᄃᆞ리 더 ᄂᆞᆫ 那너나灰휘휘忽홓후然연안飛빙뵈起켜치 ○ 뎌 ᄌᆞ즈 문득

ᄂᆞ리 나라 니면 這져져些셔셔王왕왕公궁궁大때다臣씬친 ○ 이 公 여 大 러 臣 王 인

各거갑執짐지一잉이鞭변변打다다那너나土투투牛닣뉴 ○ 각각 채를 가 ᄒᆞᆫ

뎌를 ᄐᆡ 니 土牛 這져져就찧ᄌᆞᆼ謂위위之즈잣打다다春츈츈了럋랖 ○ 이것

ᄂᆞᆫ 보온 니 이 라 ᄇᆡ 쇼 你니녜何허허必비비還환환定띵뎡要얗얗去큐쥐看

건 ᄀᆞᆫ 麼마뭐 ○ 네 엇지 반ᄃᆞ시 ᄯᅩ 다시 가 보고져 ᄒᆞᄂᆞᆫ 이오

北븨버京깅징城찡칭共궁궁有일우九기구座줘조門믄믄 ○ 北京에 城이

九座 門이 이시니 南난난有일우正징징陽양양門문문宣현현武우우門문문

崇쭝츙文문운門문믄 ○ 南에는 正陽門과 宣武門과 崇文門이 잇고 「東둥둥有잉우朝쨯찰陽양양門문믄東둥둥直찡지門문믄 ○ 東에는 朝陽門과 東直門이 잇고 「北벅븍有잉우安언안定띵딩門문믄德텩뎌勝싱싱門문믄 ○ 北에는 安定門과 德勝門이 잇고 「西세시有잉우阜뿡부城찡칭門문믄西세시直찡지門문믄 ○ 西에는 阜城門과 西直門이 이시라 「這져져都두두是씽시門문믄的딩디舊찡쥐名밍밍 ○ 이는 다 이 門의 옛 일홈이라 「你유위今김긴人신인把비바這져져宣쒠쉰武뭏우叫걒쟌順쓘츈城찡칭門문믄 ○ 이제 사롬이 이 宣武롤 다가 順城門이라 부르고 「崇쭝츙文문운叫걒쟌哈햐하達따다門문믄 ○ 崇文은 哈達門이라 부르고 「朝쨯찰陽양양叫걒쟌齊쪠치華화화門문믄 ○ 朝陽은 齊華門이라 부르고 「阜뿡부城찡칭叫걒쟌平뼝핑則쩌저門문믄 ○ 阜城은 平則門이라 부르니 「這져져

都 두두 是 씨시 些 셔셔 俗 쑹쉬 名 밍밍 了 럏랴 ○ 이는 다 이 俗名이니라

秀 싱수 才 째채 哥 거거 咱 장자 們 믄믄 打 다다 魚 유위 去 큐취 罷 빠바 ○ 秀才 형아 우리 고기 잡으라 가자

我 어오 不 붕부 去 큐취 ○ 내 가디 아니호리라

諒 량량 你 니니 要 얗얀 金 김긴 榜 방방 題 뗴디 名 밍밍 的 딩디 書 슈슈 生 싱승 ○ 혜아리건대 더 金榜에 題名코져 흐는 書生인 那 너나 裏 례리 知 징지 道 닿도 我 어오 這 져져 漁 유위 翁 훙웅 之 징즈 樂 랍러 呢 니니 ○ 어디 우리 漁翁의 즐거오믈 알리오

你 녜니 聽 팅팅 我 어오 說 쒀숴 ○ 네 들으라 내 니르마

我 어오 棄 기키 了 럏랴 名 밍밍 利 례리 ○ 내 名利를 ᄇ리고 撑 칭충 箇 거거 一 힝이 葉 옝여 小 셯샨 漁 유위 船 쭨촨 ○ 一葉小漁船을 저어 載 재재 着 쟣져 這 져져 酒 징직 琴 낌킨 魚 유위 網 왕왕 ○ 이 酒琴魚網을 싯고

有 잉우 時 씽스 高 강간 興 힝힝 ○ 잇다감 놉흔 興으로 便 뺸변 彈

뎐一잉이曲큐취流릐류水쉬쉬高갛갇山산산 ○ 곳호곡됴流水 高山을트며

把바바我어오這져져錦김긴心심신繡싷수腹봉부 ○ 내어錦心繡腹을다가

都두두付뷰부這져져水쉬쉬國귀귀魚유위鄉향향了럏랴 ○ 다이水國魚鄉

에부티고也여여有임우時씽스披피피着쨩져這져져蒻샾쇼笠링리簑서소

衣이이 ○ 또잇다감이蒻笠簑衣를닙고一잉이任심인斜쎠셔風봉풍細셰시雨

유위 ○ 斜風細雨롤一任호고對뒤뒤酒쥥쥐自쯔즈飮힘인自쯔즈歌거거 ○

술을對호여自飮自歌호여消셥산遣견견那너나山산산光광광水쉬쉬色싁서

○ 을터山光水色消遣호고閒한현時씽스節졍져常쨩창往쟝쥬在째재那너나

青칭칭蒲뿌푸紅훙훙蓼렿랸灘탄단邊변변 ○ 이한터가青蒲紅蓼灘에호며덧덧

邊에므러머 一 繫게기船쳔한下햐하網망왕 ○ 믈비티미며고그 或훼휘掌쳥층

到닿닫這져뎌荷허허花화화香향향處츄츄 ○或ᄃᆞ 곳이 荷花에 져 香이 기내 나

慢만만慢만만的딩디把바비釣댱됴鉤궁구垂쮜취下햐햐水쉬쉬去큐츄

○날회여 낙시를 다가 물에 드리워 暫잔잔眼안안間간간釣댱됴出츄츄箇거거

老랑랖太때대金낌긴色승서鯉례리魚유유 ○눈곰작홀소이에 ᄒᆞᆫ ᄀᆞ장 큰 금빗희

鯉魚를 낙가내니 豈키치不부부快쾌쾌樂러러 ○엇지 快樂지 아니ᄒᆞ리오 我어오

不부부管권권那너나李례리白삐베撈랄랖月웛워 ○내 李白의 撈月홈을 ᄀᆞ

ᄌᆞ아지 아니ᄒᆞ고 ᄂᆞ也여여不부부問운운那너나屈큐귀原원원投뜰투江강장

○또 뎌 屈原의 投江홈을 뭇지 마니ᄒᆞ니 便뼌변是씽시那너나姜강강太태대公

궁궁遇유위文운운王왕왕 ○곳 이 뎌 姜太公와 文王 만나 古이라도 我어오也여여無

무우心심신羨쎤쎤慕무무他터타了럏랖 ○내 도 ᄆᆞ옴에 뎌를 羨慕홈이 업세라

告강간狀짱장人신인某무무村춘춘某무무人신인○告狀ᄒᆞᄂᆞᆫ사름아므村에

아뫼今김긴告감간到당도老랑랑爺여여臺때대下ᄒᆞ하○이제老爺臺下에告

ᄒᆞᄂᆞ이다今김긴年년년某무무月월워某무무日싈이○今年아모ᄃᆞᆯ아모날小

샨셩人신인家가자下ᄒᆞ하被ᄲᅴ비賊쯕적竊쳥쳐去큐취布부부一흥이百

버벙疋핑피○小人의집의셔도적이뵈一百疋을도적ᄒᆞ여가믈닙으니小셩샨人신인

卽장지時씽스驚깅깅覺갹쟌○小人이卽時ᄭᆡ다라니러起켜치隣린린

人신인幷뼝빙巡쓘슌宿슉수總중중甲갑가人신인等등등追쥐취趕건간

人隣人等과다못巡宿ᄒᆞ는總甲을불러ᄯᅡ라가直찡지至징즈某무무處츄츄

○바로아모곳에니르러되賊찍직人신인不붕부知징지去큐취向향향○賊人

의去向을아지못ᄒᆞ대小셩샨人신인與유위隣린린人신인等등등看컨간驗

면엳 得더득 賊즤쩍 人인싄 蹤증즁 跡지징 ○ 小人이 隣人等으로 더부러 賊ㅅ의 蹤跡을

看驗ᄒᆞ니 約요향 有우잉 賊즤쩍 衆중즁 幾지게 人인신 ○ 대되 賊衆 여러 사ᄅᆞᆷ이

러라 ○ 由익잉 本븐분 家자갸 西시셰 牆창쨩 跳턒톻 入유ᅀᅳᆸ ○ 本家 西牆으로

부터 뛰여 들어 於위유 東둥둥 屋우훙 山산산 牆챵쨩 外외왜 院원훤 窟쿠쿻 進진

진 內늬뉘 ○ 東屋 화빙 밧ᄭᅴ곰 글담고 안ᄒᆡ 들어 偸투틓 盜도땅 布부부 疋피핑 仍

잉인 跳턒톻 牆창쨩 而올싀 去취큐 ○ 布疋을 도젹ᄒᆞ고 인ᄒᆞ여 담을 너머 나가시니 至

즈징 今긴김 贜장장 物우뭉 未위미 獲휘횡 ○ 至今 贜物을 엇디 몯ᄒᆞ여시니 伏부뽕

乞키킇 憲현현 天텬텬 老란랗 爺여여 立리릥 賜스ᄉᆞ 看칸컨 驗옌연 ○ 伏乞

憲天老爺는 즉시 嚴연염 差채채 捕부뿌 役이융 人인신 等등덩 緝

看驗ᄒᆞ옴을 주어 嚴히 捕役人等을 緝拿ᄒᆞ여 案에 와시 追

치칭 拿나나 到닾당 案안헌 ○ 追쥐쥐 還환환

布부부疋필피懲징칭治치지賊직적人인인 ○ 布疋을 太자 주고 賊人을 懲治ᄒᆞ던
則즉저感감간激긱기無우우地디디矣이이 ○ 곳 感激無地ᄒᆞ리이다 爲위위
此ᄎᆞ츠上샹샹告갈고 ○ 이를 위ᄒᆞ여 告ᄒᆞᆷ을 올리ᄂᆞ이다
陸루류亭튱튱班반반你니니與유위我어오撕서서一이흥張쟝쟝拔짱쟝
子ᄌᆞ즈 ○ 陸亭班아 네 나를 ᄒᆞᆫ고 상을 뻐주고려 甚섬셔麽뭐마狀짱좡子ᄌᆞ즈呢
你네니 ○ 므슴 쟝고 고 有우임一이흥箇거거沒무물理례리的디디村츈춘牛
你님뉘 ○ ᄒᆞᆫ 무ᄉᆞᆫ 이리 셔ᄒᆞᆫ 村 逞칭칭強챵걍打다다我오어來래레 ○ 사오나온
을 부터 려 나 라 那나너厮ᄉᆞᄉᆞ多도더少샨셔年년년紀기기了란령 ○ 놈 터
이 나 히 언 나 那나너厮ᄉᆞᄉᆞ不부불到도달六뉴룩十시시模무무樣양양
○ 뎌 놈이 六十에 다ᄃᆞᆺ 這뎌뎌麽마뭐就작쥥好한힝告간갓他 지 못ᄒᆞᆫ 模樣이러라

티타 ○이려면 곳져 들 告ᄒᆞ기 됴타 大때다 明밍밍 律률뤼 上썅상 載재재 明밍밍

○大明律에 실린 거시 明白ᄒᆞ니 大때다 凡빰헌 七칭치 十씽시 己이이 上썅상 十

씽시 五우유 己이이 下햐하 不봉부 合헝허 加갸갸 刑힝힝 ○무릇 七十 己上과 十

五己下ᄂᆞᆫ 加刑홈이 맛당치 아니타 ᄒᆞ니라 你녜니 聽팅팅 我어오 念념난 ○네 드르라

내 닐으마 告강간 狀쫭좡 人신인 李례리 萬원완 現현현 年년년 幾계지 歲쉬쉬

○告狀ᄒᆞᄂᆞᆫ 사ᄅᆞᆷ 李萬의 시방 나히 현이오 係혜히 本분븐 府부부 本분븐 縣현현 附

뿌부 籍쯔지 民민민 人신인 ○本府本縣에 믜여 附籍ᄒᆞᆫ 民人이라 今김긴 告강간 到

당닾 老랑랖 爺여여 臺때대 下햐하 ○이제 老爺臺下에 告ᄒᆞᄂᆞ이다 本분븐 年년년

其무무 月월웨 其무무 日싱이 ○本年 아모 ᄃᆞᆯ 아모 날ᄋᆡ 小셩샿 人신인 前쪈쳔 往

왕왕 其무무 處츄추 ○小人이 아모 곳에 가다니 忽훙후 遇유위 本분븐 府부부 張

장쟝 千 쳔쳔 ○믄득 本府 張千을 만나니 帶 대대 酒 정작 肆 스스 強 걍강 ○술을 먹고

사오나옴 들부려 扣 큼쿠 住 쮸쥬 小 셯샾 人 신인 衣 이이 領 링링 百 븨버 般 뿬번

打 다다 罵 마마 ○小人의 옷깃슬 트려 잡고 百般 티고 욕ᄒ되 小 셯샾 人 신인 知 징지

他 터타 酒 정작 醉 쥐쥐 不 붕부 敢 감간 抵 뎨디 敵 띵디 ○小人이 제 술 취홈을 알고

敢히 抵敵지 아니ᄒ엿더니 竟 깅깅 將 쟝장 小 셯샾 人 신인 面 면면 門 믄문 打 다다

破 퓌포 耳 싈을 根 근근 打 다다 傷 샹샹 ○모춤내 小人의 늣출 다 가뎌 싸이고 귀밋출 뎌

傷희오ㅣ 當 당당 有 일우 某 무무 縣 현현 某 무무 村 춘춘 人 신인 王 왕왕 大 따다

爲 위위 證 징징 ○곳 某縣 某村 사룸 王大ㅣ 이셔 證ᄒ엿ᄂ니이다 小 셯샾 人 신인 無

무우 辜 구구 受 쓯쑤 辱 숭수 情 찡칭 理 례리 難 난난 甘 감간 ○가스이 죄 업시 辱올

바드니 情理 難甘ᄒ여 爲 위위 此 충츠 激 깅기 切 쳥쳐 上 썅샹 告 갈간 ○이를 爲ᄒ

여激ᄒᆞ여 上告ᄒᆞᄂᆞ니 伏뿌부乞킹키大따다老랄랖爺여여恩흔은准쥰쥰施

시行힝행◯伏乞大老爺ᄂᆞᆫ 恩准施行ᄒᆞ쇼셔 這져져狀쫭좡告갚갚到땁닿衙

야門믄문◯이 門에 고장을 衙門에 告ᄒᆞ면 不부뿡過궈고三산삼日ᅀᅵ싀之ᄌᆞ지內

님◯나ᄂᆞᆫ 三日 안에 지나지 못ᄒᆞ여 定딩띵行힝행審신심理리례發바봥落로랄◯

을 뎡ᄒᆞ여 審理發落홈이 되리라 常챵짱言연연道단땀◯니常言에 니ᄅᆞ되 捉조좦賊

見견견贓장장◯贓도 ᄌᆞ칙 잡기ᄂᆞᆫ 物을 보고 廝스ᄉᆞ打다다驗연엄傷샹샹◯서ᄅᆞ

빠ᄒᆞᆫ 티ᄂᆞᆫ 傷處를 驗ᄒᆞ니라

今긴김日ᅀᅵ싀早잔짬起치계◯오ᄂᆞᆯ 일즉이 我오어到단됴別벼뼝處

去취큐望왕왕相샹샹識시싱◯내 다ᄅᆞᆫ 듸가 아ᄂᆞᆫ 이ᄅᆞᆯ 보려 ᄒᆞ여 門믄문前

綰완완着져쟣帶대대鞍안언子즈조的디됭白배뼁馬마마◯門 앏희 기르마

지은 흰 몰을 ᄆᆡ엿더니 不 부 知 지 怎 즘 麽 마 走 주 阿 랴 ◯ 아지 못게
라 엇지ᄒᆞ여 ᄃᆞ라난지 竟 깅 不 부 知 지 去 취 向 향 ◯ 모춤내 去向을 아지
못ᄒᆞ나 你 니 與 유 我 오 寫 셔 一 이 箇 거 招 쟌 子 즈 ◯ 네 나
ᄒᆞᆫ 방을 ᄇᆡ를 주어 好 핳 到 도 各 거 處 츄 橋 챠 上 샹 墻 챵 角 교
頭 투 貼 텨 去 취 ◯ 各處 ᄃᆞ리우와 ᄆᆞᆷ모롱이에 부치라 가게 ᄒᆞ고 還 환 得 더
雇 구 一 이 箇 거 小 샤 廝 스 ◯ 또 ᄒᆞᆫ 아ᄒᆡ놈을 삭내여 着 쟈 他 타
沿 연 街 개 叫 걓 喚 환 尋 신 覓 미 纔 채 好 핳 哩 리 ◯ 뎌로
ᄒᆞ여 거리조차 웨여 초자야 마리를 됴ᄒᆞ리라 這 져 招 쟌 子 즈 寫 셔 了 랴 ◯
이 방 오 ᄂᆞᆫ ᄇᆡ 다 어 념 我 오 念 념 你 니 聽 팅 ◯ 내 니르려든 네 드르라 本 본 年 년 月
월 日 ᅀᅵ ◯ 本年月日에 失 시 去 취 帶 대 鞍 안 白 배 馬 마 一

힝이 匹핑피 ○ 기르마 지은 흰 몰 ᄒᆞᆫ 필을 얻어시니」 牙야아 幾게지 歲쉬쉬 ○ 나히 현이

라」 報방반 信신신 者져져 給공지 銀인인 三삼산 两량량 ○ 報信ᄒᆞᄂᆞᆫ 이ᄂᆞᆫ 銀 석

냥을 주고」 收식삭 管권권 者져져 謝셔셔 銀인인 六륙릭 两량량 ○ 거두어 두너ᄂᆞᆫ

銀 엿 냥을 샤례ᄒᆞ리라」 這져져 招쟢쟌 子즈즈 寫셔셔 得듷더 極끼기 簡간간 便

뼌편 ○ 이 방 ᄡᅳ기를 極히 簡便히 ᄒᆞ엿다」 我어오 就찧주 雇구구 人인인 拿나나 去

큐취 找쟢잔 馬마마 罷빠바 ○ 내 곳 사ᄅᆞᆷ을 삭내여 가져가 ᄆᆞᆯ을 ᄎᆞᆺ자」 大때다 哥거거

○ 큰 형아」 若얗요 得듷더 了럏랴 這져져 馬마마 来래래 ○ 만일 이 ᄆᆞᆯ을 어더오

거든」 就찧직 請칭칭 你녜니 吃킿치 酒짇직 ○ 곳 너를 쳥ᄒᆞ여 술 먹으랴라

有유유 何허허 數수수 日잉ᅀᅵ 不봉부 見견견 先션션 生싱승 呢녜니 ○ 엇지

數日을 先生을 보지 못ᄒᆞ러뇨」 你녜니 聽텽팅 我어오 說숳쉬 ○ 네 드르라 너 니ᄅᆞ만」 이ᅡ

썅 弟 뎨디 近 긘긴 日 잉싀 聽 텽팅 得 듣더 ○ 이 小弟ᄂᆞᆫ 드르니 요ᄉᆞ이 有 잉우 箇 거거

高 강갈 麗 례리 來 래리 的 뎌디 秀 싱ᅀᆞᅮ 才 째채 ○ 高麗로셔 온 秀才 잇다 ᄒᆞ매

我 어오 去 큐취 尋 씸신 他 타타 講 강쟝 論 룬른 些 서서 書 슈슈 ○ 내 가 뎌를 ᄎᆞ자 글을 講論ᄒᆞ

ᄂᆞᆫ 因 힌인 此 츠ᄎᆞ 不 부부 得 듣더 工 궁궁 夫 뿌부 ○ 이런 젼ᄎᆞ로 결을을 엇지 ᄒᆞ여 못

闕 귀궈 拜 배배 望 왕왕 了 랴랴 得 듣더 罪 쮜쥐 ○ 拜望ᄒᆞ옴을 闕ᄒᆞ니 罪를 엇 라 괘마

先 션번 生 싱승 近 긘긴 來 래리 却 [illegible] 有 잉우 些 서서 新 신신 聞 운운 麽 뭐마

○ 新聞 先生이 요ᄉᆞ이 아ᄂᆞᆫ 新聞이 잇ᄂᆞ나 또 沒 몽무 甚 씸서 麽 뭐마 新 신신 聞 운운

○ 아모 新聞이 란 업고 只 징즈 聽 텽팅 得 듣더 些 서서 東 둥둥 國 궈궈 故 구구 事

○ 다만 東國 故事를 드럿노라 저기 你 니니 就 짇쥐 說 숴숴 一 이이 說 숴숴 ○ 스싱

네 곳 니르라 你 니니 要 얍얀 我 어오 說 숴숴 甚 씸서 麽 뭐마 ○ 네 나ᄃᆞ려 다 니르라 ᄒᆞ

여므ᄅᆞ다 ◯ 如 슈슈 今 김긴 就 쪽작 同 뚱둥 小 셯샿 弟 뗴디 去 큐취 拜 배배 望

왕할 他 타타 便 뼌변 了 럏랴 ◯ 이제 즉시 小弟 ᄒᆞ와 호가 지리 로라 咳

해에 我 어오 沒 뭏무 有 잏우 牲 싱승 口 쿻쿠 却 갸거 怎 즘즘 麽 뭐마 好 한한 呢

녀나 ◯ 또애 내게 지엇 ᄒᆞ즘 성여 아이 도업 호스 료니 不 붕부 知 지시 街 개개 坊 방방 上

샹샹 可 커커 有 잏우 賃 닌님 的 디디 驢 류뤼 麽 뭐마 ◯ 아라 지에 못씌 게벌 라나 거거

낫잇 ᄂᆞᆫ 有 잏우 錢 쳔쳔 賃 님닌 便 뼌변 有 잏우 驢 류뤼 ◯ 돈내 이려 이ᄒᆞ 셔면 곳쇽

나ᄂᆞ 귀니 잇라 那 나너 麽 마뭐 着 져쨩 ◯ 그 러면 就 작쪽 再 츄츄 一 이흥 百 버뷩

錢 뎐젼 去 큐취 賃 님닌 來 래래 鞴 비베 上 샹샹 ◯ 곳가 ᄒᆞᆫ삭 빅개 돈이 을와 가안 져장

더라 으ᄂᆞᆫ 先 션션 生 승싱 ◯ 先生 아ᄂᆞᆫ 纔 재쨰 剛 강강 說 쉐쉬 的 디딩 那 나너 秀

사ᄉᆡᆷ 才 재쨰 ◯ 앗가 니ᄅᆞ던 秀才 ᄂᆞᆫ 却 거갸 住 쥬쥬 在 재쨰 那 나너 裡 리례 呢

니녜 ○ 또 어듸 머므러 잇ᄂᆞ뇨 在 재째 崇 충쭝 文 윤운 門 믄문 裡 리례 大 다때 街
게개 東 둥둥 張 쟝장 編 변뼌 修 삭심 家 자갸 住 쥬쮸 着 져짷 ○ 崇文門 안 큰 거리 東
편 張編修의 집의 이셔 머므ᄂᆞ니라 那 나너 麼 마뭐 更 긍궁 好 한할 ○ 그려면 더옥 됴타
張 쟝장 編 변뼌 修 삭싱 是 시씨 小 샾셩 弟 디뗴 的 디디 同 둥뚱 年 년년 ○ 張編
修ᄂᆞᆫ 이 小弟의 同年이라 也 여여 就 작쭉 拜 배빼 他 타티 一 이힝 拜 배배 豈 치케 不
부붕 更 긍긍 妙 먀멸 麼 마뭐 ○ 또 곳 져의게 拜홈이 엇지 더욱 妙티 아니ᄒᆞ랴 已 이이 到
단당 張 쟝장 編 변뼌 修 삭심 門 믄문 首 식식 了 랸럄 ○ 벌서 張編修의 門 압희 다ᄃᆞᆺ거
다 你 니녜 相 샹샹 公 궁궁 在 재째 家 자갸 麼 마뭐 ○ 네 相公이 집의 잇ᄂᆞ냐 我
오어 相 샹샹 公 궁궁 不 부붕 在 재째 家 자갸 ○ 우리 相公이 집의 잇지 아니ᄒᆞ니라 我
오어 問 운운 你 니녜 ○ 내 너ᄃᆞ려 뭇노니 高 갈강 麗 리례 來 레래 的 디뎌 秀 식식

才재재 還환환 在재재 此ᄎᆞᄉᆞ 住쥬쥬 麽마마 ○ 高麗로셔 온 秀才 당시롱 예 이셔 머므

나ᄂᆞ 在재재 書슈슈 房빵방 裏리리 看칸칸 書슈슈 哩리리 ○ 書房에셔 글을 보더

니라 你니니 進진진 去큐취 說숴쉬 ○ 네 들어가 니ᄅᆞ라 有읻우 每믜뮈 常

짱창 來래례 的디 沈심신 進진진 中즁즁 ○ 沈進中이 오ᄂᆞ니 今긴긴 同뚱퉁

官귀궈 敬깅깅 老ᄌᆞ즈 敎갸잔 授쑤식 ○ 授이 와셔 葛호가敬之로 敎特 뎌 來

래례 拜배배 望왕왕 先션션 生승승 的디 ○ 特별히 拜望ᄒᆞ다 와 先生ᄭᅴ 韓

한한 相샹샹 公궁궁 ○ 韓相公 안 外왜 面면면 有읻우 沈심신 相샹샹 公궁궁

同뚱퉁 客커귀 來래례 奉뽕붕 拜배배 ○ 가밧 지서 로 沈相公이 奉拜ᄒᆞ라 客 뎌 파 란

快괘괘 請칭칭 進진진 來래례 相샹샹 會휘휘 ○ 와 밧비 셔 청ᄒᆞ여 르게 못ᄒᆞ드 라

沈심신 兄휭흉 這져 位위위 尊준준 姓싱싱 ○ 沈兄아 이 분의 놉흔 姓이 여 不

붕부 敢감간 ○ 여不敢 리ᄒᆞᆫ 在째재 下햐하 姓싱싱 葛궁거 字쯔즈 敬깅깅 之

징즈 ○ 오在下 字ᄂᆞᆫ ㅣ 敬之 姓은 라葛 이ᄂᆞᆫ 請칭칭 問문운 先션션 生싱승 貴귀귀 姓

싱싱 ○ 生쳥 의귀 貴ᄒᆞᆫ 姓이 연ᄂᆞ니 先 不붕부 敢감간 ○ 여不 라敢 ᄒᆞᆫ 在째재 下

하하 姓싱싱 韓현한 名밍밍 彬빈빈 字쯔즈 文분운 中즁중 ○ 은在 韓下 이ㅣ 오姓

ᄂᆞᆫ일 文홈 巾은 이彬 ᄅᆞ밍 이오 字ᄂᆞᆫ 韓현한 先션션 生싱승 貴귀귀 庚궁궁 ○ 生韓 의先

하貴 여ᄒᆞᆫ 나ᄂᆞᆫ 三 삼산 十시 씹시 三 삼을 歲쉬쉬 了랼랴 ○ 이셜 라흔 ᄂᆞᆫ 先션션 生

싱승 令링링 尊쥰쥬 令링링 堂당당 俱귀귀 在째재 堂당당 麽뭐마 ○ 의先 令生

在尊 堂令 ᄒᆞᆫ堂 신이 간다 在째재 下하하 具귀귀 慶깅깅 ○ 慶在 ᄒᆞᆫ下 여ㅣ 란具 先션션 來

生싱승 ○ 아先 ᄂᆞᆫ生 你네니 這져저 東둥둥 國귀귀 歷리리 代대대 以이이 來

래레 有일우 多더도 少샤샨 年년년 了랼랴 ○ 네 이 東 國 이 歷 代 以 來 로 몃 ᄒᆡ 나 ᄒᆞ 엿 ᄂᆞ 뇨

當당당初추추怎즘즘生승싱建견견國궈귀 ○當初에 엇지 나라흘 셰웟ᄂᆞᆫ진 請
칭칭道땋닿其끼키詳썅샹 ○請컨대 그 ᄌᆞ셰흠올 니ᄅᆞ라 高강갚麗례리太태태
祖주주姓싱싱王왕왕諱휘휘建견견表뱦뱦字쯔즈若샾쇼天텬텬 ○高麗
太祖의 姓은 王이오 諱ᄂᆞᆫ 建이오 字ᄂᆞᆫ 若天이라 年년년當당당二ᅀᅵᆼ을十씹시歲쉬쉬
時씃스分븐븐 ○에 나히 二十歲 당ᄒᆞᆯ ᄯᅢᄂᆞᆫ 正징징是씨시唐땅당昭쟣잪宗중중
乾껸껀寧닝닝三삼산年년년 ○唐昭宗 乾寧三年이라 那너나時씃스有
읭우箇거거王왕왕名밍밍弓궁궁裔이이 ○그 ᄢᅴ예 ᄒᆞᆫ 님금이 이셔 일홈이 弓裔니
眞진진是씨시無무우道땋닿無무우所수소不부부爲위위 ○진실로 道ㅣ 업
서 ᄒᆞ지 아닐 배 업ᄂᆞᆫ지라 有읭우將장장軍균균裵뻬뷔玄휜훤慶킹킹洪훙훙儒
유유卜부부智짛지謙켬켠申신신崇쭝충謙켬켠等등등四스스箇거거人

인인 ○ 申將 崇軍 謙裴 等玄 네慶 사洪 룸儒 이卜 이智 션謙 向 향향 太 태태 祖 주주 商 상상

量 량량 道 땅도 ○ 논太 ᄒᆞ祖 여를 니향 르ᄒᆞ 되여 ㄴ의 弓 궁궁 王 왕왕 如 유유 此 ᄎᆞ초

無 무우 道 땅도 ○ 시ᄅᆞ 無王 道이 ᄒᆞ이 니러 ㄴ트 願 원원 公 궁궁 速 송수 救 긔구 百

벙버 姓 싱싱 之 즈지 苦 쿠쿠 ○ 의願 괴권 로대 옴公 을은 구셜 ᄒᆞ기 라百 ㄴ姓 那 너나 時

씽스 太 태태 祖 주주 不 붕부 允 윤윤 ○ 지그 아ᄯᅢ 니에 ᄒᆞ太 녀祖 니ㅣ ㄴ듣 倒 남도 是

씽시 娘 냥냥 子 즈즈 柳 륭류 氏 씽스 出 츄츄 來 래래 說 쉬쉬 道 땅도 ○ 허도 娘로

와子 ㄴ柳 ᄅᆞ氏 되ㅣ ㄴ나 征 징징 伐 빵바 無 우우 道 땅도 乃 내내 國 귀귀 家 가쟈 正

징징 理 례리 ○ 이無 國道 家를 正征 理伐 라ᄒᆞᆷ ㄴ은 如 유유 我 어오 婦 부부 人 인인 家

가쟈 ○ 겨우 집리 도ᄆᆞ ㄴ됴 聽 팅팅 得 더ᄃᆡ 心 심신 內 니ᄂᆡ 尙 쌍샹 然 연얀 不 붕부

忽 시인 ○ 려드 솜르 지미 뭇므 ᄒᆞ옴 너에 든오 ㄴ히 況 황황 爲 위위 男 남난 子 즈즈 漢

한한的디다白빠파甚씸셔麽마呢니니○흐흘녀소나희되엿느니므서슬저퍼흐

오리便뺸변抬때태出츄츄金긴긴甲갸갸一이이副부부與유유太태태祖

주주穿춴춴上샹샹○곳金甲호올드려太祖를주어닙히고네어ᄒᆞᆫ ᄆᆞᆯ을 將軍 들

將쟝쟝軍균균們문믄服뿡부侍씽스上샹샹馬마마○여럿 將軍 들이 ᄆᆞᆯ 브려 려리 셔

오도고틱又욱우着쨩쟈人인인前쪈쳔去큐취曉향햐諭유위衆중중百빙버

姓싱싱道땅닾○또사롬으로호여나아가모든百姓들의게曉諭호여니르되王公

궁궁已이이擧규귀義이이兵빙빙○王公이볼셔義兵을드럿느니라百姓

싱싱們문믄聽팅팅得틍더這쪄져話화화○百姓들이이말을듯고便뺸변播

뤼릭鼓구구打따다鑼러로○곳북치고바라치고聚쥬쥬集찡지萬환완千쳔쳔

人인인把바바弓궁궁王왕왕圍위위困쿤쿤○萬千사롬이모다弓王을에워

朴通事新釋

田케ᄒᆞ니 弓궁궁 王왕왕 只즈즈 得더더 改개개 換환환 衣이이 裳장쨩 ○ ᄀᆞ로

이그저衣裳을고지고 逃땋탄 往왕왕 山산산 中즁중 去큐취 了럏랴 ○ 도망ᄒᆞ여

山中을향ᄒᆞ여맛더니 後흫후 來래레 有일우 人인인 向향향 山산산 中즁중 打

다다 圍위위 ○ 後에사ᄅᆞᆷ이山中을향ᄒᆞ여산영ᄒᆞ다가 撞짱좡 見견견 弓궁궁 王왕왕

放방방 箭젼잔 射쎠셔 殺샇시 了럏랴 他터타 ○ 弓王을만나살로쏘아텨를죽이니

라 郎징지 便뼌변 請칭칭 太태태 祖주주 登덩등 布부부 政징징 殿뎐뎐 郎

장지 了럏랴 王왕왕 位위위 ○ 즉시太祖를請ᄒᆞ여布政殿에올라王位에即ᄒᆞ고 國귁귀

號향호 高강간 麗례리 ○ 國號를高麗ㅣ라ᄒᆞ고 第뗴디 二ᅀᅵ을 年년년 便뼌변

移이이 都두두 松숭숭 岳얗요 郡귄균 ○ 第二年에든등松岳郡에移都ᄒᆞ니 這져져

便뼌변 是씨시 當당당 年년년 高강간 麗례리 建견견 國귁귀 之즈즈 故구구

事씃스了럏랸◯這國흔故事ㅣ니란 기끗當年에高麗ㅣ 咱장자們믄믄都두두領

링링教강쟈了럏랸◯을領ᄒ여다ᄅ치 ᄋ리다ᄆ치 請칭칭輯짬잔別뼈벼過귀교

罷빠바◯請ᄒ천컨대자잠 ᆫ짠 眼계지孩찡싱二상을位위위光광광顧구구

◯흠을납어시ᄂ 임의一位光顧 且쳐쳐請청칭坐쭤조一잉이坐쭤조再재재用

융융一잉이杯뷔븨粗추추茶쩌차◯아직請컨대안즈라다 시ᄒ잔좀차로먹쟈 小

샹산廝스스們믄믄快쾌쾌送숭숭茶쨔차來래래◯아ᄒ들은별오 차물보내여리

ᄅ린 小ᄒ 子 즈조 別뼈벼 無우우 甚뚜투 宜이이 帶더대 來래래◯小ᄂ 子

온로 가ᄀ 産을 업고 젼 備위 有우 些셔셔 高강갈 麗려리 筆비빙 墨미믕

紙스 징 張장장◯오직 고려ㅅ 붓과 먹과 됴희 ᄀ장이 이셔 聊랴랴 以이이 奉봉봉

送숭숭卒힝힝勿우뭉見견견笑샨셤◯애아로시빼 밧드려 보 비니힝혀웃지 말라

多더도謝셔셰了랼랴 ○ 多謝ᄒᆞ여라 這져져正징정是씌시難난난得더더

之즈징物우훙 ○ 이 정히 잇기 어려온 거시오 只잉又 正징정是씌시眞징지秀시수

才째재們믄믄是씌시需슈쉬之즈징物우훙 ○ 才들의 반드시 도젼히 우리 秀

古구구人신인道땋단 ○ 古人이 니르되 寶보보劍견견贈쯩증

與유유烈렬려士씃스 ○ 士는 寶劍을 주고 烈紅 훙훙粉분분付부부與유유佳

佳갸가人신인 ○ 紅粉은 佳人을 주다 ᄒᆞ니라

朴퐄팍通퉁통事씃스新신신釋싱시諺언연解걔개卷견권三삼산終중중

月中丹桂誰先折
今代文章自有人
今代文有
月
月中丹桂誰先折
今代文章有人